Jean-Pierre Delas

L'économie britannique

ARMAND COLIN

Collection Cursus, série « Économie »
dirigée par Bernard Simmler

ISBN : 2-200-21296-8
ISSN 1144-7753

Armand Colin Éditeur, 103, boulevard Saint-Michel , 75240 Paris Cedex 05

Introduction

Au milieu du siècle dernier, le Royaume-Uni produisait le tiers des biens manufacturés, la moitié du charbon, du fer et du coton, et réalisait le quart du commerce mondial. En 1900, il gouvernait sur le cinquième des terres émergées et le quart de la population mondiale. Le tiers des exportations et plus de la moitié du tonnage des navires marchands étaient britanniques. Londres était le centre financier et commercial de la planète, la livre sterling remplaçait l'or dans la plupart des transactions. Depuis lors, l'État impérial connaît un déclin absolu et l'économie nationale un déclin relatif, un échec répété dans ses tentatives de soutenir un rythme de croissance analogue à celui de ses rivaux.

Choix du libre échange et dépendance extérieure, coût des responsabilités impériales, place de la *City* et surévaluation de la livre, préférence pour la finance et négligence pour l'industrie, exportation du capital et friches industrielles, excès de consommation et manque d'ardeur au travail, rigidités syndicales et dilettantisme patronal, mépris pour la technique et académisme de la formation… les accusés ne manquent pas.

Empire détrôné, économie languissante, des bibliothèques entières ont été écrites pour expliquer un phénomène au fond bien banal : les empires sont mortels. La nostalgie, lourdement impliquée dans cette débauche d'imprimés, n'est pourtant pas seule en cause. Si l'on s'interroge non sur le rang du pays, mais sur le « syndrome de l'échec » qui l'étreint depuis la grande dépression des années 1870-1880 et conduit à cette frénétique quête *du* responsable, on plonge au cœur des originalités britanniques et l'on ne peut échapper à une étrange impression d'exotisme.

« Les preuves de tels jugements alarmistes, dit Andrew Gamble, reposaient sur trois indicateurs clés : la balance des paiements, la dépense publique et le niveau des salaires. Chacun d'eux fut, à différentes périodes, le prétexte de paniques nationales. Dans les années 1950 et 1960, les crises chroniques de la balance des paiements fournissaient l'occasion de se livrer à la mortification nationale et à l'angoisse. » Comment ne pas s'étonner d'une telle auto-flagellation ? Bien que la Grande-Bretagne ait été contrainte d'interrompre chroniquement la marche à la prospérité (*stop*) car chaque épisode d'expansion (*go*) menait invariablement à la surchauffe (inflation, déficit commercial, menace sur la livre), elle est parvenue à se maintenir dans le club étroit des nations qui comptent, et n'en demeure pas moins la sixième puissance et le cinquième exportateur mondial.

Société cossue, elle n'a pas à rougir de ses scores au palmarès du niveau du vie, et, pour rien au monde, elle ne voudrait échanger son système de protection sociale. Elle connaît bien sûr aujourd'hui une secousse majeure : relâchement du lien social, ouverture des inégalités de revenus, pauvreté, chômage, précarité, exclusion, conflits ethniques. Mais cette crise frappe l'ensemble de nos sociétés, elle semble sans commune mesure avec les désagrégations américaines, et une comparaison avec la France socialiste ne tournerait pas forcément — sur ce plan et non sur celui de la gestion économique — au désavantage de l'Angleterre thatchérienne. S'il est une évidence tranquille, solidement ancrée dans la conscience collective, c'est bien celle du doux bonheur d'être anglais, conviction partagée par des millions de candidats à l'immigration.

L'alarmisme impressionniste qui prévaut sur un tel sujet nous paraît non seulement déplacé mais stérile. Nous ne chercherons donc pas à expliquer le déclin, mais à mesurer combien l'angoisse d'en rejeter la responsabilité et le débat quant aux moyens de l'enrayer hantent les décideurs, sous-tendent la négociation sociale, poussent constamment à la comparaison et au défi.

Cet ouvrage est destiné à l'étudiant, quelles que soient ses compétences en sciences économiques, qui veut trouver sous un volume limité les informations essentielles concernant l'état actuel, les structures et l'histoire récente du Royaume-Uni.

Pour ce tour d'horizon, nous choisissons trois angles d'approche complémentaires.

La première approche est sommative, elle établit un bilan au début des années 1990 : espace d'abord, avec l'étude d'un milieu naturel où dominent l'insularité et des régions marquées par l'opposition entre le déclin séculaire du nord et l'expansion du sud; puissance ensuite, avec les grands secteurs d'activité et les relations extérieures où l'on verra le poids des choix historiques (dépendance alimentaire, ouverture commerciale et financière), structures socio-économiques enfin — place de l'État, emploi, niveau de vie, protection sociale, système éducatif — dont on soulignera les originalités.

La seconde approche est socio-institutionnelle, elle présente les acteurs : population, famille, groupes sociaux, syndicats, rouages de la décision collective (Parlement, Cabinet, partis, autorités locales). À notre sens, quand l'économiste refuse de prendre place au sein des sciences sociales, il se condamne à ne pas expliquer, et même à ne pas voir les phénomènes qu'il prétend étudier. Il n'existe pas de forces autonomes qui s'imposeraient de l'extérieur à la société, à l'instar du climat ou des lois de la physique. L'économie *est* la société, mais vue sous un certain angle, celui de la manière dont elle s'organise pour subvenir à ses besoins matériels. Sir Keith Joseph, l'une des personnalités qui ont le plus pesé sur la formation et la carrière de Margaret Thatcher, déclarait en 1979 : « Résoudre le problème syndical est la clé du renouveau économique britannique ». Ce faisant, il nous offre une autre clé, celle qui rend intelligible l'histoire économique du Royaume-Uni : la polarisation du débat économique, du combat politique et de la politique gouvernementale autour d'un seul thème : la responsabilité des relations industrielles (c'est-à-dire entre les partenaires sociaux) dans le déclin.

La troisième approche est historique, le théâtre est ici passionnant. Les années 1970 mettent en scène une économie luttant contre la stagflation avec les armes suprêmes d'un keynésianisme un peu simpliste — un dirigisme de plus en plus rigide —, dont l'acteur principal, à savoir les Cabinets (*Tories* et *Labour* logés à la même enseigne) sont ballottés, et à chaque fois emportés, par l'agitation ouvrière et syndicale. Les années 1990 sont celles de la certitude : l'État doit se retirer, céder la place au marché. Margaret Thatcher part donc en croisade contre tous les interventionnismes et toutes les assistances, rétablit la responsabilité individuelle, enrichit les riches, appauvrit les pauvres et affaiblit les syndicats. Après la brutale dépression de 1980-1982, le succès est triomphal : recul du chômage, boom de la consommation, rétablissement extérieur, *big-bang* boursier. Mais en 1990-1992, le réveil est amer, le boom s'achève dans la surchauffe. Il faut, comme à l'époque bannie du *stop and go*, le briser par la hausse des taux d'intérêt, le chômage regagne en deux ans le terrain qu'il avait cédé en une demi-décennie, la livre sort en catastrophe du SME vingt-trois mois après l'avoir rejoint.

Retour à la case départ : que faire avec le « syndrome de l'échec » ?

Première partie
État des lieux

Cette première partie a pour but d'exposer les caractéristiques de l'économie britannique au début des années 1990. Les difficultés qui l'assaillent ne peuvent être expliquées en dehors d'une mise en perspective historique. Nous proposerons donc pour chacun de ces grands traits un rappel des origines.

Le premier chapitre est consacré à la découverte de l'espace : atouts naturels, déséquilibres régionaux, politique d'aménagement urbain et de régénération des zones sinistrées par la désindustrialisation.

Le chapitre deux présente les secteurs et les relations extérieures, il est organisé autour du trait dominant qui unifie les originalités de l'économie britannique : l'ouverture et la dépendance internationale. Le très faible poids de l'agriculture contraste avec sa grande efficacité. Le déclin d'une industrie peu efficace, trop peu et mal spécialisée, contredit son glorieux passé. La prospérité des services, en effectif et en prestige, masque une certaine fragilité car ils ne peuvent à eux seuls réduire le chômage et combler le déficit extérieur. La présence internationale et la pénétration du capital étranger dans l'économie britannique atteignent un niveau exceptionnel. Le corollaire de l'ouverture est bien sûr la fragilité, la contrainte externe pèse très lourd.

Le chapitre trois se livre à un tour d'horizon plus structurel : rôle de l'État, niveau de vie, protection sociale et système éducatif sont envisagés comme autant de caractéristiques originales forgées par l'histoire, notamment depuis les grandes réformes de 1945 qui font entrer la Grande Bretagne dans l'ère des économies mixtes, bien que les cabinets des années 1980 aient tout tenté pour l'en dégager.

1 *Milieu naturel et régions*

Le Royaume-Uni dispose de peu d'atouts naturels à l'exception du charbon, désormais dépassé, et du pétrole dont l'exploitation débute en 1975 mais décline dès 1985. Son économie est marquée par l'insularité dont elle tire parti en choisissant l'expansionnisme. Mais on en connaît les conséquences lointaines, la dépendance internationale se paye cher au XXe siècle quand disparaît la suprématie industrielle. Ce déclin se lit cruellement dans l'espace : l'Angleterre n'en finit pas de soigner la plaie ouverte que constitue l'opposition entre le nord en crise depuis les années 1920 et le sud qui attire toujours plus les richesses et les hommes. C'est ainsi qu'elle joue un rôle précurseur dans la mise en place des politiques de régénération régionale et urbaine.

LE MANQUE D'ATOUTS EN EST-IL UN ?

Un milieu modéré

Le Royaume-Uni s'étend sur environ 1 000 km du nord au sud contre moins de 500 dans sa plus grande largeur. Aucun point du pays n'est à plus de 160 km de la mer. Au sud et à l'est se trouvent les *Lowlands*, des zones de plateaux et bassins sédimentaires, où l'agriculture, les industries et les villes ont pu s'étendre. Les basses altitudes ont facilité, au XVIIIe siècle, le creusement d'un dense réseau de voies d'eau et offert des sites idéaux aux ports qui ont permis de profiter de la position insulaire, mais l'espace agricole est limité, la circulation gênée par les estuaires. Au nord et à l'ouest, des *Highlands* couvrent la majeure partie de l'Écosse, du pays de Galles et de l'Angleterre du Nord, des hauteurs le Devon et les Cornouailles. Ce relief est modeste (500 à 893 m en Angleterre, 500 à 1 343 m en Écosse), mais il modèle l'espace : la population l'a abandonné (moins de 2 % pour le tiers du territoire), les rivières y ont fourni l'énergie avant l'essor du charbon. Les bassins qui l'interrompent ont concentré des activités d'une intensité exceptionnelle : dépression écossaise d'Edimbourg à Glasgow, bassin de Liverpool à Manchester.

Le charbon : atout puis handicap

Le premier essor industriel n'est pas lié au charbon mais à l'énergie hydraulique. Le coke ne remplace le bois que très progressivement, les progrès du tissage et de la filature précèdent la machine à vapeur. Cependant, l'industrie est indissociable de la houille. Les charbonnages marquent paysage et société, les *pays noirs* (Yorkshire, Durham, Midlands, Galles du Sud) façonnent l'Angleterre industrielle. Usines et agglomérations s'entassent à proximité des puits. Houille, acier et textile.

Angleterre : Angleterre seule.

Grande-Bretagne : Angleterre + pays de Galles + Écosse.

Royaume-Uni : Grande-Bretagne + Irlande du Nord (*Ulster*) rattachée en 1921.

Îles Britanniques : Royaume-Uni + République d'Irlande (*Eire*).

Le pays de Galles est rattaché à la Couronne en 1536, l'Écosse en 1707, l'Ulster est détachée de l'Irlande au moment de l'indépendance (*Home Rule*) en 1921, la majorité protestante ayant exigé de rester britannique. La formule officielle est souvent remplacée par Grande-Bretagne ou *Britain*.

DENSITÉ DE POPULATION ET GRANDES VILLES

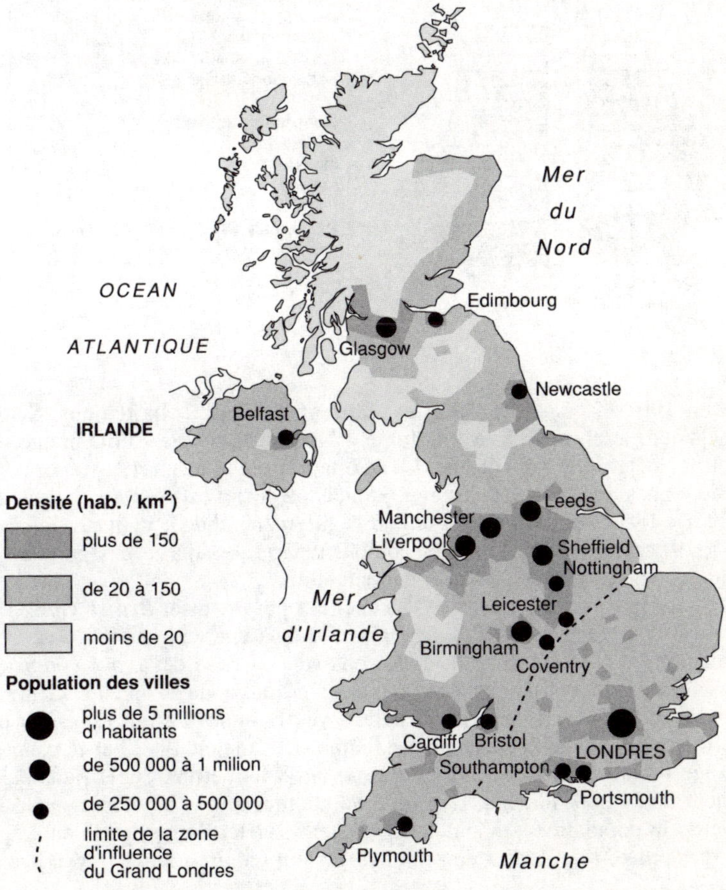

1987	Population (milliers)	Superficie (km²)	Densité (hab / km²)
Angleterre	47 407	130 439	363
Pays de Galles	2 836	20 768	137
Écosse	5 112	78 772	65
Irlande du Nord	1 575	14 121	112
Royaume-Uni	56 930	244 110	233

Source : HMSO, *Keydata 1991-1992*, p. 7

La pyramide des âges en 1990

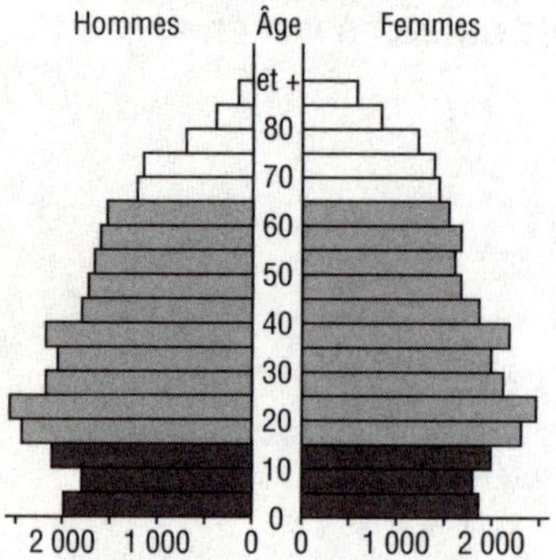

En milliers dans chaque classe d'âges

Le Royaume-Uni en 1990

Population	
(million d'hab.	57,5
densité (hab./km²)	236
taux de natalité (‰)	14
taux de mortalité (‰)	11,2
population urbaine (%)	89
Population active	
agriculture	2,2
industrie	29,4
services	68,4
P.N.B./hab. ($)	**17 160**

occupent en 1907 le quart des actifs et réalisent 70 % des exportations. Selon André Siegfried, le charbon à la fois forge « *l'usine du monde* » britannique du XIXe siècle et détermine son déclin. L'exploitation culmine en 1913 avec 292 millions de tonnes dont 93 sont exportés. Depuis, le déclin est continu : baisse du rendement dès 1880, marchés perdus durant la guerre, recul de la demande avec la crise de 1929, concurrence des autres combustibles. La majorité des puits a dû fermer par suite d'épuisement ou faute de rentabilité.

Ce n'est pas un hasard si Margaret Thatcher n'a pu privatiser *British Coal*. De 1980 à 1990, les trois quarts des emplois disparaissent, la grande grève des mineurs de 1984 s'explique bien dans ce contexte. La crise des *black countries* n'est pas seulement industrielle, elle est sociale, c'est un mode de vie, une identité, une structure socio-économique qui disparaît avec la mine. Ce fait est confirmé par l'énorme crise sociale déclenchée par l'annonce, faite en 1992 par le cabinet Major, d'une privatisation dont le préalable serait la fermetrure de 31 puits et le licenciement de 30 000 mineurs. La vague de manifestations ouvrières gagne la sympathie de la population, les syndicats relèvent la tête, l'humiliation subie en 1985 est surmontée, John Major doit immédiatement réduire l'ampleur des licenciements.

Millions de tonnes	1913	1938	1974	1989	1990
Production de houille	287	227	110	98	93

Sources : F. Bédarida, *La Société anglaise*, Seuil, 1990, p. 249; *Images économiques du monde 1991*, SEDES.

Le pétrole : inespéré mais passager

Le gisement se présente en deux bassins : gaz au sud face au *Norfolk*, pétrole au nord (Écosse, îles Shetland) en deux zones : Brent et Ninian, Piper et Forties.

• *La découverte du gaz et du pétrole en mer du Nord est l'événement majeur des années 1970.* Le *stop and go* des années 1950-1960 responsable du retard de la croissance britannique, résulte de la contrainte extérieure, le déficit récurrent obligeant à interrompre brutalement chaque phase de croissance, les importations s'emballant à chaque relance. La crise pétrolière transforme la chance en aubaine. Avec un coût estimé en 1972 à une fourchette de 3-6 dollars le baril (159 litres), l'exploitation semblait impensable, le prix mondial aligné sur l'*Arabian Light* étant situé à 2,5 dollars. En 1973-1974, il bondit à 11,6 dollars, puis le deuxième choc pétrolier (1978-1979) l'amène à un point culminant de 36 dollars en 1982. Il décline ensuite et en 1986 s'effondre à 10-15 dollars, l'investissement dans l'exploration décline, ce qui met l'avenir du bassin en danger. Aujourd'hui revenu autour de 20 dollars, ce prix assure la rentabilité mais la crainte est permanente car le coût est quinze fois plus élevé qu'au Moyen Orient; au-dessous de 15 dollars, il faudrait renoncer. La production recule dès 1985, l'expédient est désormais consommé.

• *Faute d'investissements, un déclin trop rapide.* L'État a concédé les zones aux compagnies britanniques (BP et Shell) associées à des firmes étrangères (Exxon, Mobil, Elf, Total). En 1975, Wilson impose une participation de l'État de 51 % à travers la *British National Oil Corporation* (devenue *Britoil*). La recette fiscale est énorme : *royalties* de 12,5 % du bénéfice, *petroleum revenue tax* de 45 %, et *corporation tax* de 17,5 % payée par toutes les sociétés. Le *Petroleum and Submarine Pipe-lines Act* autorise le gouvernement à réglementer l'exploitation pour l'étaler dans le temps. Cependant, Mme Thatcher allège le poids de l'État en privatisant Britoil (1982-1984), puis BP (1983-1988), mais cette dernière opération échoue en 1987 en plein krach pétrolier et boursier, ce qui permet au Koweït de s'adjuger 20 % des parts. En 1988, plusieurs accidents révèlent une grande négligence à l'égard de la sécurité et font perdre 15 % de la production, ce qui accélère le recul. Il manque aujourd'hui un grand opérateur public capable de relancer la recherche alors que les groupes privés britanniques se sont toujours montrés plus réservés que les firmes étrangères.

Millions de tonnes	1970	1975	1980	1985	1990
Production de gaz	11,1	33,6	80	92	46,3
Production de pétrole	0	1	105	151	93,5
Consommation de pétrole	104	81	83	77,8	82,4

Source : *Images économiques du monde*, SEDES, années considérées.

L'insularité, seule véritable permanence

• *Qu'elle en soit la cause ou une simple circonstance, l'insularité est le trait majeur de l'originalité britannique*, les autres facteurs naturels n'ont qu'un rôle historique temporaire. Depuis les *lois de navigation* (1561), qui multiplient les privilèges de la flotte pour l'aider à concurrencer les navires espagnols, l'orientation vers l'extérieur est une constante. En toute occasion, la puissance maritime et les contacts noués outre-mer sont prioritaires. Le meilleur exemple en est fourni par l'épisode des guerres napoléoniennes (les *french wars*) : l'Angleterre, maître d'œuvre de toutes les alliances anti-françaises, consacre son énergie à la maîtrise des mers, étendant son influence sur de vastes régions, et manœuvre pour que ses alliés supportent l'essentiel de l'effort militaire sur le continent (voir A. Gamble).

Colonisation, émigration (la misère existe ailleurs sans provoquer un tel exode étranger), choix du libre échange, sacrifice de l'agriculture par l'abolition des *corn laws* en 1846 (qui interdisaient l'importation du grain), domination par l'industrie, la marine, la banque et l'assurance, caractérisent l'apogée du plus vaste empire de tous les temps. La *Pax britannica* repose sur deux instruments du grand large : la flotte et ses canonnières, la *livre* qui remplace l'or dans la plupart des transactions.

• *L'insularité marque également le déclin.* Obsédé par le rôle international de la *livre* et de la *City*, après 1918 le royaume s'accroche au rêve du *retour à l'âge d'or.* Chaque époque répète, avec une remarquable constance, l'erreur dénoncée par Keynes dès 1920. Récession des années 1920 imposée par le choix du retour de la *livre* à sa parité or d'avant-guerre (1925), *stop and go* des années 1950-1970, réticence à l'égard de l'Europe, tout confirme le même choix insulaire. Il faut attendre le dernier quart du siècle pour que l'Angleterre fasse un acte symbolique de renoncement au grand large : adhésion à la Communauté (1973), rattachement au Système monétaire européen (1990), abandonnant ainsi les prétentions mondiales de la livre sterling.

LES DÉSÉQUILIBRES RÉGIONAUX

Urbanisation et *Drift South*

• *Un pays sururbanisé*. Au début des années 1990, 92 % des Britanniques résident dans une agglomération urbaine, mais le mouvement citadin se transforme. Il concerne aujourd'hui en priorité les villes petites et moyennes, situées dans des périphéries de plus en plus éloignées des huit grandes conurbations.

• *La révolution industrielle provoque le premier mouvement d'exode rural de l'époque contemporaine*. Au XVIIIe siècle, le royaume ne comptait que trois centres urbains : Londres, Bristol et Norwich. Puis l'industrie, la construction des routes et des canaux, et le chemin de fer déclenchent une migration vers les régions industrielles surtout au nord et dans les Midlands, à proximité des bassins houillers (les pays noirs). De 1801 à 1911, sur un croît démographique de 27 millions d'habitants, 94 % sont absorbés par la ville.

• *Au XXe siècle, le déclin du charbon inverse le mouvement* qui prend désormais la direction du sud (*Drift South*) où s'installent les industries nouvelles : fabrications légères (automobile, appareils électriques...), biens de consommation, services. La généralisation de l'électricité permet leur installation loin de la houille, elles sont attirées par la facilité des communications, le marché et les ressources de Londres, qui est le centre financier et commercial du monde d'alors. La crise de 1929 accélère le mouvement qui se nourrit du déclin des industries anciennes. Cela fait naître une unité géographique nouvelle, le grand Sud : sud-est (Grand Londres et son environnement), sud-ouest, East Anglia, West Midlands. Le mouvement se ralentit après 1965, mais il demeure (+ 59 200 en 1986-1987, contre – 15 900 pour le reste de l'Angleterre) du fait de l'attrait du climat, de l'afflux des retraités vers les stations balnéaires et, depuis 1973, d'une nouvelle phase dans le déclin des industries anciennes. Avec le tunnel sous la Manche se dessine une probable extension de la conurbation londonienne vers le Kent.

Variations de la population par régions

	Accroissement en % 51-85	Pop. 1987 en millions	Migrations 86-87 en milliers
Régions industrielles anciennes*	– 2,3	26,0	–29,8
Régions industrielles nouvelles**	+45,1	28,8	+73,1
Galles	+ 8,0	2,8	+ 11,3
Écosse	– 2,0	5,1	–13,6
Total Grande-Bretagne	+12,3	55,8	+41,0

* Nord, Nord-Ouest, Yorkshire et Humberside, West Midlands, Grands Londres, ** reste du Sud, East Anglia.
Source : d'après P. Bromhead, *Life in modern Britain*, Longman, 1991, p. 46.

De l'urbanisation à la *rurbanisation*

Variations démographiques de 1978 à 1984 (en %)

		Solde naturel	Solde migratoire
Districts métropolitains (7 conurbations)	Centre	1,5	– 6,8
	Périphérie	0,3	– 4,1
Districts non métropolitains	Villes moyennes	1,2	+ 3,3
	Petites villes	0,6	– 2,5
	Villes industrielles	2,1	– 1,4
	Villes nouvelles	5,1	+ 5,3
	Stations balnéaires	–5,9	+11,6
	Zones rurales	–1,0	+ 7,6

Source : d'après A.G. Champion, *Counterurbanization*, Arnold, 1989.

• *Depuis 1966, le Drift South se tarit.* Les mouvements inter-régionaux sont désormais négligeables et cèdent la place à des déplacements locaux. B. Berry parle d'une *contre-urbanisation* qui se dirige vers les comtés du Grand Londres, au-delà de la ceinture verte jusqu'à 40 miles du centre, et des autres conurbations (20 à 60 miles). Le *commuting* (déplacements quotidiens centre-banlieue) s'accentue donc, phénomène expliqué par la priorité au cadre de vie et l'énorme augmentation du prix de l'immobilier. Le prix moyen des appartements neufs augmente de 130 % entre 1983 et 1989, ce qui provoque un afflux d'acheteurs britanniques sur les côtes françaises de la Manche). Cette *rurbanisation* tend à former des agglomérations continues au long des axes routiers. La Grande-Bretagne est touchée très tôt du fait de l'intensité de son urbanisation et de sa densité. Cela concerne, au-delà des ceintures péri-urbaines, un ensemble de zones rurales : Sud-Ouest, East Anglia, Est des Midlands, les confins anglo-gallois et le littoral. Avec ces habitants affluent de nouvelles activités, notamment celles, dites « d'intelligence », qui choisissent des régions moins chères et offrant une meilleure qualité de vie.

Les pays celtiques et leurs particularismes

	Population 1987	Densité	Emploi 1987	Variation 1981-87
R.-Uni	56 930 300	363	24 126 000	+755 000 (+3,2 %)
Écosse	5 112 300	65	2 080 000	– 60 000 (–2,8 %)
Galles	2 846 300	137	1 012 000	– 40 000 (–3,8 %)
Ulster	1 575 200	112		

Source : HMSO, *Keydata 1991-1992*, p. 7-8.

• *L'Écosse, crise et renouveau, regain de nationalisme*. Par le traité d'Union de 1707, l'Écosse conserve son Église (presbytérienne), son droit écrit, et son appareil judiciaire, puis a été dotée en 1892 d'un gouvernement, le *Scottish Office*, mais elle demeure une province à l'autonomie limitée. Les fonctionnaires écossais ne constituent pas un corps distinct du *Civil Service* (fonction publique), leur carrière dépend de *Whitehall*, et le *Scottish Office* n'est qu'une émanation du Cabinet. Depuis les années 1960, les nationalistes renforcent leur pression, le *Scottish National Party* augmente régulièrement ses scores (21 % en 1992). Face à la montée du vote autonomiste, le cabinet Callaghan fit adopter en 1978 une loi de *devolution* qui instaurait un Parlement autonome disposant d'une gamme étendue de pouvoirs (sauf financiers). Mais à la suite d'une rébellion dans les rangs travaillistes, le Cabinet dut organiser (mars 1979) un référendum qui fut un échec.

Le couloir central (*Central Lowlands*) reliant les conurbations de Glasgow et Edimbourg concentre les trois quarts de la population. La dépopulation est aggravée par le déclin des industries traditionnelles autour de Glasgow, dans la conurbation du *Clydeside* (charbon, sidérurgie, mécanique, chantiers navals). Cependant, l'Écosse connaît un renouveau. La reconversion de la *Central Belt* repose sur l'électronique et se fait autour d'Édimbourg, capitale administrative, historique, universitaire et touristique, qui devient une ville industrielle spécialisée dans les industries légères. Une foule de firmes, dont de nombreuses multinationales, se sont installées dans ce que l'on surnomme aujourd'hui la *Silicon Glenn* et y impulsent des synergies. L'accent est mis sur la recherche et la collaboration des universités : *Research Park* de l'Université de Heriot-Watt à Edimbourg, et *Science Parks* de Glasgow. Le pétrole vient bouleverser la région d'Aberdeen : 35 000 emplois directs et 65 000 indirects, soit 40 % des actifs de l'agglomération.

• *Le pays de Galles, un particularisme affirmé.* Le pays de Galles (*Cymru* en gallois) est une principauté dont le chef symbolique est le prince de Galles. Le celtique gallois est parlé par une proportion significative de la population (19 %), et les revendications des nationalistes du parti *Plaid Cymru*, sont surtout culturelles. L'enseignement est bilingue, le gallois est une langue officielle comme l'anglais, et la chaîne de télévision *Sianel 4 Cymru* (*Channel 4 Wales*) émet en langue gaélique. La *devolution* des pouvoirs a pourtant été rejetée par une nette majorité lors du référendum de 1979 (79,7 % de NON).

Le centre et le nord, défavorisés par le climat (précipations élevées) et le sol, se consacrent à l'élevage, l'exode est difficile à enrayer. Le sud (comtés de Gwent et Glamordan, l'*Industrial South Wales*) est le pôle industriel et urbain avec 65 % de la population. Au XIXe siècle, une importante industrie se constitue autour du meilleur bassin houillier britannique, la population est multipliée par dix. Le déclin commence dès les années 1930; aujourd'hui, la houille et l'acier ne représentent plus que 7 % des emplois. La reconversion fut lente et difficile, mais depuis une vingtaine d'années, notamment après le drame de 1966 (144 morts dans l'effondrement d'un terril à Aberfan) qui a provoqué une prise de conscience, un redressement est entamé sous l'impulsion des pouvoirs publics (2 £ d'investissement public par £ de privé) : désenclavement (autoroute M4 Swansea-Londres), ville nouvelle de Cwmbran (45 000 habitants), zones industrielles, zones d'entreprises à fiscalité allégée (Swansea et Milford Haven), élimination des friches industrielles (parc de loisirs d'Ebbw Vale). Le secondaire n'occupe plus que 18 % des actifs, les villes sont très dynamiques : Newport (haute technologie), Cardiff (services, Université...), Swansea (activités portuaires).

• *Ulster : une province déchirée.* Privé de ressources naturelles, l'essentiel du territoire se consacre à une maigre agriculture où, du fait de l'excès de précipitations, domine l'élevage. La majeure partie des habitants et des activités se concentrent dans l'aire métropolitaine de Belfast dont l'économie est tournée vers l'Angleterre. Depuis vingt ans, la crise est telle que l'investissement est découragé, la région est en tête du chômage (plus de 20 %), les salaires sont faibles, l'émigration élevée (150 000 départs depuis 1950). L'Ulster est placée sous perfusion artificielle; selon *The Economist*, 50 % des emplois reposent sur des dépenses publiques.

C'est une véritable guerre civile qui secoue la plus ancienne des colonies, la seule dont le royaume n'ait pu se dégager à temps. Il ne se passe pas une semaine sans incident grave. Au XVIIe siècle, la Couronne encouragea l'établissement de volontaires protestants pour faire contrepoids à une population catholique rebelle aux propriétaires britanniques (*Landlords*) à qui l'on avait accordé des territoires. Ces nouveaux arrivants, surtout écossais, se concentrèrent en Ulster, y devinrent majoritaires et formèrent une élite contrôlant la terre, le commerce et l'industrie. Lorsqu'en 1921 l'autonomie (*Home Rule*) est accordée, les protestants exigent de rester citoyens britanniques. La province fut donc détachée du reste de l'Irlande avec son propre Parlement, le *Stormont* (il siège à *Stormont Castle*). Le tiers catholique de la population fut traité en citoyens de seconde zone. Le mouvement de défense des droits civiques naît en 1967. Il réclame le rattachement à l'Irlande, des combats s'engagent. La guérilla entre milices catholiques (*Irish Republican Army*, IRA) et protestantes (*Loyalists* ou *Unionists*) met la province à feu et à sang, ce qui amène

RÉGIONS, COMTÉS ET AUTORITÉS LOCALES

ENGLAND

1 Avon
2 Bedford
3 Berkshire
4 Buckingham
5 Cambridge
6 Cheshire
7 Cleveland
8 Cornwall
9 Cumbria
10 Derby
11 Devon
12 Dorset
13 Durham
14 East Sussex
15 Essex
16 Gloucester
17 Greater London
18 Greater Manchester
19 Hampshire
20 Hereford and Worcester
21 Hertford
22 Humberside
23 Isle of Wight
24 Kent
25 Lancashire
26 Leicester
27 Lincolnshire
28 Merseyside
29 Norfolk
30 Northampton
31 Northumberland
32 North Yorkshire
33 Nottingham
34 Oxford
35 Shropshire
36 Somerset
37 South Yorkshire
38 Stafford
39 Suffolk
40 Surrey
41 Tyne and Wear
42 Warwick
43 West Midlands
44 West Sussex
45 West Yorkshire
46 Wiltshire

SCOTLAND

47 Borders
48 Central
49 Dumfries and Galloways
50 Fife
51 Grampian
52 Highland
53 Lothian
54 Strathclyde
55 Tayside

WALES

56 Clwyd
57 Dyfed
58 Glamorgan Mid
59 Glamorgan South
60 Glamorgan West
61 Gwent
62 Gwynedd
63 Powys

NORTHERN IRELAND

64 North Eastern
65 South Eastern
66 North Eastern
67 Western

---

l'intervention militaire et l'administration directe par Londres (1972). Depuis 1969, on dénombre plus de 2500 morts, surtout par attentat, avec des incursions spectaculaires sur le territoire même de la Grande-Bretagne, notamment lors du congrès conservateur de Brighton en 1984 qui faillit coûter la vie à Margaret Thatcher. Belfast est déchirée au point que les familles situées hors du quartier de leur communauté ont dû déménager. L'armée britannique a construit une barricade (*The Peace Line*) pour séparer les combattants dans les quartiers où ils étaient au contact. La dégradation des *inner cities* est ici exacerbée par les combats et une interminable crise économique, la part des logements insalubres y est très élevée.

Angleterre, les « deux nations »

• *On oppose traditionnellement le Nord en perpétuel déclin, le Sud attirant emplois et industries nouvelles.* On pouvait, jusqu'à une période récente, repérer l'activité dominante de chaque région dont l'essor ou le déclin déterminait la prospérité ou la détresse de ses populations : laine dans le Yorkshire, coton dans le Lancashire, cycles à Nottingham, métallurgie lourde dans le Tyneside et le Teeside, sidérurgie à Sheffield... Mais les dernières années ont bouleversé ce schéma, la diversification l'emporte sous l'effet du recul des mono-industries et des politiques de reconversion. Depuis une dizaine d'années, le mouvement Nord-Sud se ralentit, mais l'opposition des deux nations demeure vérifiée.

• *Le déclin des industries traditionnelles n'en finit pas de mettre le Nord en danger.* La révolution industrielle provoque le peuplement rapide des « pays noirs » et des régions industrielles du nord (Durham, Yorkshire, Lancashire) et du centre (Midlands). Des régions très spécialisées autour d'une industrie principale naissent alors, leur survie actuelle doit beaucoup au sort de leur activité dominante.

Angleterre du nord : population et emploi

	Population 1987	Chômage (90)	Emploi 1981-87	Emploi 1987
Nord-Ouest	6 370 300	7,5 %	–129 000 (–4,8 %)	2 542 000
Nord	3 076 800	8,7 %	– 5 000 (–0,5 %)	1 198 000
Yorkshire-Humberside	4 900 200	6,8 %	+ 32 000 (+1,6 %)	2 039 000
West Midlands	5 197 700	5,9 %	+ 58 000 (+2,6 %)	2 261 000

Source : HMSO, *Keydata 1991-1992*, p. 7-8 et 16.

L'industrie est surreprésentée mais elle n'est plus dominante. Les programmes gouvernementaux destinés à revitaliser le tissu économique portent leurs fruits à la longue. Des activités tertiaires ont pris le relais, mais le déclin démographique se poursuit, sauf dans les East Midlands qui profitent de la prospérité du Sud-Est. Les bassins régionaux sont encore spécialisés et doivent opérer des reconversions accélérées : sidérurgie et métallurgie puis tertiaire dans l'aire métropolitaine de Sheffield; porcelaine et céramique dans *The Potteries* de Birmingham à Manchester; chimie dans le Cheshire près de Manchester (ICI, Shell); pêche et pétrole dans l'estuaire de la Humber; coton du Merseyside autour de Liverpool qui connaît la plus grave crise urbaine d'Europe (un tiers d'habitants en moins sur 30 ans); laine dans le Yorkshire autour de Leeds et Bradford; coton dans la nébuleuse urbaine du Lancashire; tertiaire supérieur pour Manchester désormais plus lié au nœud autoroutier qu'au port ou à l'industrie; automobile et mécanique des West Midlands (Birmingham, Coventry) en difficulté après avoir pris le relais des industries du XIXe siècle.

• *Le Grand Sud attire sans cesse plus d'hommes et d'activités*. Cet ensemble groupe trois régions — le Sud, le Sud-Ouest et le Sud-Est — auxquelles on peut ajouter les East Midlands, soit près de 31 millions d'habitants. Son unité, cimentée par une rapide expansion, sera renforcée par l'intégration européenne et l'ouverture du *Chunnel*. Il groupe 55 % des Britanniques sur moins de 30 % de la superficie, ses atouts sont variés : agriculture; activités du littoral, pêche, ports (le trafic trans-Manche concerne 11 ports avec des taux de croissance allant jusqu'à 23 % pour l'automobile et 86 % pour les marchandises), tourisme balnéaire, séjours linguistiques, centres de cure, de loisirs et de congrès, résidences du troisième âge, services londoniens.

Angleterre du sud : population et emploi

	Population 1987	Chômage (90)	Emploi total en 87	Emplois 1981-87
Sud-Ouest	4 588 000	4,0 %	1 872 000	– 99 000 (–5,6 %)
Sud-Est	17 318 000	3,5 %	8 480 000	+535 000 (–6,7 %)
East-Anglia	2 014 000	3,3 %	923 000	+155 000 (+20 %)
East Midlands	3 941 000	4,9 %	1 717 000	+106 000 (+6,6 %)

Source : HMSO, *Keydata 1991-1992*, p. 7-8.

• *Le Grand Londres domine l'ensemble régional.* L'essor de Londres est antérieur à la révolution industrielle, grâce à un site exceptionnel au fond d'un long estuaire qui pénètre au cœur du territoire (80 % de la population britannique réside à moins de 300 km). Elle bondit au XIXe siècle en devenant le centre financier et commercial du monde : 1 million en 1800, 3,3 en 1851, 6,5 en 1901. L'agglomération culmine à 8,6 millions en 1938 avant de décliner jusqu'à 6,8 millions sous l'effet de la guerre puis de la politique de déconcentration urbaine. Les villes nouvelles, des cités-jardins offrant résidence et emploi, et une ceinture verte de plusieurs kilomètres de large stoppent l'expansion. Le *Greater London Council* est créé en 1963 (et supprimé en 1985) pour administrer les 32 *boroughs* londoniens (*inner + outer London*).

	City	Centre des affaires	Greater London	Anneau péri-urbain	Région Sud-Est
Superficie	270 ha	2 800 ha	1 600 km^2	24 000 km^2	26 000 km^2
Pop. 1988	4 700	350 000	6 770 000	10 600 000	17 300 000

Source : C. Chaline, *Le Royaume-Uni, économie et régions*, Masson, 1991, p. 159.

Londres est spécialisée par quartiers : 1) Le West End royal est la vitrine du pays, il groupe les beaux quartiers résidentiels (*Kensington, Belgravia, Mayfair*), culturels (musées et galeries) et commerciaux (sièges de sociétés, grands magasins de *Regent's* ou *Oxford Street*), on y trouve les plus beaux ensembles architecturaux et les fonctions officielles avec Buckingham Palace (Couronne), Westminster (Parlement), Whitehall (ministères), il attire l'essentiel du tourisme et pratique presque exclusivement des activités tertiaires. 2) L'East End et le port groupent les quartiers populaires et industriels, ils souffrent d'un recul rapide. Un aménagement est en cours : tertiaire supérieur du *dockland*, transports (aéroport d'affaires à piste courte), zone d'entreprises. 3) La *City* sert de limite aux deux faces de la ville opposant cols blancs et cols bleus, quartiers chics et populaires. Sur environ 270 ha (un carré de 500 m de côté) logent 4700 habitants, mais 400 000 y travaillent. La *City* concentre l'essentiel des activités financières et des affaires. Elle dominait sans partage l'économie mondiale du XIXe siècle et demeure, avec ses banques, ses sièges sociaux, son Stock Exchange, ses sociétés d'assurance, ses bourses de marchandises, un des pôles essentiels du système financier mondialisé où l'Angleterre tient une place prépondérante. La *City* se distingue également par ses institutions ancestrales issues des libertés conquises par le commerce et les métiers. Elle a un gouvernement et une police propres, un *Lord Mayor*, deux *sheriffs*, 26 échevins (*aldermen*) et 159 conseillers représentant les 84 corporations des marchands (*guilds*). Ils conservent d'anciennes prérogatives comme celle d'autoriser l'accès du roi à la Cité, et des traditions comme la présentation du *Lord Mayor* à la population chaque année en novembre. Pour limiter la désertion nocturne, on tente de fixer une population résidente et des lieux de spectacle dans le quartier du *Barbican*, mais le prix de l'immobilier limite l'opération.

L'influence de Londres s'étend, très au-delà du *Greater London*, sur le *Metropolitan London*, du Cambridgeshire au nord aux côtes de l'Essex au sud, de l'Oxfordshire à l'ouest jusqu'à la mer du Nord à l'est. L'urbanisation a sauté la ceinture verte qui avait été créée pour la stopper. Elle suit les axes autoroutiers, les zones industrielles s'implantent près des échangeurs qui jouent un rôle analogue à celui

PIB par habitant et taux de chômage régionaux (1989-1990)

Base 100 : moyenne Royaume-Uni

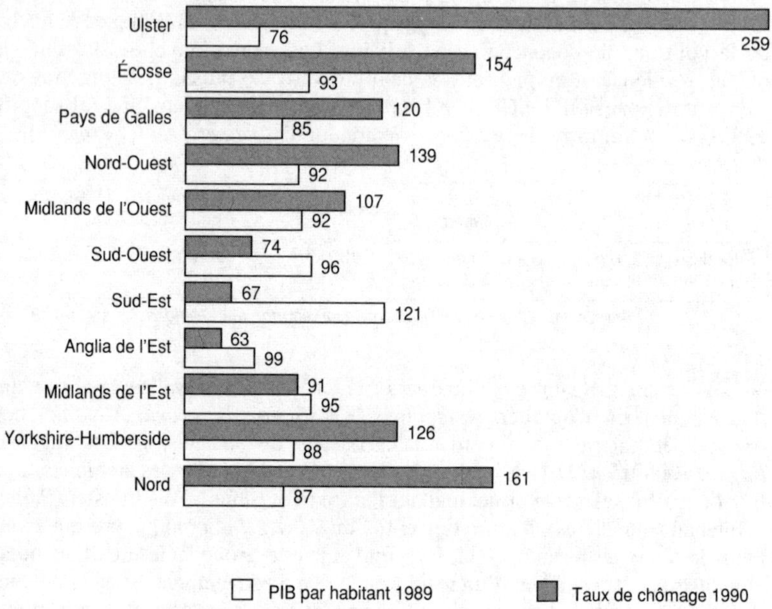

Source : d'après CSO, *Regional trends*, et *Economic trends*, juillet 1990, p. 41.

des estuaires au siècle dernier. Toute la gamme des industries légères succède aux industries agro-alimentaires et impulse des villes-relais.

Le secondaire décline dès les années 1950 : 900 000 emplois perdus de 1961 à 1988, 30 000 chaque année pour le Grand Londres. Comme toutes les capitales, Londres concentre un tertiaire de haute administration publique et privée, les services centraux de la plupart des grands organismes du pays. Elle s'est forgé une réputation d'expertise dans les services financiers, bancaires et d'assurance (650 000 emplois dans le Grand Londres) qui attirent une clientèle mondiale face à ses deux rivales, New York et Tokyo. Le tertiaire de communication (*information economy*) serait d'après J. Howels concentré à près de 40 % dans le Greater London, à 65 % pour l'informatique. Londres propose une gamme unique de services. La plupart des majors britanniques (180 sur les 300 premiers) et nombre de firmes internationales (25 des 100 premiers européens) y ont élu domicile, notamment du fait de la langue britannique, d'un lien privilégié avec les États-Unis, d'une excellente accessibilité (les 4 aéroports, dont un spécialisé dans les affaires, accueillent 60 000 000 de passagers, de loin le premier rang européen), d'un réseau d'information très bon marché (Reuter notamment). Mais le prix élevé du m² freine le mouvement.

	Greater London	Zones péri-urbaines	Région Sud-Est
Emploi total en 1988	2 852 000	2 971 000	5 823 000
Part du tertiaire en %	81 %	72 %	78 %
Augmentation1981-88	+6,9 %	+26,1 %	+15,9 %

Source : SERPLAN, *in* C. Chaline, *op. cité*, p. 163.

UNE POLITIQUE RÉGIONALE PRÉCOCE

À l'origine, les mesures contre l'insalubrité prises au XIXe siècle

Cette politique est imposée par l'urbanisation intense du XIXe siècle et la brutalité des crises régionales du XXe siècle.

• *Le modèle urbain hérité de la révolution industrielle.* L'ouvrier se rend à pied au travail, le logement s'agglomère donc autour des usines. Quand l'entassement dans les caves et les greniers du centre ne suffit plus, des promoteurs lancent la construction en *terraced houses*, des maisonnettes avec jardin, accolées dos à dos pour économiser la place ; leur fragilité est dénoncée par hygiénistes et socialistes. Dès 1870, Birmingham (Chamberlain) et Londres (Shaftesbury) entament des réhabilitations : destruction des taudis (*slums*) et construction de logements sociaux. Des employeurs paternalistes, comme Cadbury (1878) qui fonde Bounville ou Lever (1887) avec Port Sunlight, réalisent des ensembles de qualité.

Ebnezer Howard expose en 1898 le premier programme élaboré en matière d'urbanisme. En 1899, il fonde la *Garden City Association* qui préconise des villes de taille humaine, entourées d'une ceinture verte offrant logements, emplois, services administratifs, commerciaux et de loisir. Ce programme est à l'origine de la doctrine urbanistique britannique qui est un modèle (notamment en France où sont créées des cités jardins dans l'entre-deux-guerres). Les premières réalisations sont Letchworth (1903), Hampstead Garden Suburb (1907), Welwyn Garden City (1920) au nord de Londres. Adopté en 1919, le *Housing and Town Planning Act* (1919) est la plus ancienne législation urbaine, mais il aura peu d'effet. Après la seconde guerre, une politique systématique est mise sur pied. Le *Greater London Plan* de sir Patrick Abercrombie (1940) et, surtout, le *Town and Country Planning Act* (1947), constituent une véritable planification de l'aménagement du territoire.

• *La naissance des conurbations et les plaies tracées par les friches industrielles.* Quand, au début du siècle, les transports en commun sont apparus, les villes ont dévoré l'espace. La très forte préférence pour le logement individuel conduit à un urbanisme horizontal. Les villes tendent donc à se rejoindre pour donner naissance au phénomène des *conurbations*. Un paysage urbain typique prend alors forme : une interminable succession d'implantations industrielles et de *terraced houses*. À partir des années 1930, se répandent les « friches industrielles » (*derelict areas*) qui leur donnent un aspect sinistré.

• *La politique urbaine de 1947.* Le *Town and Country Planning* prévoit :

– Les ceintures vertes, définies en 1955, doivent humaniser les agglomérations et mettre fin à leur étalement, la construction étant limitée à la zone intérieure. Les terres sont gelées ou rachetées par les municipalités. Quinze ceintures sont ainsi créées, dans les plus grandes villes, comme Londres (6,7 millions d'habitants), Birmingham (2,4), mais aussi de plus modestes comme Edimbourg (0,45), Bristol (0,43), ou Cambridge (0,1). Le programme est d'une ampleur considérable, elles couvrent aujourd'hui 14 % de la superficie du royaume, celle de Londres a 480 000 ha, soit 18,5 % de la région Sud-Est. Sous la pression des besoins, on assiste à une évolution contradictoire : 1) les villes tendent à s'étendre au-delà de la ceinture; 2) une urbanisation lente se poursuit au cœur de la ceinture (mais elle est fermement contenue); 3) l'espace rural de la ceinture se modifie : l'agriculture y devient plus intensive, des activités de plein air s'y installent; 4) des empiètements dérogatoires sont acceptés notamment pour les transports (autoroute périphérique M25); 5) cela renforce la pression des activités pour occuper les abords des bretelles.

– Rénovation urbaine :

Destruction des taudis et relogement. De 1945 à 1975, l'habitat insalubre recule au rythme de 70 000 destructions par an. La rénovation est ambitieuse avec une « dédensification » très restrictive (350 hab./ha). Les zones à rénover sont déclarées *Comprehensive Development Areas (CDA)*, le terrain est acquis par la municipalité qui construit des logements sociaux (*council estates*). Certaines opérations sont gigantesques, comme celle de Stepney-Poplar dans l'est londonien (100 000 habitants, 720 ha). Comme on ne peut reloger sur place toutes les familles, l'entassement antérieur étant dramatique (jusqu'à 1 000 hab./ha à Glasgow), les urbanistes affrontent donc un problème humain difficile.

Réhabilitation des centres. Il s'agit de reconstruire après les bombardements (Coventry, Plymouth) et d'embellir des centres victoriens souvent limités à une rue principale (*High Street*). Les zones déclarés CDA sont confiées à des promoteurs, notamment le géant Ravenseft qui réalisa plus de 150 opérations. Certaines sont de grand prestige, comme le centre culturel du Barbican à proximité de la *City*. En général, mobilisant des capitaux privés, elles sont dominées par bureaux et commerces. L'espace urbain est « zoné » selon le modèle américain en vogue dans les années soixante, chaque quartier étant dédié à une seule fonction : logements sociaux municipaux à la place des anciens taudis, zones commerciales et bureaux cédés aux promoteurs avec une voierie et des parkings envahissants, activités industrielles rejetées en périphérie. Ce schéma multiplie les *commuters*, et laisse s'engager les zones péri-centrales (*inner cities*) dans une dégradation que l'on ne sait pas enrayer, des immigrés remplacent les familles de souche parties en banlieue.

– Villes nouvelles. Les schémas directeurs (*Development Plans*) des années 1940-1950 veulent déconcentrer. Les ceintures vertes bloquant l'essor, l'excédent sera fixé au-delà, dans les *new towns*. Pour chaque implantation, un établissement public (*Development Corporation*) est doté des moyens financiers et juridiques (expropriations). Selon le *New Towns Act* de 1946, les villes nouvelles devaient absorber la totalité du croît urbain, mais le programme devra être revu en hausse face à un boom démographique inattendu. 32 villes voient le jour de 1946 à 1976.

14 chantiers sont engagés sous le cabinet travailliste de Clement Attlee entre 1946 et 1950 dont 8 à Londres et un à Glasgow, leur taille est moyenne (environ 50 000 habitants), les logements sont uniquement locatifs et incluent une zone industrielle offrant la majorité des emplois.

LA POLITIQUE RÉGIONALE (1990)

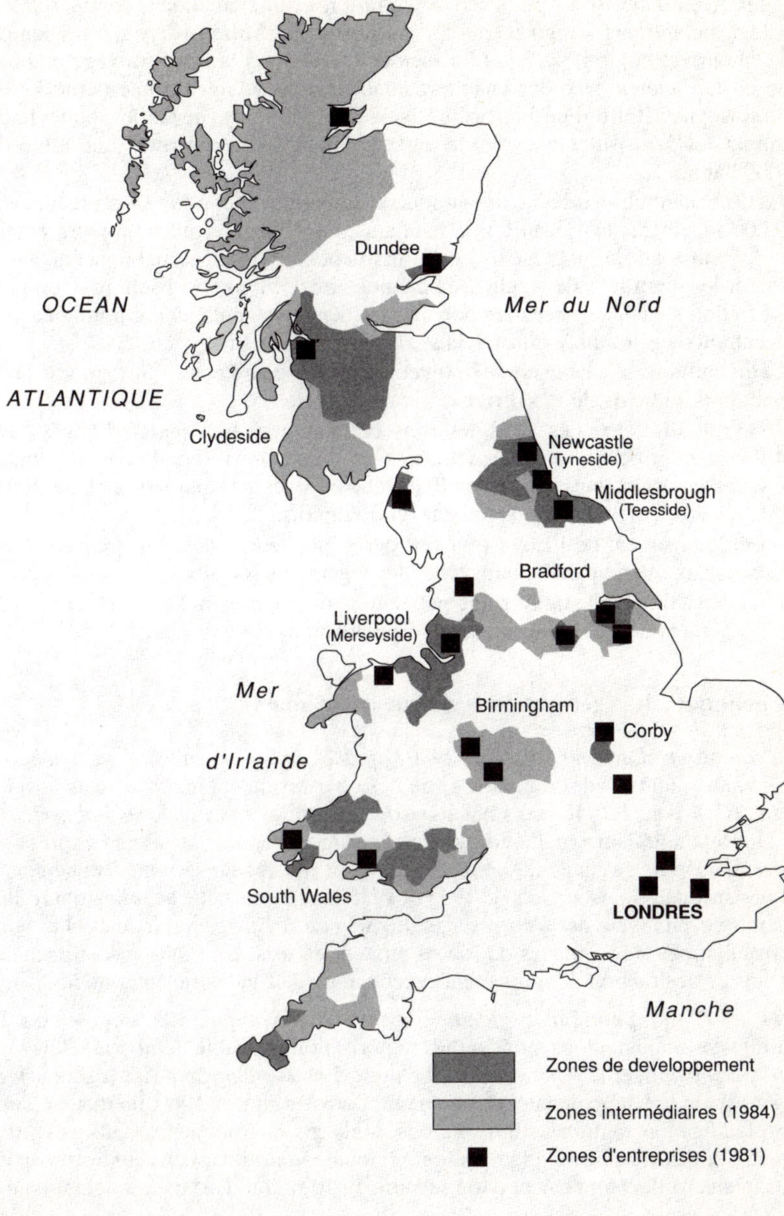

Dans les années 1960, après avoir préféré soutenir des *expanded towns* (cités pré-existantes), les conservateurs relancent le programme avec une série de villes moyennes, puis, entre 1966 et 1970, les travaillistes passent à des unités de taille très supérieure (100 à 200 000 habitants). L'évolution suit plusieurs directions : progrès technique (transports en site propre), implantations commerciales, emplois, notamment « high tech » (*science park* de Milton Keynes), prépondérance du privé (environ 60 %) et lotissements destinés à la vente, mixage du nouveau et de l'ancien avec des chantiers attachés à un village ou une petite ville : Milton Keynes, Telford ou Lancashire New Town. En pays de Galles, on tente de réanimer les *Mid-Wales* en voie de dépeuplement avec Newtown, une unité de 14 000 habitants.

La déconcentration urbaine britannique joue un rôle précurseur. Cependant, avec 350 000 logements et 1,5 million d'habitants, les villes nouvelles ne représentent que 3 % du total des logements construits depuis 1945 et ne parviennent pas à absorber les 9 millions de citadins supplémentaires. Elles ne réalisent pas non plus l'intégration sociale espérée : les populations démunies, notamment immigrées, se concentrant dans les *inner cities* délaissées par les classes moyennes.

Cette politique s'achève en 1976 (avec Stonehouse en Écosse); les autorités n'y croient plus, la méthode très dirigiste paraît obsolète.

– Décentralisation : dès 1952, les conservateurs avec les *expanded towns* mettent l'accent sur des accords décentralisés entre les autorités de la conurbation et des villes environnantes qui accueillent leur excédent, la plupart sont de petite taille : quelques centaines de logements et d'emplois.

– Désengagement de l'État : transfert des compétences des *Development Corporations* aux municipalités, puis vente des logements sociaux.

– La dénatalité ôte le motif principal de la politique urbaine, quand la crise et le désengagement de l'État lui retirent moyens financiers et ambitions.

Les politiques de régénération régionale et urbaine

• *La question date des années 1930, quand la crise amène un chômage monstrueux* : un tiers des mineurs, 43 % des ouvriers du coton, 48 % dans la sidérurgie, 62 % dans les chantiers navals. Apparaissent alors ces *friches industrielles* dont le Royaume-Uni a malheureusement la primeur; on invente alors l'expression *Distressed Areas* (« zones de détresse » aujourd'hui rebaptisées par euphémisme « zones spéciales »). Deux lois de 1933 et 1935 inaugurent cette action, aujourd'hui généralisée, en faveur des *Depressed* et des *Special Areas* : zones industrielles dont les installations sont vendues ou louées aux entreprises. Un fonds spécial rachète, aux fins de destruction, l'équipement excédentaire de l'industrie cotonnière.

• *1945-1979, la politique régionale devient systématique*. Elle repose sur le contrôle des implantations industrielles (autorisation préalable, *Industrial Development Certificate*), et le repérage géographique. Les *Development Areas* sont sélectionnés selon le critère du taux de chômage. Dans les années 1960, on met en place une planification régionale (huit régions anglaises et trois zones celtiques), des bureaux et des conseils de planification régionale vont travailler : études prospectives, plans de développement et de secours, distribution de subsides notamment à la création et la sauvegarde des emplois et du logement. Depuis 1972, l'aide est liée à un classement par ordre décroissant de gravité : 1) *Special Development Areas*; 2) *Development Areas;* 3) *Intermediate Areas.* Le bilan est considérable : énorme hausse du parc de logements, 250 000 emplois directs dans les zones d'activité gérées par des organismes publics. Cependant, avec la crise, les organismes sont submergés, les ressources bloquées, le chômage s'envole et les « zones de détresse » se répandent.

• *Dans les années 1970, l'attention bascule des villes nouvelles vers les quartiers anciens.* Cela aboutit à l'*Inner Urban Areas Act* de 1978. Cette politique relève des autorités locales et concerne surtout les logements sociaux et l'assistance. Les actions sont coordonnées par des établissements publics, les *Urban Development Corporations.* Dès 1979, Margaret Thatcher dessaisit les autorités locales au profit du gouvernement, limite les subventions au démarrage des programmes; les investisseurs privés prenant le relais, les règles d'urbanisme trop contraignantes sont allégées. Trois types de subventions concernent le développement, la régénération et les friches urbaines. 177 projets sont ainsi soutenus entre 1982 et 1986 pour 800 millions de livres, ils ont créé 30 000 emplois.

• *Années 1980* : *suppression des structures antérieures et refonte de la politique régionale.* L'approche stratégique des schémas directeurs est condamnée pour sa lourdeur, et, avec elle, ses divers organes : bureaux et conseils régionaux en 1979, comtés métropolitains et *Greater London Council* en 1985. Les aides aux zones en difficulté sont réduites, celles destinées aux secteurs condamnés supprimées.

• *L'outil essentiel de la nouvelle politique est la zone d'entreprise (1979) destinée aux localités à fort chômage.* L'idée est de favoriser la libre entreprise en soutenant les PME des secteurs de pointe ou progressifs. Plus question de protéger les secteurs régressifs ou sinistrés, la sanction du marché prime. Les firmes sont attirées par trois biais : 1) Effort d'infrastructure de la part de l'État; 2) Assouplissement des règles : permis de construire, dérogations d'urbanisme; 3) Allégements fiscaux (exonérations d'impôts locaux) et subventions, acquisition des locaux à bas prix, aide jusqu'à 100 % du capital.

Depuis 1980, 25 zones d'entreprise, dont 4 seulement dans le Sud-Est, sont créées, le plus souvent sur des friches industrielles ou portuaires. Elles s'étendent sur environ 35 000 ha avec une moyenne de 400 à 1 000 emplois. D'abord axées sur la haute technologie (comme à Dundee), elles ont évolué vers les activités de bureau ou de distribution, les deux plus importantes sont le *Metro Centre*, un gigantesque centre commercial régional près de Newcastle, et le *London Dockland Aera.* Le bilan global est d'environ 60 000 emplois, mais un quart seulement sont nouveaux, les autres sont transférés, le coût est d'environ 200 000 F par emploi.

En 1983, le dispositif est complété par 6 *zones franches portuaires* implantées notamment à Cardiff, Liverpool et Belfast, qui doivent attirer des investisseurs en leur proposant un trafic hors taxe.

L'approche géographique nous a permis de toucher du doigt les difficultés, notamment industrielles, du Royaume-Uni et leur concentration dans le Nord ou en Ulster, ainsi que ses atouts, qu'il s'agisse de la prospérité des régions méridionales ou de la relative efficacité des politiques d'aménagement du territoire.

2 *Une économie ouverte dominée par les services*

Nous allons dans ce chapitre envisager l'économie britannique sous l'angle de ses activités : une agriculture de faible poids mais de grande efficacité; une industrie dont le déclin précoce semble, malgré quelques pôles brillants, ne jamais vouloir toucher le fond; un tertiaire, notamment financier, florissant mais insuffisant pour contenir les difficultés du commerce extérieur. La dépendance explique la récurrence de déficits qui obligent à freiner la croissance à chaque boom. Elle paraît s'estomper durant la reprise des années 1980, mais, en réalité, elle n'était que temporairement masquée par des excédents pétroliers qui s'évanouissent en 1986.

Répartition de la population active en trois secteurs

en %	Primaire		Secondaire		Tertiaire	
	France	R.-Uni	France	R.-Uni	France	R.-Uni
1801	65,1	34,4	20,4	30,0	14,5	35,6
1901	41,0	9,0	31,8	46,0	27,2	45,0
1974	12,7	3,1	38,5	42,7	48,8	54,2
1990	6,1	2,2	29,2	29,5	64,7	68,3

Sources : Thélot & Marchand, Deux siècles de travail en France, INSEE, 1991 ; *Deane and Cole, in* Crouzet, *L'Économie de la Grande-Bretagne victorienne*, SEDES, 1978, p. 73, INSEE, TEF 91.

AGRICULTURE SACRIFIÉE AU LIBRE ÉCHANGE MAIS SURPRODUCTIVE

• *L'agriculture connaît un déclin précoce et profond.* Dès le XVIIIe siècle, une *révolution agricole* augmente les rendements, concentre les terres et déclenche l'exode rural (63 % d'urbains en 1 800, 25 % en France). En 1846, l'*abolition des Corn Laws*, décidée pour profiter des bas prix étrangers, accélère le recul et, au nom du libre échange, place délibérément le pays en situation de dépendance alimentaire. Depuis la dernière guerre, restée à l'écart de la CEE, l'Angleterre choisit une politique originale : l'objectif premier est de protéger le consommateur. Une *Cheap Food Policy* explique le faible poids des dépenses alimentaires dans le budget familial. L'importation du *Commonwealth* assure un approvisionnement bon marché et pousse les prix vers le bas. Des aides directes, les *deficiency payments*, soutiennent le revenu agricole en comblant la différence entre le prix de marché et un prix garanti.

• *En 1973, l'adhésion à la CEE met le niveau de vie en danger.* Le système d'aide directe est démantelé et, malgré des dérogations (Nouvelle-Zélande), les achats au

Commonwealth sont freinés par les taxes communautaires (*prélèvements*). L'entrée en vigueur de prix communautaires supérieurs aux normes mondiales augmente le coût de la vie. Un mécontentement populaire s'ensuit, aggravé par la confusion entre le choc de l'adhésion et la hausse des matières premières liée à la guerre du Kippour.

• *Poids économique mineur, performance étonnante*. Il n'y a que 259 000 exploitations en 1989 (France : 1 million), mais chaque actif agricole apporte 80 % de la valeur ajoutée par l'actif britannique moyen (2 % du PIB/2,2 % des actifs), en France, le même rapport est de seulement 57 % (3,5 % du PIB/6,1 % des actifs). Le rendement en blé est le plus élevé de la Communauté : 70 quintaux / hectare contre 52 en moyenne européenne, 60 en France. Le royaume étant mal doté aux plans du climat et des sols, la production animale domine (63 % de la valeur ajoutée). La superficie des exploitations est la plus élevée d'Europe : 80 % ont plus de 50 hectares (CEE : 38), la moyenne est de 65 (CEE : 13, France : 27). Depuis 30 ans, le faire-valoir direct se développe, mais il demeure minoritaire (38 %, CEE : 63). Son système agraire original avait fait de l'agriculture anglaise un modèle : les grands domaines (*estates*) étaient exploités en fermage, ils étaient orientés vers le rendement grâce à l'intérêt des propriétaires pour le progrès technique. La part des très grands domaines demeure considérable (128 000 ha de la Couronne, 60 000 de l'Église, 108 000 des collèges d'Oxford et Cambridge...).

• *Le déficit agricole diminue depuis l'entrée dans la* CEE. Avec un solde de –4,7 milliards de livres en 1989, l'auto-approvisionnement est de 57 %. Les prix sont plus avantageux mais les subventions européennes moins fortes que ne l'étaient les aides britanniques, les agriculteurs sont moins soutenus que ceux du reste de l'Europe (cf. tableau *infra*), mais plus que les français. La productivité progresse moins vite, mais le degré d'autonomie s'élève pour la plupart des produits : de 1982 à 1989, pour les céréales 92 à 121 %, 40 à 72 % pour le sucre... Le Royaume-Uni rejoint le modèle occidental qui consiste à soutenir l'agriculture nationale au détriment du consommateur. En 1983, le revirement de la politique agricole commune (quotas laitiers, quantités maximales garanties sur les oléagineux et les céréales), et, en 1992, la réforme qui diminue les aides et les déplace des prix vers le revenu familial vont frapper de plein fouet les agriculteurs. Revenu et investissements productifs baissent, la politique nationale accentue la tendance avec des aides au gel des terres. Cependant, la surproductivité et le faible nombre d'agriculteurs protègent en partie un monde agricole moins durement touché que celui du continent.

L'agriculture dans la CEE en 1989

	France	All.	Italie	R.-Uni	CEE
Répartition de la valeur ajoutée agricole	21,6	19,1	22,8	7,7	100
de la production végétale	25,7	10,2	22,9	7,5	100
de la production animale	21,6	19,1	14,2	11,8	100
Subventions à la production	3,2	9,8	9,5	4,9	5,7
Impôts à la production en % de la production	3,3	2,1	0,9	2,0	1,8

Source : Eurostat, *in* V. Riches, *L'Économie anglaise depuis 1945*, Repères La Découverte, 1992, p. 57.

Réduction du désavantage comparatif agricole

	1967	1973	1980	1986
Solde agro-alimentaire en millièmes de PIB (corrigé*)	–25	–20	–18	–12

* Solde extérieur du secteur exprimé en millièmes de PIB (Export-Import/PIB), le marché mondial de la filière est figé à son état de départ pour isoler les changements propres au pays.

Source : d'après C. Herzog, G. Lafay, *La Fin des avantages acquis*, Economica, 1989, p. 252.

• *La faiblesse agricole nourrit la puissance agro-alimentaire*. Le refus de protéger le monde paysan, qui caractérise la Grande-Bretagne depuis le XVIIIe siècle, a bénéficié au consommateur mais aussi à l'industriel. Il achète bon marché les denrées importées du *Commonwealth*, et la production locale est compétitive car les aides ne reposent pas sur la surévaluation des cours. Pour les firmes de ce secteur, la PAC est donc un obstacle car elle renchérit les intrants, elles l'ont surmonté et dominent largement leurs rivales continentales (10 anglaises dans les 50 premiers mondiaux). L'agro-alimentaire britannique réalise en 1988 19,8 % de la valeur ajoutée de la CEE, contre 21,4 pour l'allemand, 18,7 pour le français et 11,9 pour l'italien.

Neuf firmes britanniques et une française parmi les dix premiers européens (1987)

Unilever (anglo-holl)	Oléagineux, divers	Hillsdown	Alim. anim., viande, charcut.
Hanson-Trust	Sauces, surgelés	Allied Lyons	Bière, divers
Grand Metropolitan	Bière, boissons, divers	Bass	Bière, divers
Dalgety	Viandes, divers	Guinness	Bière
BSN Gervais-Danone	Multiproduits	Cadbury, Schweppes	Boissons, chocolat.

Source : CFCE, MOCI, 9/1988, *in* J. Brémond, *L'Europe de 1993*, Hatier, 1990, p. 177.

INDUSTRIE : L'ANCIEN ET LE NOUVEAU

Extrême concentration, décrue rapide de la part du secteur public

• *Les difficultés de l'industrie britannique ne sont pas contradictoires avec la bonne santé de ses firmes*, le taux d'auto-financement est très élevé : constamment supérieur à 80 % (sauf en en 74, 75 et 76), alors qu'en France il ne dépasse jamais 75 %.

• *Les firmes britanniques se placent en tête des européens* dans les classements mondiaux (on peut ajouter 2 anglo-hollandaises : Shell et Unilever).

Classement 1990 des 500 premières firmes mondiales (*Fortune*, juillet 1991)

	É.-Unis	Japon	Allemagne	France	R.-Uni
N° de firmes	164	11	30	30	43
Part du CA	40,2 %	18,1 %	8,6 %	6,0 %	7,2 %

Classement 1990 des dix premiers par industrie (*Fortune*, juillet 1991)

Aérospatial	British Aerospace 3°	Mines	RTZ 3°, British Coal 4°
Alimentation	Unilever 2°, Grand Metropolitan 6°	Mat. construction	BTR 2°, Hanson 3°, Pilkington 6°, RMC 7° *
Imprimerie, édition	Pearson 10°	Métallurgie	BICC 4°
Tabac	Bat industries 1°	Cosmétique, hygiène	Reckitt & Colman 8°
Pétrole	Shell 1°, BP 3°	Chimie	Imperial Chemical Ind 5°
Boissons	Lyons 4°, Guinness 9°	Pharmacie	Smithkline Beecham 4°
Textile	Coats Viyella 8°		

* St-Gobain N° 1. Dans 7 secteurs sur 21, aucune firme ne figure dans les 10 premiers (France : 9).

• *Recul du poids de l'État.* L'Angleterre avait le plus important secteur public du monde, notamment dans l'industrie. En plus des nationalisations de 1945, il y eut dans les années 1960-1970 de nouvelles vagues destinées à sauver des entreprises en difficulté comme British Leyland, Rolls Royce, British Steel…

De 1979 à 1989, avec les privatisations, le secteur public passe de 2 065 000 à 844 000 emplois, sa part dans le produit national diminue de 8,1 à 3,2 %, celle dans l'investissement de 17,7 à 7,7 %. Selon la *London Business School*, si la rentabilité du secteur public est inférieure à celle des firmes privatisées (l'État conserve celles qui ne trouvent pas preneur), elle s'est rétablie entre 1979 et 1989 : de 7,9 à 8,6 % pour British Coal, British Rail qui était en déficit en 1979 dégage un bénéfice de 5,2 % en 1989. Le redressement des firmes avant privatisation démontre qu'une fois placée sous la contrainte du marché, une entreprise publique peut réussir. Pour privatiser, il fallait d'abord rentabiliser, c'est-à-dire licencier et se séparer des poids morts, ce qui fut fait avec une particulière énergie. Ainsi, British Steel passe d'un déficit en 1979 à 13 % de rentabilité au moment de sa privatisation en 1988-1989, les Telecom augmentent leur rentabilité de 4,8 % à 16,7 %.

Passé glorieux, déclin précoce

• *L'industrie décline depuis la fin du* XIXe siècle. Dans les années 1850-1870, alors à son apogée le royaume produit 53 % du charbon, 50 % de la fonte, 27 % des cotonnades, réalise 25 % du commerce international, sa flotte représente le tiers du tonnage mondial. Il est le *world shop*, l'atelier du monde. Le recul commence avec la grande dépression de 1873. De 1912 à 1938, la fabrication de cotonnades tombe de 8 à 3 milliards de yards, la production de charbon de 287 à 225 millions de tonnes. Après 1945, l'industrie est la grande accusée. À chaque phase de surchauffe, incapable de faire face à la demande, elle mène au déficit, puis au freinage de la croissance. La désindustrialisation commence avant 1973, l'industrie manufacturière perd 900 000 emplois de 1966 à 1979 (–11 % en 13 ans), 1,9 million de 1979 à 1986 (–26 % en 7 ans), elle tombe en 1991 à 5,2 millions d'actifs. Des pans entiers sont sinistrés : sidérurgie, construction navale, textile. La valeur ajoutée brute stagne de 1970 à 1986, alors qu'elle augmente de 50 % en France et en Italie.

Part du Royaume-Uni dans les exportations de produits manufacturés (%)

1899	1929	1937	1950	1960	1970	*1970	1979	1986
33,2	22,9	21,3	25,5	16,5	10,8	8,3	7,5	6,1

* Changement de série, seule la tendance est à prendre en compte.
Sources : 1989-1970 : A. Gamble, *Britain in decline*, Macmillan, 1990, p. 18.
1970-1986 : G. Lafay, C. Herzog, *La Fin des avantages acquis*, Economica, 1989, p. 84.

Taux de croissance annuels (en %)

	61-73	74-80	81-90	1991
France	5,3	2,0	1,1	1,5
R.-Uni	2,8	0,3	1,7	–1,8

Emploi (en millions)

	1948	1966	1979	1991
Industrie manuf.	7,3	8,3	7,4	5,2
Services marchands	4,6	6,0	7,3	8,9

Source : d'après banque de données et modèle WEFA, *in* IFRI, Ramsès1992, Dunod, p. 405-406.

Les accusés sont nombreux

Citons pêle-mêle : vieillissement de l'appareil productif, sous-investissement, orientation vers l'extérieur, préférence pour la finance, rigidités du travail imposées par des syndicats qui protègent des spécialités étroites, mépris de la culture industrielle de la part des élites universitaires et managériales (ingénieur déprécié, postes de direction trustés par des financiers, enseignement technique dévalorisé).

• *Sous-investissement productif et sur-investissement extérieur.* De 1955 à 1973, l'investissement par personne occupée est supérieur de 130 % en France. En 1950-1985, le taux d'investissement représente 17 % du PIB contre 29,8 au Japon, 22,8 en RFA et 21,3 en France. Le haut degré d'auto-financement — 100 à 120 % dans les années 1980 — n'est pas contradictoire avec le sous-investissement, les firmes préférant placer en Bourse ou rembourser leur dette. Le taux de rendement de l'investissement sur la période 1960-1973 est de 8 % contre 14,2 en France et 11,6 en Allemagne. Le capital préfère les opérations financières : en 1979-1989, les fusions et acquisitions passent de 8,6 à 30,4 % du total de l'investissement, l'achat d'équipement productif de 72,8 à 51,3 %. De 1970 à 1990, 256 milliards de dollars ont été investis à l'étranger, contre 311 par les États-Unis et 127 par la France.

• **Compétitivité :** la compétitivité indique les performances d'une économie nationale par rapport à ses concurrentes.

– La *compétitivité-prix* désigne la capacité à proposer des produits de qualité équivalente à un prix inférieur ou équivalent à ceux des concurrents. Elle résulte : 1) du taux de change de la monnaie nationale ; 2) du coût de revient par unité ; 3) du comportement de marge des firmes (elles préfèrent parfois vendre peu et plus cher que tenter de gagner des parts de marché).

– La *compétitivité-produit, volume* ou *hors-prix* désigne la capacité à s'adapter à la demande mondiale : choix des créneaux, qualité, service après-vente... Les produits du pays qui dispose d'une réputation de qualité bénéficient d'une position de *price-maker*, c'est-à-dire qu'ils peuvent être vendus relativement plus cher que ceux des concurrents.

La performance commerciale d'une économie dépend d'une foule de facteurs, il est donc difficile d'isoler ceux qui jouent un rôle décisif à un moment donné.

Les coûts unitaires relatifs (prix de revient par unité rapportés à ceux des concurrents) constituent une donnée de base. Ils dépendent : 1) du coût des facteurs de production, en pratique seul le coût salarial (salaires + charges) diffère d'un pays à l'autre car machines et matières premières sont accessibles sur le marché mondial à un prix identique pour tous ; 2) de l'environnement socio-fiscal (subventions, impôts, contraintes réglementaires...) ; 3) de la productivité des facteurs de production : pour un coût identique des facteurs, le pays plus efficace obtient un coût unitaire inférieur.

• **Productivité :** production rapportée aux moyens mis en œuvre pour l'obtenir, elle indique l'efficacité productive. On calcule celle du travail (production / temps de travail mesuré en hommes-année, ou, mieux, en heures), celle du capital (production / capital installé) ou la productivité globale des facteurs. Il faut estimer la production en *valeur ajoutée* (chiffre d'affaires moins achats extérieurs) afin d'éliminer les doubles emplois qui gonflent la production apparente. Ainsi, un commerçant qui achète pour 500 000 F d'articles et les revend 600 000 a un chiffre d'affaires de 600 000 mais il n'a réalisé en propre qu'une valeur ajoutée de 100 000, les 500 000 F d'achats sont déjà comptés comme production de ses fournisseurs.

• **Rentabilité** : bénéfice rapporté aux dépenses engagées pour l'obtenir. Elle dépend des facteurs énoncés ci-dessus : il faut vendre pour dégager un bénéfice, être compétitif pour vendre et être productif pour être compétitif. Mais il peut se produire (ce fut le cas britannique) que l'on choisisse la rentabilité au détriment de la compétitivité : une politique de prix élevés liée à une efficacité insuffisante (notamment du fait des rigidités du travail) peut s'accommoder d'un marché étroit quitte à ne pas satisfaire toute la demande potentielle. Cela pourrait expliquer les déficits britanniques en phase de surchauffe (offre insuffisante, prix trop élevés).

Taux de pénétration
et effort à l'exportation manufacturiers
(1977-1990)

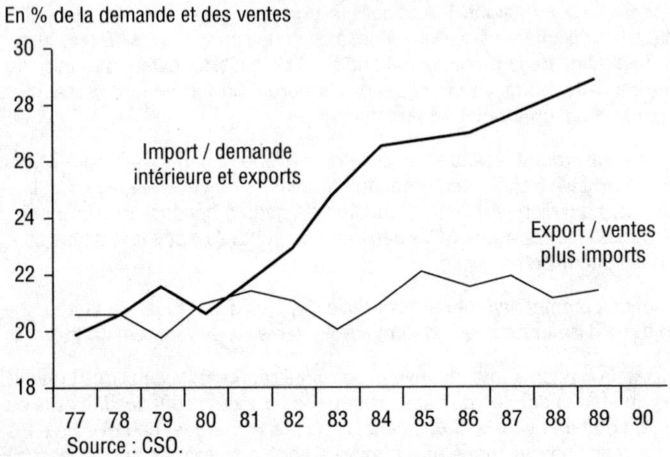

Source : CSO.

Niveaux relatifs de productivité
horaire dans l'industrie manufacturière
(1950-1990)

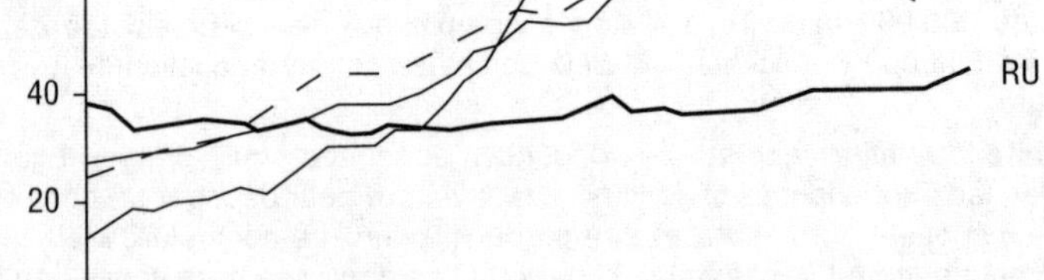

Source : Guinchard, *op. cité, US Department of Labor.*

Évolution du taux de rentabilité (du capital fixe productif*)

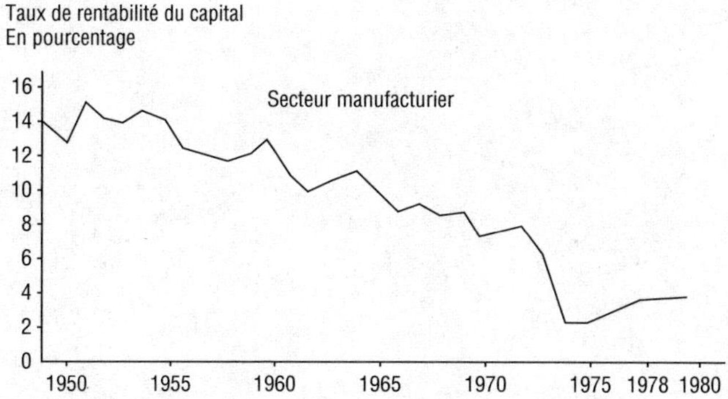

Taux de rentabilité du capital fixe productif : Excédent Brut d'Exploitation* / stock de capital investi en valeur.
* définition comptable du profit, brut signifie avant impôts et amortissements.
Source : *in* Y. Barou, *Le Royaume-Uni, une économie à contre-courant*, Hatier, 1981, p. 37.

• *Le stop and go, un facteur aggravant*. Au cours des relances, la consommation se porte vers les biens nouveaux dont la demande augmente vite, et où la position britannique est faible, cela dégrade la balance et fait apparaître goulots d'étranglement et tensions inflationnistes, qui sont les deux raisons principales du retour au *stop*.

• *Des coûts trop élevés, notamment après les chocs des années 1970-1980* : 1) hausse mondiale des taux d'intérêt aggravée en Angleterre par la rigueur monétaire adoptée par le nouveau cabinet conservateur; 2) remontée de la livre du fait des excédents pétroliers. Les coûts unitaires relatifs bondissent de 40 % entre 1978 et 1981, de 55 % par rapport à 1976. Cependant, l'accusation portée contre les salariés, très répandue dans les années 1970 (l'Angleterre détient avec l'Italie le record en matière de conflits du travail), n'est pas confirmée par les faits.

Coûts salariaux

Données originelles en écus (1 écu = 7 FF)	R.-Uni	All.	France
Coût salarial horaire en francs (1989) dont charges sociales et fiscales en %	59,5 29	68,6 44	61,2 47

Source : d'après CEE, *in Fig-Éco, L'Économie internationale en mouvement 1991-1992*, p. 221.

• *Désavantages hors-coûts*. La qualité, le service après-vente, le réseau commercial... forgent les réputations, déterminent l'attitude des consommateurs. Cette compétitivité-produit est décisive sur des marchés où le consommateur, plus riche

Coûts unitaires de production

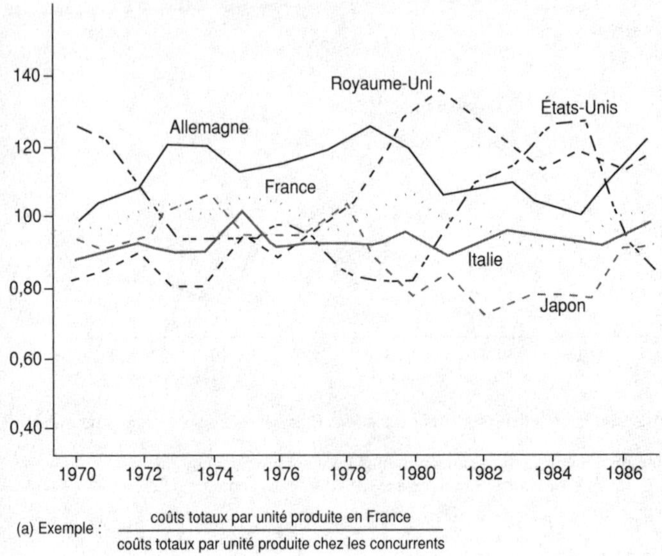

Source : OCDE, *Stratégies industrielles mondiales*, Cahiers français n° 243, p. 18.

et mieux équipé, présente une plus grande exigence quant à la variété et à la qualité. Parallèlement, les segments haut de gamme où le prix joue un rôle secondaire sont en plein essor et génèrent l'essentiel des bénéfices. C'est la compétitivité-produit qui explique les succès d'une industrie allemande pourtant desservie par des coûts salariaux très élevés et par l'appréciation du mark. Au contraire, les faiblesses britannique et française au plan de la qualité sont des facteurs essentiels de leurs difficultés. Or, ces tendances ne s'inversent pas aisément : il faut modifier les processus productifs (qualité totale), puis retourner le jugement du public.

• *Le cercle vicieux des goulots d'étranglement remonte aux années 1960.* La faible hausse de la productivité, due au vieillissement de l'appareil productif, pèse sur la rentabilité et le cours de la livre, elle aboutit à une stagnation de l'investissement (faible rentabilité, faible compétitivité : deux bonnes raisons d'investir avec prudence) qui boucle le cercle en expliquant les faibles gains de productivité. Selon lord Kaldor, keynésien, conseiller des cabinets travaillistes des années 1960-1970, le rythme de la croissance des années 1945-1970 est trop fort, comparé à celui de la productivité, pour se faire sans effectifs supplémentaires ; la croissance s'alignerait sur la démographie. Or, la main-d'œuvre fait défaut : 13 % de croissance démographique de 1950 à 1989 contre 35 % en France, solde migratoire négatif, absence de réservoir rural ; et plus encore la main-d'œuvre qualifiée.

L E RETOURNEMENT DE LA SPÉCIALISATION ANGLAISE

Évolution des avantages comparatifs du royaume-uni (1967-1986) millièmes de PIB

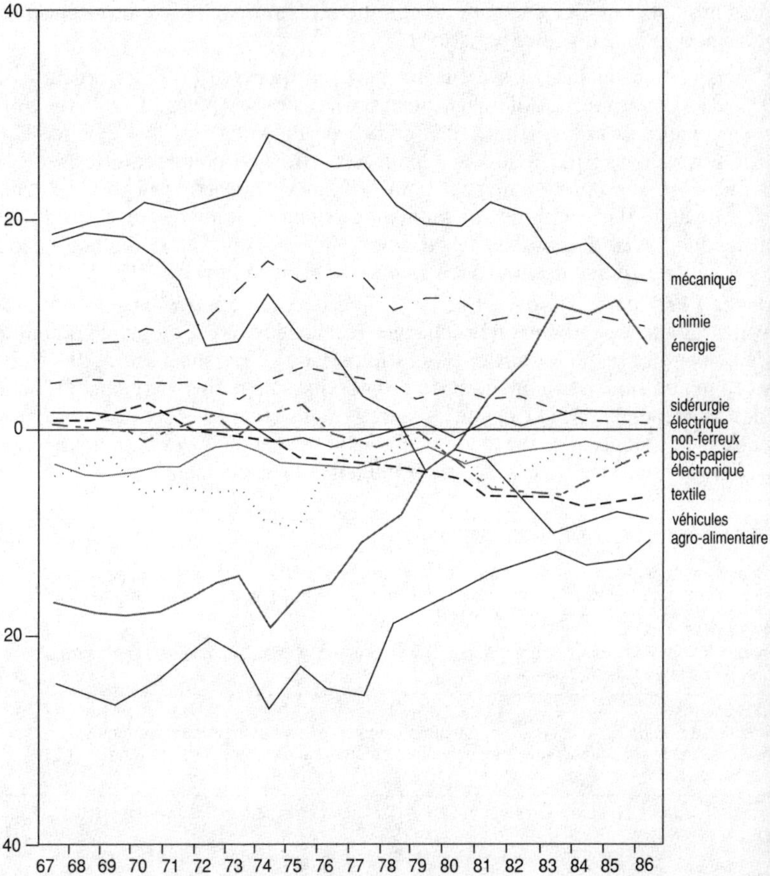

Un chiffre négatif indique un déficit commercial, un chiffre positif un excédent. Ex : le pétrole brut dégage en 1986 un gain de 11 millièmes (1,1 % du PIB), l'automobile une perte de 8,3 millièmes (– 0,83 %). À l'exception de l'énergie et de la filière chimique qui se renforcent, avantages et désavantages se résorbent, ce qui rapproche d'une position neutre, certains secteurs inversant leur solde.

Source : C. Herzog, G. Lafay, *La Fin des avantages acquis*, Economica, 1989, p. 252.

Selon le *Financial Times* (25.9.78), 22 % des firmes industrielles souffraient en 1978 d'une pénurie de travailleurs qualifiés, alors que l'on comptait déjà 1,2 million de chômeurs.

• *Une spécialisation insuffisante.* L'INSEE distingue quatre types de spécialisation (Économie et statistique n° 217-18) : 1) de créneau : quelques produits à fort excédent; 2) de pôle : plusieurs points forts dans une même branche permettant la maîtrise technique qui amène une position de *price maker* (le leader impose ses prix) génératrice de fortes recettes (modèle allemand); 3) de gamme : se limiter à quelques produits homogènes, haut de gamme ou bon marché; 4) intra-branche : autant d'importations que d'exportations.

Le Japon est spécialiste des créneaux avec un quart de produits proches de 1 000 % de couverture. L'Allemagne est spécialiste des pôles. Les États-Unis détiennent quelques pôles, l'Italie des créneaux. La France et le Royaume-Uni sont des généralistes : pas assez de points forts, trop de points équilibrés et de points faibles. Deux pôles seulement pour la France (métaux, transports) et trois pour le Royaume-Uni (chimie, métaux et caoutchouc-matières plastiques). Ils payent les tentatives de protéger les secteurs anciens en difficulté, notamment à travers la nationalisation d'entreprises en déroute dans les années 1960-1970.

• *Dispersion des atouts maîtres et place insuffisante des produits progressifs.* Les atouts maîtres sont les produits très échangés (échanges > 20 % du marché) dont le taux de couverture (exportations en % des importations) est supérieur à 200 %. Ils portent en majorité sur des domaines peu progressifs, sont moins nombreux (11) que ceux des pays comparables (15 pour les autres grands européens), et plus dispersés. Au contraire, les atouts allemands couvrent tout le secteur du matériel professionnel, chaque branche renforce les autres, cela forme un pôle de compétitivité.

ATOUTS MAîTRES DE LA GRANDE-BRETAGNE
Sel, alcools, matériel ferroviaire, matériaux de construction, produits en amiante, construction métallique, pétrole, produits pharmaceutiques, peintures, céramique, savons et parfums.
POINTS FORTS Aéronautique, produits manufacturés divers, chimie organique de base, moteurs, instruments de mesure, produits de toilette, boissons.
POINTS FAIBLES Automobile, autres produits agricoles comestibles, papier, gaz naturel, produits agricoles non comestibles, fils, tissus, conserves animales, électronique grand public, cuirs, matériel informatique, électro-ménager.

Source : G. Lafay, C. Herzog, *La Fin des avantages acquis*, Economica, 1989, p. 255.

Le déclin n'épargne personne : la marginalisation automobile

• *La production s'effondre de 2,3 millions de véhicules (40 % d'export) dans les années 1960 à 1,3 million en 1990 (20 % d'export).* On trouvait un puissant groupe national, British Leyland, des industriels de prestige, Bentley, Jaguar, Rolls Royce, et des filiales de firmes multinationales (Ford, Peugeot, General Motors). Le seul constructeur grand public restant plafonne aujourd'hui à 15 % du marché intérieur. Aucun autre secteur ne connaîtra à ce point le mal britannique : sous-productivité, grèves, mauvaise qualité, choix erronés. British Leyland s'effondre, les étrangers réduisent leurs effectifs ou ferment, les sous-traitants sont frappés de plein fouet, la région des Midlands, où est concentré le gros des activités, est sinistrée. En 1975, le *Labour* nationalise Leyland et y engouffre sans succès des sommes énormes.

Dans les années 1980, le secteur connaît une triple évolution :

– Amaigrissement accéléré : Rover, l'ex-British Leyland, passe de 180 000 à 50 000 salariés entre 1975 et 1989.

– Privatisation-rentabilisation : Jaguar est privatisé en 1984 puis vendu à Ford en 1989, la division autobus de Rover est vendue aux employés, les poids lourds à DAF, le reste du groupe Rover est cédé à British Aerospace.

– Renouveau appuyé sur les japonais qui choisissent le Royaume-Uni comme base d'exportation vers le continent, le gouvernement en attend emplois et transferts de technologie et apporte la manne des aides publiques. Honda coopère avec Rover qui assemble des modèles conçus au Japon et fabrique des moteurs à Swindon; General Motors fabrique des fourgonnettes avec Isuzu et Suzuki, Nissan installe une unité à Sunderland (3 500 emplois, 100 000 véhicules), Toyota produit 200 000 moteurs par an à Shotton et prévoit une usine de montage près de Derby.

Le marché automobile en 1989 (en % des échanges automobiles mondiaux)

	Japon	Allemagne	É.-Unis	France	R.-Uni
Export	22,2	20,7	10,9	7,2	3,8
Import	1,7	7,2	27,7	6,3	7,7
Solde	20,5	13,5	–16,8	0,9	–3,9

Source : GATT, *in* Cahiers français n°253, oct.-déc. 1991, p. 114

Vers le renouveau ? Haute technologie et entrepreneurs à succès

La productivité horaire accuse un retard considérable (50 % sur le Japon ou les États-Unis, 20 à 25 % sur la France et l'Allemagne), mais un rattrapage est opéré dans les années 1980 (hausse de la productivité, blocage des coûts salariaux) grâce à trois phénomènes : le chômage qui modère les revendications, la crise du syndicalisme qui permet aux employeurs d'obtenir de meilleures conventions, l'abandon de toute politique industrielle de soutien aux firmes en difficulté. Rentabilisation, fermetures, licenciements et privatisations sont les maîtres-mots.

• *Abandon des politiques industrielles étatistes des décennies antérieures*. Le renouveau repose sur la confiance redonnée aux entrepreneurs (flexibilisation du marché du travail, désyndicalisation; déréglementation, allégements fiscaux) et sur la synergie entre des partenaires multiples : universités et centres scientifiques, PME innovatrices, souvent fondées par un ou quelques chercheurs, État et collectivités locales, firmes multinationales, notamment américaines, qui élisent souvent le Royaume-Uni comme base d'implantation européenne.

Des signes de redressement dans l'industrie manufacturière

		R.-Uni	USA	Japon	All.	France
Gains annuels de productivité	1974-79	0,6 %	0,6 %	5,0 %	3,1 %	3,7 %
	1980-88	4,2 %	3,3 %	5,8 %	2,9 %	2,2 %
Coût salarial unitaire relatif, hausse annuelle	1976-79	3,9 %	−1,7 %	0,6 %	2,7 %	−1,5 %
	1980-88	0,0 %	−1,1 %	2,2 %	1,4 %	0,0 %

Source : C. Johnson, *The Economy under Mrs Thatcher 1979-1990*, Penguin Books, 1991, p. 314.

• *Le bourgeonnement des activités nouvelles.*

– Les *Science Parks* ont pour but de favoriser les synergies entre centres de recherche et entreprises dont les activités peuvent se compléter, et d'offrir une infrastructure matérielle à peu de frais (viabilisation, locaux, secrétariat...). En 1970, le *Trinity College* de Cambridge joue un rôle pionnier, son parc accueille aujourd'hui une soixantaine de PME locataires. Le succès fut tel que Cambridge, au-delà du parc (50 ha), est devenue le cœur d'une nébuleuse d'entreprises et de centres d'études qui donnent à la région un dynamisme exceptionnel. En 1972, sur le même modèle, Édimbourg crée avec l'université Heriot-Watt un *Research Park* axé sur la biologie et la pharmacie dont la réussite est exemplaire. Le concept évolue alors vers des formes variées, dont le point commun est la volonté de susciter, avec des aides publiques, des pôles d'activités privées à dominante scientifique.

– Le financement et la maîtrise d'œuvre allient autorités locales, institutions financières et établissements publics, les universités apportant leur expertise.

– La priorité est à la création de PME, à travers des « incubateurs », comme le *Genesis Centre* de Birchwood qui offre aux « nouveau-nés » des services communs et des unités de locaux modulables dans un même bâtiment.

À la fin des années 1980, on compte 26 parcs et autant sont en projet. On peut citer le parc de PME de Birmingham (Aston University, municipalité, Lloyd's Bank), un parc alliant PME et centres de recherche de multinationales près de Coventry (université de Warwick, autorités locales, Barclays Bank), le parc de Manchester où l'on trouve un incubateur d'entreprises et des laboratoires étrangers comme Ciba-Geigy ou Ferranti, le parc de *West Scotland* près de Glasgow a pour but de fixer les entreprises désireuses de travailler avec les universités de Glasgow et de Strathclyde (financement du *Scottish Development Agency*).

On trouve également des *Technology Parks* plus axés sur l'innovation que sur la recherche, et des *Commercial Business Parks* dont l'objet est la commercialisation des produits de haute technologie.

• *Des succès spectaculaires.* Alan Sugar, un industriel décidé, avec une stratégie claire (techniques éprouvées plutôt qu'innovantes, longues séries, prix cassés) démontre que l'on peut damer le pion aux japonais (électronique grand public) ou aux américains (informatique familiale, et, moins nettement, professionnelle). Dans l'informatique, la *Silicon Glenn* amène l'Écosse au premier rang européen (semiconducteurs, circuits intégrés) avec l'implantation de très nombreuses firmes multinationales, notamment IBM, Hewlett-Packard, Hughes Aircraft, Motorola, National Semiconductors, Nippon Electric, Timex, Mitsubishi, Burroughs...

Plusieurs régions constituent de véritables routes de la haute technologie : technopole de Cambridge, *Lowlands* écossais entre Glasgow et Édimbourg, corridors des autoroutes M1 (Nord-Est), M4 (Bristol, Bath, l'Ouest et le pays de Galles), M6 (Birmingham, Manchester, Liverpool).

Mais un bilan mitigé

• *Les villes nouvelles et les zones rurales*, notamment au Sud, favorisent la renaissance industrielle alors que les vieilles régions industrielles parviennent mal à se reconvertir. Le nombre d'emplois supprimés dans les secteurs traditionnels est sans commune mesure avec ceux créés dans les secteurs de pointe. La haute technologie contribue à modifier le paysage industriel, non à redresser l'emploi.

• *Recherche et formation en déshérence*. Le gouvernement considère l'initiative privée comme seule garante du succès. Les dépenses publiques d'enseignement ont diminué en valeur absolue. De 1981 à 1989, les dépenses totales de recherche et développement diminuent de 2,4 à 2,2 % du PIB alors qu'elles augmentent partout ailleurs (France : 1,9 à 2,3, Allemagne : 1,4 à 2,9…, INSEE, TEF *1992-1993*, p. 145). Les crédits publics progressent de 7 % entre 1982 et 1989 (Allemagne : 40 %, France : 61 %) ce qui, en proportion du PNB, signifie un recul de 1,34 à 0,98 %.

• *La faiblesse du syndicalisme et l'abandon de la politique des revenus n'ont pas empêché l'inflation salariale* (cette méthode dirigiste consistait à imposer aux partenaires sociaux des normes de hausse de salaires et de prix, mais elle avait en général buté sur l'écueil syndical). Du fait de la pénurie de main-d'œuvre qualifiée, les salaires augmentent plus vite que les prix (sauf dans la dépression de 1981-1982 et en 1990). Le gouvernement Thatcher n'a pu imposer le re-partage de la valeur ajoutée au détriment des salariés qui a été réussi par les socialistes français. Le retard salarial antérieur était considérable, ce qui explique que, malgré une productivité inférieure, les coûts salariaux mensuels demeurent compétitifs (1988 : 1732 écus contre 1777 en France, et 1859 en Allemagne. Mais, à défaut d'une avance qualitative à l'allemande, il faudrait un avantage salarial plus net pour permettre aux entreprises de rattraper le terrain perdu.

• *Contrairement à la doctrine affichée*, les zones d'entreprise et les zones franches mises en place dans les bassins sinistrés constituent une politique incitative.

• *Quelques branches performantes comme la pharmacie, la pétrochimie, l'aéronautique et l'agro-alimentaire ne peuvent masquer la réalité*. Le *stop and go* n'est pas vaincu, il emporte de nouveaux pans de l'industrie à chaque revirement. C'est le cas depuis 1990 avec des taux d'intérêt insupportables, le repli des marchés mondiaux, une dépression brutale que même l'effondrement de la livre en 1992 et sa sortie du SME ne peuvent endiguer. C'est notamment le cas des secteurs très cycliques. Ainsi, le rachat de ICL par Fujitsu sonne le glas de l'informatique anglaise.

SERVICES : DEUX-TIERS DE LA POPULATION ACTIVE

• *Le choix de la domination mondiale par la flotte, l'investissement à l'étranger et la finance ont forgé une économie de services performante*. Dès le milieu du XIXe siècle, le commerce est déficitaire et ce sont les invisibles qui équilibrent la balance courante, notamment les revenus des placements et investissements directs à l'étranger, la

Emploi dans diverses branches (milliers)

	1980	1990
Ensemble des services	13 712	15 868
Santé	1 258	1 466
Éducation	1 642	1 802
Autres administrations	1 980	1 949
Total administrations	4 880	5 217

	1980	1990
Comm., réparations	3 350	3 552
Hôtels, restauration	972	1 272
Banque, finance, ass.	1 695	2 734
Transport	1 049	940
Poste et télécomm.	437	434
Autres	1 327	1 718
Total serv. marchands	8 832	10 650

Source : HMSO, *Britain an Official Handbook*, 1992, p. 322.

banque, l'assurance, le transport. Cette tendance s'accentue dans les années 1970-1980 : de 1971 à 1987, le tertiaire crée 1,3 million d'emplois, soit exactement l'effectif perdu par l'industrie. Il occupe aujourd'hui sept actifs sur dix, et réalise près de 60 % de la valeur ajoutée. Son expansion repose sur des tendances très fortes :

– Boom du secteur financier et de l'assurance, des spécialités britanniques.

– Externalisation des services aux entreprises qui les conduit à sous-traiter une part croissante des activités autrefois confiées à du personnel interne (administration, surveillance, maintenance, nettoyage...). Ainsi, les activités de conseil (audit, comptabilité, gestion...) sont une spécialité avec une concentration spectaculaire ; six groupes géants dominent le marché mondial parmi lesquels trois anglais.

– Essor d'activités où la concentration britannique est un atout majeur. Des alliances entre transporteurs aériens et *tour operators* (Air Europe, Leisure Group...) obtiennent des positions de leader mondial. British Airways, dopée par une privatisation réussie (après un dégraissage massif mené par un manager ultra-libéral), profite de la déréglementation pour réussir une croissance externe boulimique (accord avec Sabena, contrôle de TAT, US Air...) et devenir le premier mondial.

– Explosion du tertiaire bas de gamme, surtout dans les services aux particuliers (restauration, hôtellerie, distribution...). Elle résulte de la frénésie consommatrice qui s'empare des ménages dans la reprise de 1983-1990. Sur le modèle américain, la flexibilisation du marché du travail trouve son meilleur champ d'application dans le foisonnement des PME tertiaires. L'apport en capital étant limité, on y trouve 88 % des 1,3 million emplois indépendants créés dans la décennie (l'emploi salarié baissait de 135 000 unités). Dans l'hôtellerie et la distribution, 55 % des emplois sont tenus par des femmes dont le salaire est inférieur de 40 % à celui des hommes. La rareté des syndicats et des conventions collectives y favorise la précarité de l'emploi et la dureté des conditions de travail.

Finance, banques, assurance, fleurons de l'économie britannique

• *Ce secteur emploie environ 2,7 millions de personnes et apporte un excédent extérieur de 9,4 milliards de livres en 1989*. La finance fait partie d'un ensemble plus large qui réunit toutes les activités de communication (*information economy*, ou secteur quaternaire) en croissance très rapide, et représentent, selon les définitions, entre 30 et 40 % de l'économie actuelle.

• *Londres, capitale mondiale de la finance du XIXe siècle est encore aujourd'hui l'un de ses principaux pôles* : 650 000 personnes dans le Grand Londres.

– L'*International Stock Exchange of U.K.* cote plus de 2 700 sociétés, en quatrième position avec une capitalisation (valeur cumulée des titres au cours du jour) trois fois supérieure à Paris (second européen). Son *Unlisted Securities Market* (équivalent de notre Second Marché) est très efficace pour attirer des capitaux vers les PME. Il offre une série de marchés dérivés très dynamiques : options ou *futures* comme le LIFFE (équivalent du MATIF).

– Londres est le premier marché mondial pour les opérations de change et les transactions sur les euro-devises (dépôts ou titres libellés dans une devise autre que celle du pays), son taux directeur, le LIBOR (*London Interbank Offered Rate*) sert de base à la plupart des opérations bancaires du monde entier.

Structure du système bancaire, répartition du bilan par types de réseau (1989)

Banques étrangères 114 en 1967 561 en 1989	50,0 %	L'afflux s'accélère avec le *big bang*, elles s'orientent vers les activités de marché et les transactions sur euro-devises pour lesquelles Londres est leader mondial.
Clearing Banks Banques de dépôt ou *Retail Banks*	22,8 %	Spécialistes de la gestion des comptes de particuliers et du prêt à court terme aux entreprises, elles s'appuient sur un large réseau. On les surnomme *high street banks* car elles se doivent de posséder un guichet dans chaque centre-ville. Les 4 principales (Barclays, Natwest, Midland et Lloyds) contrôlent 70% des actifs, près de 90 % avec leurs fililales. La « bancarisation » est énorme : 83% des adultes ont un compte-courant, 33% une carte de crédit.
Autres organismes à réseau : Building Societies Trustee Savings Banks	15,4 %	Ces sociétés recueillent l'essentiel de la petite épargne populaire. Les *Building Societies* sont spécialisées dans le prêt hypothécaire. Profitant de réseaux très denses, elles élargissent leur offre à toute la gamme des services financiers (modèle Caisse d'épargne française). La première d'entre elles, Abbey National, a récemment modifié ses statuts pour devenir une banque à part entière.
Investment institutions Unit Trusts Investment Trusts	—	Organismes collectifs de placement en valeurs mobilières, elles recueillent les fonds des épargnants pour les gérer sur les marchés financiers. Les *Unit Trusts*, sont ouvertes (leur capital évolue comme les Sicav françaises) et émettent sans cesse de nouvelles parts cotées (*units*) mais ne peuvent emprunter. Les *Investment Trusts* sont des sociétés classiques qui ne peuvent s'étendre que par augmentation du capital, mais elles ont le droit d'emprunter.
Banques d'affaires Merchant Banks	3,4 %	Ce sont elles qui ont fait la renommée de la *City*. Elles offrent aujourd'hui 4 spécialités : services bancaires classiques, *corporate finance* qui consiste à réaliser des montages financiers sophistiqués pour les grandes firmes (ex : fusions-acquisitions dont le nombre explose au cours des années 1980), gestion collective des placements rémunérée à la commission, marchés euro-obligataires où elles s'engagent dans le placement, la garantie et la cotation.
Autres	8,4 %	

Source : d'après BNP Londres, repris *in Problèmes économiques* n° 2179, 13/6/90, p. 26.

– La Bourse maritime (*Baltic Mercantile and Shipping Exchange*) traite les 2/3 du fret mondial, elle innove en ouvrant en 1985 le premier marché à terme du fret (le Biffex), et traite la moitié des ventes de navires d'occasion. On cote également le fret aérien (*Baltic Air Market*), les métaux à terme (*Plantation House*), le diamant, les produits tropicaux (*Cereal House*, *Plantation House*), les fourrures, les produits pétroliers (*Cereal House*).

– La place de Londres est forte aussi dans l'assurance : elle détient un monopole pour les risques spécifiques (depuis le navire ou le satellite jusqu'aux bijoux des stars) et l'un des plus gros marchés de la réassurance.

La distribution, préservée du modèle américain

• *Avec les ceintures vertes, la politique urbaine a protégé le caractère rural des périphéries* et empêché la constitution des centres commerciaux extra-urbains. Dans les années 1980, libéralisme oblige, on accorde des dérogations; un boom se produit alors : des zones d'entreprise de distribution sont créées (Gateshead près de Newcastle), les géants (Ikea...) s'installent, alors qu'ils avaient boudé l'Angleterre, les chaînes se lancent dans des constructions en périphérie, y compris Marks et Spencer jusque-là fidèle aux centres-villes. La majorité des installations sont de taille moyenne, mais on voit les premiers centres régionaux. Mis en appétit, les distributeurs font pression pour s'installer en zone verte. Ainsi, il y a un projet pour chaque carrefour entre la M25 (ceinture du Grand Londres) et ses radiales. Cette boulimie correspond au boom de la consommation des ménages qui commence en 1983. Mais l'originalité demeure : 57 % des projets immobiliers visent la distribution, dont 36 au centre-ville, et 21 en périphérie (enquête Wade & Watters 1988). Les magasins de *high street* sont encore préférés par les britanniques (« éduqués par Marks et Spencer » dit l'*Economist*). Les trois leaders, Tesco, Safeway et Sainsbury, offent donc à la fois des magasins de ville et des centres *discount* extérieurs.

Année 1988	Boutiques	Petites surfaces	Grandes surfaces	Total
Emploi en milliers	808	309	1 113	2 230
Chiffre d'affaires en %	27%	12%	56%	100%

Source : C. Chaline, *opus cité*, p. 102.

LE BIG-BANG DU 27 OCTOBRE 1986 : DÉRÉGULATION ET MODERNISATION

Capitalisation au 31 décembre 1990

	Tokyo	New York	Londres	Paris
Capitalisation (milliards F)	14 297	13 768	4 458	1 561
Nombre de sociétés cotées	1 197	1 768	2 524	443
Hausse 1982-91 (1.1)	+209 %	+199 %	+423 %	+375 %

Sources : *Le Fig-Eco, L'Économie en mouvement 1991-1992*, p.152, *Le Monde, Bilan Économique et social*, 1982, p.75

« Le terme de big-bang est un bel euphémisme, il veut dire en fait dérégulation » déclare Keith Clarke, un dirigeant de la maison japonaise Nomura. La Bourse est le meilleur champ d'expérimentation pour le « tout-marché » qui constitue le cœur du thatchérisme et gagne alors l'ensemble de la « communauté » financière internationale.

– Dérégulation : les tarifs des transactions sont libérés, forte baisse sur les gros ordres.

– Décloisonnement : les *Jobbers* avaient le monopole de la cotation, les *Brokers* celui du courtage des titres auprès des clients, ils devaient passer par les *Jobbers* pour les transactions. Installés sur leur marché protégé, ils étaient de petits opérateurs fermés (ouverture maximale du capital autorisée : 29,9%). La réforme consiste à les transformer en sociétés ouvertes ayant accès à toutes les opérations. Les grandes banques et maisons de titres du monde entier convergent vers Londres pour entrer dans leur capital, cet afflux permet de prendre des risques, et de passer à l'échelle supérieure en attirant à Londres des masses de nouveaux placements.

– Informatisation : la plupart des valeurs sont cotées par l'ordinateur central (SEAQ), les opérateurs entrent les ordres d'achat et de vente sur terminal depuis leur bureau sans avoir à se déplacer.

Le big-bang se fait durant le boom des marchés financiers, en pleine reprise économique, et au moment où les privatisations amènent une foule de nouveaux titres. Il donne une formidable impulsion au marché qui passe de 6,5 milliards de francs de transactions quotidiennes à des pointes situées entre 30 et 40 milliards. Là où régnaient 5 ou 6 concurrents, on en trouve désormais 25, or les coûts s'envolent : investissements informatiques et immobiliers, salaires énormes. On s'arrache les *traders*, car la Bourse, même informatisée, n'est pas une science mais un jeu basé sur l'intuition, ce sont les hommes qui font les bénéfices, les *golden boys* font monter les enchères en changeant sans cesse d'employeur (salaire ordinaire : 300 000 F par an, plus 2 à 3 fois autant en intéressement au résultat). La chute des commissions (-30 à -50 %) due à la concurrence rend le métier très risqué, seuls les plus gros ont une chance de tenir car il faut multiplier le volume pour maintenir le profit. Un an plus tard, avec le krach de 1987, des dizaines de sociétés et 55 000 emplois disparaissent (de 1987 à 1991). L'« assainissement » est sévère, il renforce les plus solides qui rachètent les faibles et profitent du renversement des salaires. Même un géant comme l'américain Sherson Lehmann a vu trop gros en rachetant l'agent de change Messel, un des piliers du Stock Exchange : les meilleurs cadres démissionnent, la vraie richesse de la firme s'évanouit. Deux des grandes banques britanniques, la Lloyd's et la Midlands ont renoncé après les grosses pertes de leur filiale boursière. Des Japonais comme Nomura, Aïwa ou Yamaïchi (premiers mondiaux du secteur) qui étaient plus réservés et se contentaient de leurs propres bureaux, ou James Capel, une filiale de la Hong Kong and Shangaï Bank, le premier des grands courtiers, qui a tenu à ne pas quitter ce métier plus calme, ont tiré leur épingle du jeu.

Un grand succès donc pour ce big-bang, mais un certain dogmatisme libéral y est tout de même pris en défaut, on peut en voir trois preuves :

– La déréglementation n'empêche pas le cloisonnement, les boursiers se sont en effet spécialisés, la plupart se contentent du courtage (les *agency dealers*), certains se lancent dans le *market making*, un métier à très haut risque. Au lieu d'attendre la fixation du cours, le *market maker* propose un prix ferme et garantit de fournir, ou d'acquérir, autant de titres que nécessaire. Il faut « sentir le marché », ce qui suppose de jouer sur d'énormes volumes pour se faire une idée du prix d'équilibre ; le courtier se contente lui d'une commission sur chaque opération, fructueuse ou non, de ses clients.

– L'informatisation permet de confronter offre et demande à chaque instant et non une fois par jour, les prix varient donc sans cesse, la volatilité des cours atteint des sommets. L'équilibre ayant moins de chances de se réaliser, le marché s'emballe, les mêmes titres peuvent être achetés ou vendus des dizaines de fois dans une même séance pour profiter des écarts de faible durée.

– Rassurée par le traditionnel *fair-play* de la place, la Banque d'Angleterre se contentait d'une tutelle légère. Mais une vague de scandales va modifier le climat. Ainsi, on apprend que la Banque d'Angleterre connaissait depuis dix ans les malversations de la BCCI avant de décider sa fermeture en 1991 (12 500 déposants spoliés, un trou de 60 milliards de F), ou que des fleurons de la haute banque, comme Morgan-Grenfell dans l'affaire Guiness, pratiquaient le délit d'initié... On découvre une série de vulgaires escrocs parmi les dirigeants de sociétés au sommet de leur succès : Polly-Beck, Brent-Walker, Barlow-Clowes, et bien sûr Robert Maxwell. En 1988, le gouvernement opère un tournant majeur, une régulation étatique du secteur : le *Financial Services Act* réglemente l'ensemble de la finance, 15 000 opérateurs sont désormais contrôlés par une *Securities and Investment Board* (SIB), les autres par la profession (*Self Regulatory Organisations*).

LE GRAND LARGE OU L'EUROPE

L'ouverture, point fort et talon d'Achille

• *Ayant fait le choix de la dépendance, le Royaume-Uni s'est condamné à la compétitivité*. Au XIXe siècle, la balance commerciale est constamment déficitaire, ce sont les revenus des investissements à l'étranger et les recettes des invisibles (ventes de services), qui équilibrent la balance. Abolissant en 1846 les *corn laws*, puis en 1849, les *lois de navigation* qui privilégiaient la marine nationale, le royaume s'imposait le maintien d'une domination source de profits rapatriés pour financer les importations. Mais le déclin industriel, la décolonisation, l'hégémonie impériale des États-Unis et de leurs firmes font disparaître les facteurs de ce fragile équilibre. Le royaume représentait 41 % des exportations mondiales de produits manufacturés en 1890, 30 % en 1913, 25,5 % en 1950, puis le recul s'emballe jusqu'à 6 % en 1990, 9 % si l'on ajoute les services. Le degré d'ouverture est l'un des plus élevés du monde occidental : 20,8 % en 1990 contre 18,6 pour la France, 24,4 pour l'Allemagne, 8,5 pour les États-Unis et 8,8 pour le Japon. Mais cette dépendance n'est pas nouvelle, elle augmente peu.

LES LLOYD'S ET LE CAPITALISME ANGLO-SAXON

La Lloyd's, premier assureur mondial dans le domaine des risques spécifiques (du navire à la navette spatiale en passant par les cordes vocales des divas), n'est pas une compagnie. Il s'agit d'une bourse où se rencontrent, dans un siège futuriste, d'une part les courtiers qui veulent assurer leurs clients, d'autre part des syndicats d'agents (*underwriters*) représentant des investisseurs fortunés non professionnels (25 000 *names*) qui achètent des parts dans l'assurance d'un risque donné. Les *brokers* (courtiers) cherchent sur chaque affaire les meilleures conditions, il n'y a pas de tarif fixe, les prix varient avec l'offre et la demande (les primes sur les navires desservant le golfe Persique évoluaient d'heure en heure après l'invasion du Koweït en 1990). La spécialité d'origine des Lloyd's étant le navire marchand, on peut y trouver toutes les informations maritimes, seules les Lloyd's peuvent dire où se trouve et ce que transporte n'importe quel bâtiment, quel que soit son pavillon. Depuis deux siècles, c'est la cloche de la *Lutine*, frégate française prise par les Anglais à Toulon en 1793, qui sonne dans le grand hall les mauvaises nouvelles (un coup) ou les bonnes (deux coups).
Michel Albert voit dans le fonctionnement des Lloyd's le modèle pur de ce capitalisme anglo-saxon qu'il oppose au « modèle rhénan » (Allemagne, mais aussi Japon). D'un côté, des compagnies stabilisent le marché en publiant à l'avance des prix garantis et en établissant une péréquation des risques et des tarifs ce qui conduit à faire payer plus cher qu'il ne coûte à celui qui risque peu (et vice versa) ; de l'autre, un marché rivé sur l'instantané, dont le but est de trouver les meilleures conditions à chaque instant, ce qui lamine les marges, décourage les clients à haut risque de s'assurer et augmente la probabilité d'une crise (la Lloyd's rencontre de graves problèmes qui, en effrayant les investisseurs, remettent en cause son existence ou son fonctionnement traditionnel).
De même, le particulier accède à une banque de données affichant l'offre de chaque compagnie sur chaque risque. Cela oblige à s'aligner sur le moins cher, et incite les clients à passer d'un assureur à l'autre, alors qu'un client « rhénan », une fois conquis, change rarement d'assureur.

La cinquième puissance commerciale du monde

• *Une grande puissance méconnue.* À l'instar de la France, ses difficultés occultent une position exceptionnelle, le montant moyen d'exportations par habitant est supérieur de moitié à celui du Japon et le double de celui des États-Unis.

	États-Unis	Allemagne	France	Japon	Royaume-Uni
Import (mds $) 1990	515	356	234	234	182
Export (mds $) 1990	421	394	216	286	185
Export par hab. ($) 1991	1 689	6 427	3 850	2 316	3 234

Source : GATT *in Le Monde aujourd'hui*, Hatier, 1992, p. 25-26, & *The Economist*, 18/4/92, p. 108.

Mais une inflation permanente pèse sur la compétitivité

À aucun moment depuis 1945, l'économie britannique n'a pu atteindre une croissance équilibrée, c'est-à-dire conjuguant plein-emploi, stabilité des prix et

Hausse annuelle des prix (en %) et indice de l'année 1992

	1961-73	1974-80	1981-92	86	87	88	89	90	91	92	92 base 100 : 61
R.-Uni	4,7	16,0	6,0	3,5	5,1	6,7	6,7	6,3	7,7	3,5	819
France	4,4	10,9	5,0	2,6	3,3	2,7	3,5	3,4	3,0	2,2	550
All.	3,9	4,7	3,0	3,1	2,0	1,6	2,6	4,3	4,5	3,7	285

Source : d'après IFRI, *Ramsès 1992*, p. 404, 405, 406.

équilibre extérieur, cela explique le *stop and go*. Chaque phase de reprise bute sur la surchauffe : hausse des salaires plus rapide que celle de la productivité, hausse des prix supérieure à celle des partenaires, perte de compétitivité, attaque contre la livre. Les causes spécifiques de cette tendance inflationniste sont le manque de main-d'œuvre, un climat social tendu, un retard d'efficacité productive lié à une socio-culture anti-industrielle (les managers et les cadres les plus brillants choisissent la finance et non l'industrie), le manque de formation et les rigidités imposées par les syndicats. Les 16% de hausse moyenne des prix des années 1974-1980 (plus de trois fois l'Allemagne) constituent le sommet de cet enchaînement infernal. Mais les *Tories* qui affirment vouloir en finir avec le *stop and go* n'y échappent pas : l'inflation est brisée par la dépression de 1981-1982, mais, au contraire de ce qui se produit en France, la rigueur n'est pas maintenue, le dérapage du crédit (notamment dans le logement) et des salaires amènent l'indice des prix à plus de 10 % en octobre 1990.

Un déficit commercial structurel

Le pays dépend exagérément des importations : matériaux importés pour transformation, biens alimentaires, matières premières, biens d'équipement allemands, japonais ou américains. Toute relance se traduit donc par un boom des importations.

– Sans les excédents pétroliers des années 1978-1986, les paiements courants (biens et services, revenus des capitaux, transferts du gouvernement et des immigrés) auraient été déficitaires en permanence. Le solde négatif réapparu depuis 1987 n'est donc pas un accident mais un retour à la structure traditionnelle. Le déficit se creuse de 1987 à 1992 jusqu'à devenir le plus lourd de l'Occident (4,8 % du PIB).

– L'excédent des invisibles (services et revenus des capitaux) est menacé. Le Royaume-Uni est le troisième exportateur de services derrière les États-Unis et la France, son excédent provient surtout de la finance, mais l'attrait exceptionnel de la *City*, qui génère d'énormes recettes (9,3 milliards de livres en 1989) multiplie également, avec la hausse des taux d'intérêt depuis 1990, les versements de revenus aux capitaux étrangers ce qui ponctionne les gains tirés des placements à l'étranger.

– La deuxième moitié des années 1980 réitère la classique « surchauffe » : l'enrichissement exceptionnel provoque un boom irrépressible des importations (+5,1 % en 1983-1989), tandis que, la compétitivité des firmes ne s'améliorant pas, les exportations ne suivent pas (+2,9 %). Seuls l'agro-alimentaire et l'automobile améliorent leur position, seule la chimie dégage un excédent.

– Le manque de compétitivité ne peut être imputé aux salaires. Malgré une hausse beaucoup plus forte que les prix durant les dernières années, les coûts britanniques sont dans la norme mondiale, et au-dessous de ceux de l'Allemagne, premier exportateur mondial et premier fournisseur du Royaume-Uni. Il faut incriminer les retards de productivité et de qualité, c'est la compétitivité-produit qui est en cause.

– Le sort de la livre sterling est lié aux résultats de la balance courante, chaque déficit s'accompagne d'une tendance à la baisse. Les revenus de la *City* reposent sur une monnaie forte. Les « années-pétrole » sont fastes, mais le cours élevé de la livre gêne les industriels, la dérive d'après 1986 contraint à défendre la monnaie par des taux élevés, puis à rentrer dans le SME (octobre 1990), dont il faut en sortir en catastrophe en septembre 1992.

• *Le pétrole n'apporte qu'un soulagement temporaire*, la balance hors pétrole ne cesse de se dégrader, malgré un solde des invisibles excédentaire. L'alimentation (43 % de dépendance) ne représente plus que 12 % des importations, les biens industriels 76 %. Le problème vient du boom de la demande (biens hors pétrole : +6,4 %/an en 1980-1989) alors que l'export (+3,5 %) ne suit pas faute de compétitivité.

• *La thérapeutique Thatcher n'a pas supprimé le stop and go* qu'elle imputait aux pratiques keynésiennes. La reprise des années 1980 s'est traduite par un déficit comme dans les années 1945-1970. Toute relance détériore la balance.

Recul du *Commonwealth*, intégration à la CEE

• *Choisir le continent, c'est se détourner du grand large, renoncer à l'insularité, au Commonwealth*, oublier le passé colonial et atlantique. La force d'attraction de la CE paraît irrésistible, il faut le reconnaître en 1972 (adhésion), puis réorienter les échanges (années 1970-1980). Deux décisions sont symboliques à cet égard : l'accord de M. Thatcher et F. Mitterrand pour le tunnel sous la Manche (le terme anglais, *fixed link,* lien fixe, est un programme à lui seul, il s'agirait donc d'un « arrimage »), et l'entrée dans le SME (18 octobre 1990). Ce double renoncement, au rôle mondial de la livre et à une politique monétaire autonome, est imposé par la dérive inflationniste de 1988-1990. Cependant, convaincre les britanniques ne sera pas facile.

– Les réticences sont fortes, comme le prouvent le refus d'adhérer au SME, la guérilla de Mme Thatcher qui assaille la Commission de ses exigences, le régime particulier exigé à Maastricht (le traité est signé mais le royaume se réserve de ne pas rallier la monnaie commune), et le retrait du SME en septembre 1992.

– L'échec commercial est patent, le déficit est croissant vis-à-vis de tous les partenaires et surtout ceux de la Communauté (-16,3 milliards de £ en 1989), ainsi le Royaume-Uni détient 7% du marché allemand, l'Allemagne 20% du britannique.

Balance courante en % du PIB

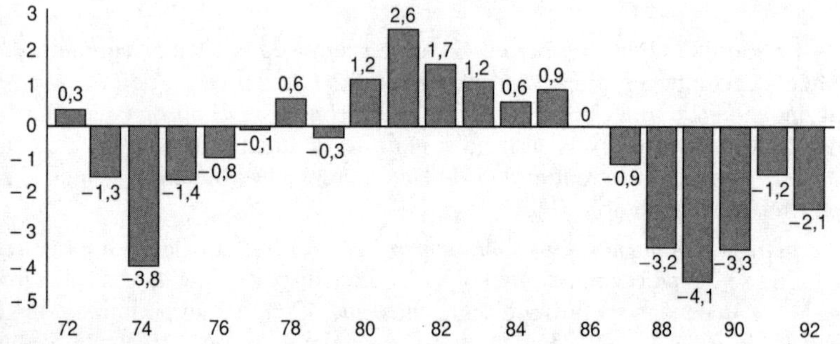

Source : OCDE, d'après *Le Monde, Bilan Économique et social*, années considérées.

Le dérapage de l'après-pétrole (milliards de livres)

	1983	1984	1985	1986	1987	1988	1989	1990
Solde courant	3,8	1,8	2,7	0,0	–4,3	–15,5	–19,9	–13,8
dont Pétrole	7,0	6,9	8,1	4,1	4,2	2,8	1,3	1,6
Autres biens	–8,5	-10,7	–11,8	-13,0	–14,4	–15,9	–17,5	–19,3
Invisibles	5,3	7,2	6,1	9,4	6,9	5,5	4,1	4,1

Source : CSO, *Monthly Digest of External Trade Statistics*, 4.91,
in Johnson, *op. cité*, p. 310

Hausse annuelle 80-89	Biens	Invisibles	Total
Exportations	+3,5%	+1,2%	+2,9%
Importations	+5,4%	+3,9%	+5,1%

Source : *Pink Book*, 1990, p. 311.

Structure par produits : un seul poste excédentaire, la chimie

en millions de livres	Import 1989	Export 1989	Variation 85-89 Import	Variation 85-89 Export
Produits alimentaires	11,4	6,6	+18%	+23%
Matières premières	6,5	2,3	+17%	+4%
Pétrole	6,2	6,2	+14%	-25%
Produits manufacturés	95,1	76,3	+51%	+29%
Produits chimiques	10,4	12,4	+43%	+18%
Autres produits semi-finis	19,5	12,2	+39%	+24%
Automobiles	7,6	2,6	+31%	+53%
Autres biens de consommation	14,8	8,0	+59%	+44%
Produits intermédiaires	21,2	18,2	+65%	+15%
Biens d'investissement	16,8	15,6	+62%	+53%
Total marchandises	120,8	93,6	+40%	+18%

Source : HMSO, *Keydata*, 1990-1991, p. 32-33.

Structure géographique des échanges

en %	Import 1989	Export 1989	Variation 1984-89
Pays développés	79	83	+36
Communauté européenne	47	52	+42
Autres européens	10	9	+14
Amérique du Nord	16	16	+26
Pays en développement	19	17	+17
Exportateurs de pétrole	8	6	+0
Pays d'économie planifiée	2	2	+10

Source : HMSO, *Keydata*, 1990-1991, p. 31.

Exportations et parts de marché en volume de produits manufacturés (1970-1990)

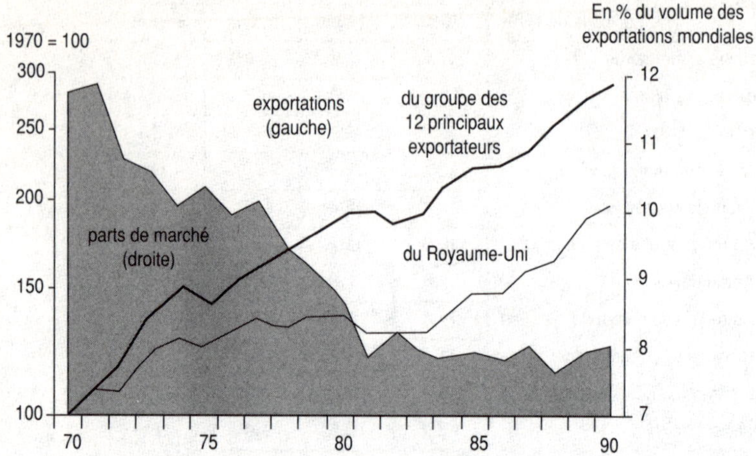

Source : *Monthly External Trade Statistics*, tableau E1, *in* V. Riches, *op. cité*, p. 97.

	Export du R.-U.		PARTS DE MARCHÉ (en %)					
	CEE	Autres	R.-U. dans la CEE	CEE au R.-U.	R.-U. aux USA	USA au R.-U.	R.-U. au Japon	Japon au R.-U.
70	33	67	8	25	7	19	6	2
90	53	47	8	42	4	12	4	7

Source : CSO, *Monthly Review of External Trade Statistics*, 1991, *in* V. Riches, *L'Économie britannique depuis 1945*, La Découverte, 1992, p. 97-98

Une économie très internationalisée

Investissements britanniques à l'étranger en 1989 (milliards FF)

France	RFA	Pays-Bas	Italie	États-Unis	Australie	Canada
62	43	89	19	530	102	67

Source : CSO.

• *Au XIX*[e] *siècle, le Royaume-Uni a choisi l'investissement extérieur et demeure de très loin la plus internationalisée des puissances occidentales.* Le royaume est le deuxième exportateur de capitaux très loin devant le Japon et seulement 40 %

derrière les États-Unis. En valeur relative, il est largement en tête, avec une augmentation de 0,49 % à 1,74 % du PIB entre 1969 et 1988 contre 0,33 à 0,11 pour les États-Unis, et 1,22 à 1,56 pour les Pays-Bas. Les États-Unis sont la cible préférée de ces investissements, on trouve d'ailleurs 23 filiales de sociétés anglaises parmi les 400 premières firmes américaines. Le Royaume-Uni est le troisième pays d'accueil (derrière l'Espagne et la Hollande).

Dès 1920-1930, les firmes américaines y voient une tête de pont vers le continent : construction mécanique (Ford, General Motors, Caterpillar, Sikorsky), chimie (Esso, Monsanto, Dow Chemical), pétrole, alimentation (Heinz, Coca-Cola, Pepsi, Mars), matériel électrique et électronique (IBM, Avex), biotechnologies (Genzyma)... Les géants de l'informatique ont investi les zones d'entreprise, notamment dans la *Silicon Glenn* près d'Édimbourg. La place des Pays-Bas est forte (Royal Dutch Shell, Unilever, Philips), la France est le second européen avec le pétrole (Elf, Total), la chimie (Atochem, Rhône Poulenc) et l'automobile (Peugeot); l'Allemagne est présente dans la chimie (Hœscht, Bayer); la Suisse dans la chimie (Ciba Geigy, Sandoz) et l'alimentation (Nestlé contrôle Rowntree).

• *L'Angleterre revient à ses vieux démons : finance ou industrie, défense de la livre ou de la compétitivité, investissement productif ou appel du grand large.* N'ayant plus les moyens de la domination mondiale, elle est condamnée à amplifier les efforts industriels, et à se recentrer sur l'Europe, donc à accepter le choix imposé par de Gaulle à la France dès 1958, et qui lui a permis, par le défi que cela impliquait, d'éviter le déclin. Il n'est pas certain que la puissance financière soit un atout car elle va de pair avec le mépris de la culture industrielle et le mirage de l'argent facile, ce qui est confirmé une nouvelle fois avec le dérapage récent : surchauffe, inflation, effondrement immobilier et déroute du sterling en 1992.

LE *COMMONWEALTH*, ATOUT OU HANDICAP ?

« Association volontaire d'États souverains, chacun étant responsable de sa propre politique, mais se consultant et coopérant, le *Commonwealth* a été créé en 1926.
Le *Commonwealth* se composait au 1er janvier 1980 de 37 États peuplés d'un milliard d'hommes environ (sans compter les États associés et les États dépendants), à savoir, par ordre chronologique de leur entrée dans l'organisation : Royaume-Uni, Canada, Australie, Nouvelle-Zélande, Inde, Ceylan, Ghana, Malaysia, Chypre, Nigéria, Sierra Léone, Tanzanie, Samoa occidentales, Jamaïque, Trinidad et Tobago, Ouganda, Kenya, Malawi, Malte, Zambie, Gambie, Singapour, Guyana, Botswana, Lesotho, Barbade, Nauru, île Maurice, Swaziland, Tonga, Fidji, Bangladesh, Bahamas, Grenade, Papouasie Nouvelle-Guinée, Seychelles et Dominique.
L'actuel *Commonwealth* correspond à une tentative de canalisation des aspirations à l'indépendance nationale qui se sont fait jour à la suite de la Seconde Guerre mondiale, mais progressivement les liens qui unissaient les divers pays se sont distendus.
Sur le plan économique, le *Commonwealth* avait scellé la complémentarité entre les pays membres ; les textiles et les machines anglaises s'échangeaient contre le coton indien, la viande néo-zélandaise, le blé canadien, la laine australienne, le caoutchouc malaisien, etc. La concurrence des États-Unis et du Japon, le déclin de l'économie britannique, l'industrialisation d'une partie du commonwealth sont venus, sans même attendre l'entrée du Royaume-Uni dans le Marché commun, ruiner ce fragile équilibre. Le *Commonwealth* qui représentait la moitié du commerce extérieur britannique en 1955, ne correspondait à la fin des années 1970 qu'à peine au septième de ce dernier.
Alors que, pendant longtemps, l'existence du *Commonwealth* a constitué un atout indéniable pour le Royaume-Uni, on peut se demander depuis la Seconde Guerre mondiale s'il n'est pas devenu un handicap qui a retardé les nécessaires reconversions vers les marchés européens plus dynamiques. Sur le plan monétaire, son existence a pu également apparaître plus comme un fardeau que comme un soutien : même si dans les années 1950 le Royaume-Uni a pu encore tirer des avantages, il lui a été en effet de plus en plus difficile de maintenir son rôle de prêteur international devant les besoins croissants des pays du *Commonwealth*. Pris dans ses contradictions, le Royaume-Uni a été conduit à maintenir de façon volontariste le statut de la livre et à vivre sous la menace permanente d'une conversion des balances sterling qui déséquilibrerait sa balance des paiements.
Les liens culturels et politiques se sont distendus de la même manière, au fur et à mesure de la réduction du poids du Royaume-Uni dans le monde. »

Source : Yves Barou, *Le Royaume-Uni, une économie à contre-courant*, Hatier, 1981, p. 9.

INVESTISSEMENTS DIRECTS À L'ÉTRANGER
(milliards de dollars)

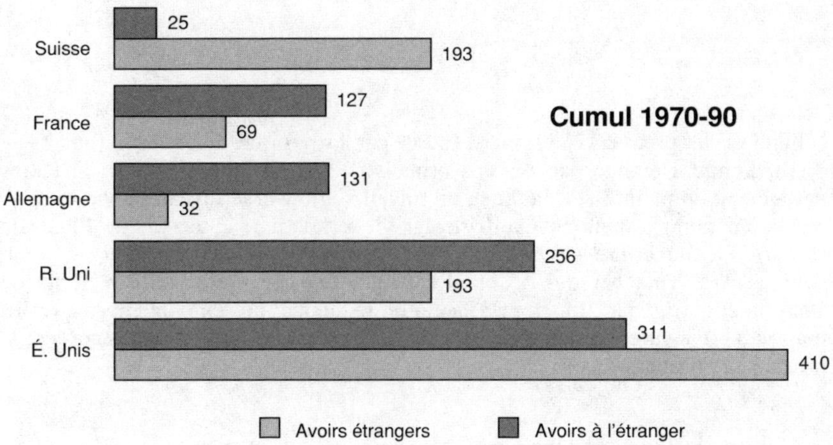

Source : FMI, *Balance of Payments Statistics, Yearbook 2, in* Cahiers français 253, oct.-déc. 1991.

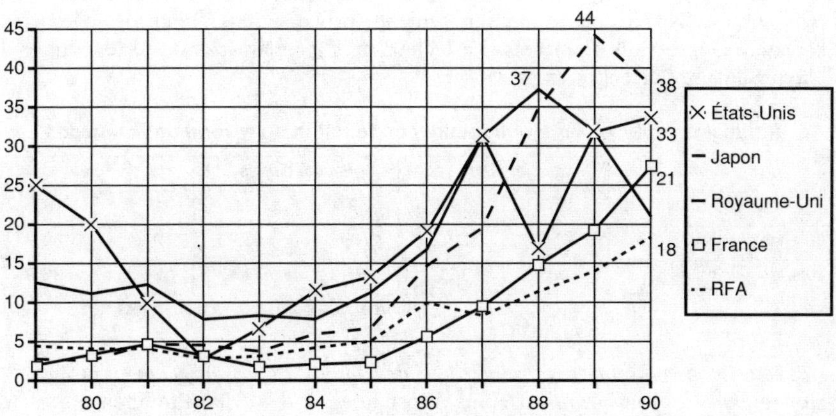

Source : OCDE, Banque de France, MOF, Challenger, mars 1992.

3 *Une structure socio-économique originale*

L'État joue les premiers rôles, mais, écorné par les réformes libérales, il fond à vue d'œil, l'emploi évolue par à-coups brutaux, le travail indépendant et le temps partiel sont en plein essor, la durée du travail s'allonge, le niveau de vie rattrape celui du continent, mais l'inégalité regagne le terrain perdu au cours de 40 ans de *Welfare*. La couverture sociale est la plus étatisée du monde occidental, au grand dam de Mme Thatcher qui ne put l'entamer, l'enseignement élitiste hérité de Victoria et corrigé par Butler et Wilson non seulement présente un énorme retard mais subit une cure d'amaigrissement au moment où les autres pays accordent la priorité à la formation.

L'ÉTAT OMNIPRÉSENT

• *L'Angleterre est depuis 1945 un pays d'économie mixte* : le plus important secteur public du monde occidental, système de santé étatisé et gratuit, protection sociale « du berceau à la tombe », enseignement public, dirigisme et réglementation généralisés... Il le demeure en 1992 malgré le changement impulsé par les *Tories*. Chargé de tous les espoirs par le *Labour* des années 1970, accusé de tous les maux par les libéraux des années 1980, l'État se renforce jusqu'en 1976-1977, puis subit un spectaculaire amaigrissement : privatisations, vente de logements sociaux, suppression d'emplois. Le lecteur ne s'étonnera pas de le rencontrer à chaque chapitre de cet ouvrage.

Poids des prélèvements obligatoires en fonction du revenu des ménages

	Imp. ind. & cot. soc		Impôts directs		Total	
en % du revenu brut	1978	1987	1978	1987	1978	1987
20% les plus bas	20,1	23,7	0,3	13,2	20,4	36,9
20% les plus hauts	14,5	12,2	21,8	24,4	36,3	36,6

Source : d'après HMSO, *Social Trends*, 1980 et 1991

• *Prélèvements obligatoires : poids élevé des impôts directs, alignement progressif sur le modèle continental.* Depuis l'instauration de l'État-Providence par le *Labour*, l'Angleterre suivait les rapports Beveridge qui préconisaient une solidarité nationale (et non professionnelle) financée par l'impôt d'État (faible part de cotisations sociales) selon les revenus de chacun (lourd impôt direct, faibles taxes à la consommation). La plupart des salariés adhèrent au système PAYE (*Pay As You Earn*), un prélèvement direct à la source par l'employeur. Depuis 1979, les libéraux ont modifié ce schéma : hausse des taxes indirectes, recul de l'impôt sur le revenu et de sa progressivité (1979 : 11 tranches de 25 à 83 %, 1990 : 2 tranches à 30 et 40 %), compensation par l'alourdissement de la contribution des entreprises. L'idée est d'inciter à la réussite individuelle en laissant au citoyen qui s'enrichit une part plus importante de son revenu, quitte à ouvrir l'inégalité sociale.

Impôts	sur le revenu	Séc. soc. Salarié	sur la propriété	TVA	Autres Indirects	Total Ménages	Séc. soc. Empl.	Autres Sociétés	Total Sociétés
1978	33,0	7,7	5,9	9,1	17,5	73,2	13,2	13,6	26,8
1989	26,5	7,7	6,6	16,9	14,2	71,9	9,8	18,3	28,1

Source : OCDE, *Revenue Satistics*, 1965-89, *in* Johnson, *op. cité*, p. 296

1989 en % des prélèvements		R.-Uni	France	All.	É.-Unis	CEE
Impôts directs	sur le revenu	26,6	11,8	29,5	35,7	25,3
	sur les sociétés	12,2	5,6	5,5	8,6	8,7
	sur le patrimoine	12,6	5,0	3,1	10,3	4,6
Impôts indirects	consommation	30,9	28,7	25,6	16,2	32,0
	autres	0,1	5,0	—	—	0,9
Cotisations sociales		17,6	43,9	36,3	29,2	28,5
Total en % du PIB	1979	39,0	43,7	42,9	32,5	42,9
	1989	36,5	43,8	38,1	30,1	39,9

Source : INSEE, *TEF 1992-93*, p. 163

• *Dépense publique : l'irrésistible montée des transferts sociaux et les épisodes de dépression mettent en échec le projet libéral.* L'essentiel du programme thatchérien repose sur la conjonction d'une baisse des impôts directs et des dépenses non liées à l'État-gendarme. Si l'on excepte la priorité accordée à la loi et l'ordre (justice : +53 %), les coupes budgétaires sont considérables : la dépense n'augmente que de 13 % de 1979-1980 à 1989-1990 contre 23 % pour le PIB, certains postes reculent : habitat -67 %, commerce et industrie –38 %, transport –6 %. L'environnement (+8 %) et la défense (+9 %) augmentent moins que la moyenne, mais d'autres postes s'enflent, notamment les bêtes noires de Mme Thatcher : sécurité sociale et santé (+32 %), éducation (+14 %), formation-emploi (stages pour jeunes chômeurs : +33 %). On ne peut laisser sans secours une telle masse de déshérités. L'initiative privée ne peut garantir la santé ni l'éducation, domaines dans lesquels le Royaume-Uni est en retard, si l'on ajoute le vieillissement (retraite, maladie) et la technicité croissante des soins, les dépenses s'enflent d'elles-mêmes. Il faut remarquer la résistance d'un corps social très attaché au *Welfare*, depuis le lord conservateur jusqu'au syndicaliste, en passant par les Églises ou le patronat inquiet de voir se lézarder une fragile paix sociale.

• *Déréglementation, recul de l'économie concertée et du secteur public.*

– Depuis la guerre, le dirigisme s'est étendu à tous les domaines : transports, énergie, monnaie, finance, change, prix, salaires, horaires de travail, priorités industrielles… La libre négociation (*free bargaining*) entre le patronat du *Council of British Industries* (CBI) et un syndicalisme surpuissant dominé par le *Trade*

Dépenses publiques

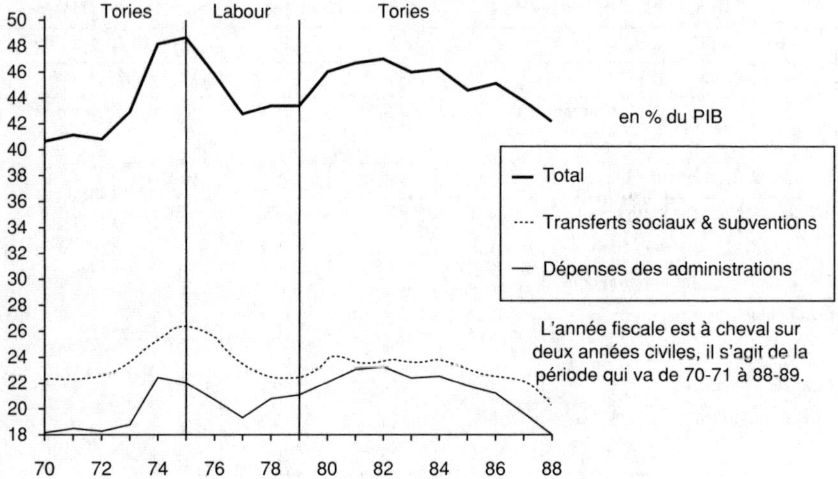

Source : d'après *The Government's Expenditure Plans*, 1990-1991.

Dépenses publiques

Variation en %	70-79	80-89
Gouvernement	+18,3	+15,1
dont Défense	-5,6	+7,5
NHS	+50,6	+11,6
Coll. locales	+37,1	+9,2
dont Éducation	+39,7	-0,5
Total général	+13,1	+9,6

en % du total	1979	1989	Variation
Sécurité sociale, santé	37,9	41,9	+31,8
Défense	12,0	11,6	+9,2
Éducation	14,1	14,2	+13,7
Logement	7,1	2,1	-67,0
Transport	4,8	4,3	-5,8
Environnement	4,3	4,1	+7,9
Loi et ordre	4,1	5,6	+53,3
Commerce et industrie	3,7	2,1	-38,2
Emploi & formation	1,7	1,9	+33,3
Intérêts de la dette	12,1	10,1	-6,7

Source : *The Government's Expenditure Plans 1990-1991 to 1992-1993*, tables 21.12., 11 et 12.

Unions Congress (TUC) était un principe sacro-saint. Dans les années 1960-1970, pour lutter contre l'inflation et la perte de compétitivité responsables du *stop and go*, les cabinets ont voulu imposer des normes de hausse des prix et de salaires, ce qui engendra un conflit social incessant et la chute de gouvernements des deux bords. En 1979, la libre discussion est rétablie, une série de lois (1980, 1982 et 1984) mettent à mal des prérogatives syndicales jugées exorbitantes, d'où la flexibilisation du marché du travail, mais aussi la hausse des salaires et des prix durant la surchauffe de 1985-1988.

– L'économie concertée passait par des institutions paritaires, les *QUasi Non Governmental OrganisationS* (Quangos) où les partenaires sociaux négociaient les grands traits de l'évolution et géraient les organismes à vocation sociale (sécurité sociale, logement, urbanisme...) ou économique (firmes publiques, planification). Le *Labour* propose même une co-gestion à l'allemande pour les grandes sociétés (projet oublié à la chute de Callaghan en 1979). Un embryon de planification à la française, c'est-à-dire concertée, est mis sur pied dans les années 1960 avec le *National Economic Development Council*, calqué sur notre Conseil économique et social. Les années 1980 ont balayé cet édifice, le marché est devenu le régulateur privilégié, d'où le regain d'initiatives privées mais aussi les désordres actuels : inflation, chômage, dérapage des coûts salariaux, effondrement immobilier, scandales financiers...

– Le manque de compétitivité du secteur public a justifié un énorme programme de privatisations dont le but est de promouvoir une nation de propriétaires.

Emploi public : en recul après une hausse séculaire (en milliers)

	Défense	NHS	Total État	Éducation	Coll. locales	Entr. Publiques	Total g^al milliers	Total g^al % Pop. Act.
1851	179	—	223	—	31	—	254	2,0
1921	475	—	983	—	976	—	1959	10,0
1951	827	482	2428	—	1431	2354	6242	26,9
1979	307	1152	2387	1539	2997	2065	7449	29,3
1989	308	1221	2303	1440	2934	844	6081	23,1

Source : (1851-1951) J. Leruez, *Gouvernement et politique en Grande-Bretagne*, FNSP, 1989, p. 174 & (1979-89) et *Economic Trends*, 1989.

Poids du secteur public central et local (entreprises, administrations, organismes sociaux)

	Stock de capital fixe		Investissement		PIB	
en %	1980	1990	1980	1990	1980	1990
Entreprises	17,8	7,6	16,4	4,6	10,8	2,9
Gouvernement	6,8	6,9	5,2	6,1	8,2	7,4
Coll. locales	20,0	14,9	9,4	5,8	11,7	11,0
Total	44,6	29,4	31,0	20,5	28,0	21,3

Source : CSO, *Blue Book*, 1991, *in* V. Riches, *op. cité*, p. 36.

• *Le moins d'État triomphe plus que partout ailleurs*, mais le programme libéral n'est pas pour autant achevé. Le poids fiscal augmente jusqu'en 1987-1988, seuls les gains des privatisations permettant de le ramener en 1989 au-dessous de son niveau de 1979 (mais au-dessus de celui de 1974). En 1992, le retour du déficit laisse présager une hausse de la fiscalité. Le noyau dur de l'État-Providence (NHS, enseignement, Sécurité sociale) subit des restrictions, mais il n'a pu être ébranlé par 13 ans de gestion libérale, bien que le cabinet Major aille très loin avec la mise en concession de certains services administratifs (ce qui ne s'était jamais fait).

EMPLOI ET CHÔMAGE, LA PRÉCARISATION

• *La montée des cols blancs*. La structure des emplois a changé : essor des cadres et employés, recul des ouvriers, concentration des femmes dans les professions d'employés et de cadres moyens, les hommes étant plus nombreux parmi les manuels.

	Salariés		Salariés & indépendants
en % du total des ménages en 1989	Hommes	Femmes	
Cadres et professions libérales	8	3	6
Employeurs et directeurs	21	12	19
Professions intermédiaires non manuelles	10	27	10
Employés	9	34	10
Manuels qualifiés salariés et artisans	33	6	30
Manuels semi-qualifiés et personnel domestique	15	17	16
Manuels non qualifiés	4	1	6
Autres	0	0	3

Source : OPCS, *Social Survey Division*, 1989.

• *Une durée du travail élevée* : 43,4 heures dans l'ensemble, 38,7 pour les femmes (données 1989), contre 39,1 en France, 40,1 en Allemagne. En 1990, un manuel travaille 45 heures en moyenne, un non-manuel 38. Cette hausse s'explique par la reprise, la flexibilisation du salariat, et l'essor de l'emploi indépendant. La durée des congés est faible (21,5 jours, 30 en France), mais elle a doublé en vingt ans. 95 % des travailleurs manuels ont au moins quatre semaines, 20 % cinq. Le nombre de ménages qui partent en vacances est passé de 15 à 60 % entre 1971 et 1987.

• *Le traumatisme du chômage des années 1920 et 1930 est une des clés pour comprendre les mutations des années 1940* : pratiquement tous les hommes dans les *pays noirs* où plus une industrie ne fonctionnait. Le clivage social était alors abyssal. Les rapports Beveridge (1942 et 1944) témoignent d'une volonté nouvelle. Après la victoire, l'effort de guerre doit se muer en lutte contre le besoin par la sécurité sociale et le plein emploi. L'angoisse du chômage explique, avec le prestige de l'URSS qui légitimise l'étatisation, le succès des thèses keynésiennes et la naissance d'une économie mixte, plus personne n'accepte que l'État laisse faire. La réussite est totale jusqu'aux années 1970 avec moins de 2 % de chômeurs, l'essor des professionnels, des cols blancs et des cadres, le recul des manuels.

• *Années 1970-1990, la plus longue période de fort chômage dans l'histoire.* Le nombre de sans-emplois bondit jusqu'à 1 million à l'été 1972, le boom de 1973 permet une accalmie, mais dès 1975 la montée reprend : 1 million en 1979, 3,15 en 1986. La reprise de 1983-1990 permet de le réduire jusqu'à 1, 6 million, mais la dépression de 1991-1992 provoque une nouvelle flambée jusqu'à 3 millions. Le chômage est moins massif que dans les années 1930 (5 à 13 %) mais plus durable.

Population active et emploi : la divergence

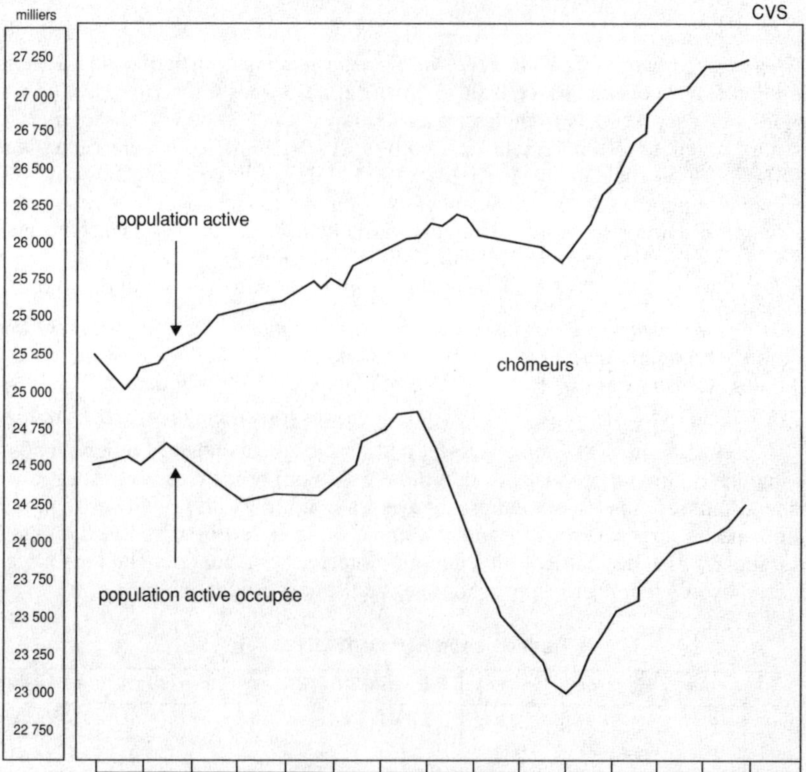

Population active (elle comprend l'emploi salarié, l'emploi indépendant, les forces armées et les chômeurs) et population active occupée en Grande-Bretagne 1973-1987 CVS en milliers.

Source : *Employment Gazette*, oct. 1987, *in* M. Charlot, *L'Effet Thatcher*, Economica, 1989, p. 66.

• *Malgré les 1,7 million d'emplois créés de 1973 à 1987*, le total des postes de travail n'a pas évolué alors que le nombre d'actifs augmentait de 3,4 millions de personnes, le chômage comble la différence.

Milliers	Salariés	*Self employed*	Militaires	Stagiaires	Pop. active	Chômeurs
1973	22 662	1 949	360	0	25 546	575 (2,3 %)
1979	23 145	1 906	314	0	26 454	1 089 (4,1 %)
1987	21 575	2 860	319	311	28 019	3 115 (12,2 %)
1990	23 238	3 380	303	424	28 957	1 612 (7,0 %)
déc. 92						2 980 (11,6 %)

Source : CSO, *Monthly Digest of Statistics*, juillet 1992 & OSCE, *in Le Monde*, 12/10/92.

• *Chômage, précarité, flexibilité et brutalité des variations*. La hausse de l'activité féminine et des cols blancs, celle du chômage et des stages d'insertion ne sont pas des faits originaux. Mais l'Angleterre est le pays européen où les variations sont les plus brutales : effondrement de l'emploi (1979-1985), embauches massives (1987-1990), licenciements accélérés (1990-1992). Elle est le seul pays où augmente le nombre des indépendants (*self employed*). Cela dénote le renouveau de l'esprit d'entreprise lié au revirement individualiste des années Thatcher, mais aussi la précarisation et la flexibilisation du travail (nombre de *self employed* sont en réalité des travailleurs à la tâche ayant perdu les garanties du statut de salarié).

• *Le Royaume-Uni est le seul pays où les moins touchés sont les femmes*. Les jeunes sont, comme partout, plus souvent au chômage, mais l'écart est inférieur à celui des autres pays (+ 67 %, + 154 % en France). Cela s'explique par :

– Un recul industriel plus grave, ce qui touche les travailleurs masculins adultes.

– L'explosion des PME de services et de l'emploi indépendant. La dérégulation du marché du travail et l'absence de salaire minimum rendent plus attrayantes les mains-d'œuvre jeune (bas salaires, mauvaises conditions de travail) et féminine (temps partiel, bas salaires). Quand, comme c'est le cas en France, l'État oblige à les traiter à l'égal des autres (SMIC, contrat protecteur...), leur coût étant identique, les employeurs leur préfèrent des hommes adultes expérimentés.

Taux de chômage en 1990 (en %)

	Total	Hommes	Femmes	< 25 ans hom.	< 25 ans fem.	supérieur à 12 mois
R.-Uni	5,5	7,1	3,3	10,2	5,8	48,3
France	9,0	6,7	12,0	15,4	24,0	43,9

Source : OCDE en chiffres 1992, suppl. à l'*Observateur de l'OCDE*, 6/7/1992, p.12-13.

• *Indemnisation du chômage*. L'allocation chômage est versée aux chômeurs ayant cotisé durant 12 mois, son montant est de 41,4 livres par semaine pour une personne seule, de 66,95 pour un couple en 1991. Par ailleurs, comme tous les britanniques, ils ont droit à l' *income support* (ou *supplementary benefit*).

• *De 1979 à 1990, l'emploi à temps plein baisse de 900 000, le temps partiel augmente de 1 million.* Cela est lié à la forte insertion professionnelle des femmes.

Le temps partiel, une des formes du recul de l'emploi

1990	R.-Uni	É.-Unis	RFA	Japon	France	Italie
Temps partiel en %	24,7%	17,3%	13,6%	12,0%	12,0%	5,0%

Source : OCDE, *Employment Gazette*, juillet 1990 & BIT, 1990 *in* TEF 1992-1993, p. 61.

	Hommes			Femmes			Ensemble		
milliers	plein temps	temps partiel	total	plein temps	temps partiel	total	plein temps	temps partiel	total
1979	12 432	751	13 183	5 598	3 837	9 435	18 030	4 588	22 618
1990	10 767	953	11 720	6 346	4 640	10 986	17 113	5 593	22 706

Source : OCDE, *Employment Gazette*, juillet 1990, tableaux G, H.

NIVEAU DE VIE, RATTRAPAGE ET INÉGALITÉS

Après 40 ans de croissance sacrifiée, le retard est certain

Croissance du PIB 1950-91 (en %) et PIB par habitant 1990

	R.-Uni	France	Allemagne	Italie	É.-Unis	Japon
1950-80	+103 %	+285 %	+338 %	+327 %	+167 %	+1 024 %
1980-91	+ 24 %	+ 23 %	+ 23 %	+ 28 %	+ 29 %	+ 53 %
1950-91	+127 %	+351 %	+415 %	+420 %	+215 %	1 568 %
PIB/hab 1990*	81 272 F	90 118 F	94 565 F	82 829 F	110 891 F	91 168 F
Indice 100 = EU	73	81	85	75	100	82

* Le PIB est converti en dollars PPA (Parité de Pouvoir d'Achat) pour corriger les différences de prix d'un pays à l'autre, puis en francs au taux de change moyen de 1990.

Source : *Observateur de l'OCDE*, n° 176, 6/7/92, *in* Problèmes Économiques n° 2282, 1/7/92, p. 8.

• *Jusqu'en 1983, le niveau de vie augmentait trois fois moins vite que celui des autres pays européens, depuis, la hausse est très rapide.* Dans les années 1960-1970, la sensation d'abondance se voit chaque été sur les routes quand les familles populaires accèdent aux loisirs en même temps qu'à l'automobile. Allemands, Belges et Hollandais y sont plus nombreux, ils ont des congés plus longs et un revenu supérieur. Dans la dernière décennie, la Grande-Bretagne fait jeu égal : jusqu'à la dépression de 1991-1992 (plus forte qu'ailleurs) une euphorie consommatrice gagne les anglais. Cette poussée (+3 % l'an sur la décennie) est plus rapide que celle du revenu national. Pour les ménages à haut revenu, ces gains exceptionnels se cumulent avec les réductions d'impôt, cela explique la boulimie de consommation, et l'alourdissement du poids des salaires dans les coûts de production (56 % en 1990 contre 51 % en moyenne CEE, 52 % pour la France), deux grands facteurs de la relance inflationniste.

Revenu disponible réel des ménages par tête

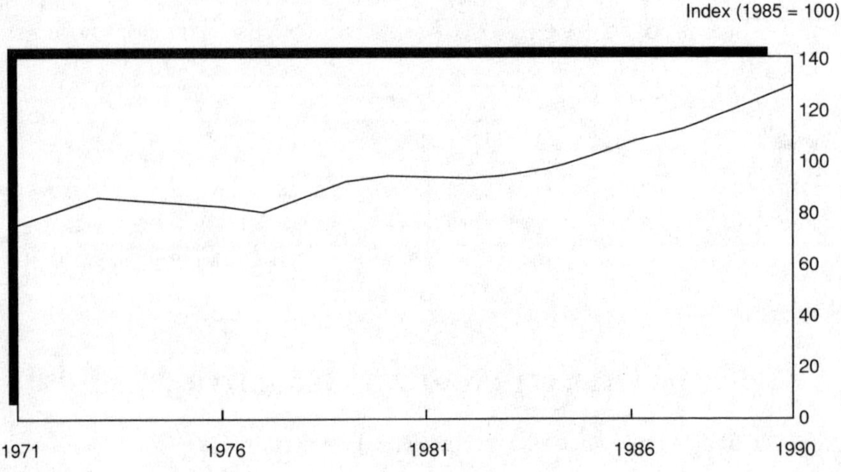

Source : HMSO, *Social Trends*, 1992, p. 80.

• *Le niveau des revenus rejoint celui de l'Europe continentale*. Il reste inférieur de 27 % par rapport aux États-Unis, de 12 % à l'égard de la France, de 14 % vis-à-vis de l'Allemagne. La moyenne se situe autour de 9 000 F par an, contre 10 000 en France. 46 % des ménages (ayant répondu à l'enquête) gagnent moins de 8 000 F.

Répartition des ménages selon le niveau de leur revenu hebdomadaire, 1989

	0 à 479 F	479 F à 957 F	957 F à 1914 F	1914 F à 2871 F	2871 F à 3828 F	3828 F à 4785 F	plus de 4785 F	Total
milliers	617	1 333	1 387	1 232	1 043	646	1 009	7247
%	8,3	18,0	19,4	18,0	13,8	8,3	13,8	72*

Données 1989 converties en F au taux du moment (1 £ = 9,57F). * 28 % des ménages n'ont pas répondu.

Source : Office of Population Censuses and Surveys (OPCS), Social Survey Division, 1991.

• *Mais les inégalités s'accroissent*. L'écart entre manuels et non-manuels, et hiérarchique, entre le 1er et le 10e décile , qui était moins élevé qu'en Europe continentale, notamment en France, s'ouvre rapidement.

• *Absence de salaire minimum, revenus déterminés par les conventions collectives (55 % des salariés)*. La négociation se mène de plus en plus au niveau de la firme,

Un avantage salarial considérable aux hommes et aux diplômés

	Diplôme au moins égal à la licence			Sans diplôme		
Année 1989	< 200 £	200 à 400 £	> 400 £	< 200 £	200 à 400 £	> 400 £
Hommes	9	49	42	52	42	6
Femmes	21	68	11	68	28	4

Lecture : 9% des hommes diplômés et 52% des sans diplôme gagnent moins de 200 £ par semaine

Source : OPCS, Social Survey Division, 1989.

Revenu hebdomadaire des salariés à plein temps

	Hommes			Femmes		
en livres	1971	1981	1988	1971	1981	1988
Manuels	29,0	120	201	15	75	124
Non manuels	38,5	160	294	20	98	176
Ensemble	32,4	138	246	92	92	164

Écart du 1e au 10e décile

1979	3,90
1989	5,53

Le 1er décile groupe les 10% qui gagnent le moins, le 10e les 10 % qui gagnent le plus.

Source : *Social Trends*, 1990.

d'où l'absence d'accords dans les secteurs peu syndiqués, surtout les services aux particuliers et les PME, dont l'essor est rapide alors que la grande industrie périclite. Les femmes gagnent 40 % de moins que les hommes, cela résulte de la fréquence du temps partiel et d'une discrimination aggravée par l'absence de minimum. La proportion des bas salaires est la plus élevée d'Europe : 20 % reçoivent moins des deux tiers du salaire médian (France : 15 %), 7 % moins de la moitié (France : 1 %).

Hausse du revenu (moyenne annuelle)		1973-79	1979-86
Non cadres	Mines et construction	+6 %	+3 %
	Industrie manufacturière	+5 %	+7 %
	Employés de bureau	+3 %	+17 %
	Services de sécurité et protection	+7 %	+22 %
Cadres	Éducation et santé	-4 %	+20 %
	Management et administration	-3 %	+28 %

Source : P. Bromhead, *Life in modern Britain*, Longman, 1991, p. 89.

Nombre de personnes ayant droit au revenu miminum

	1953	1963	1967	1971	1973	1981	1987
%	4,8	5,5	5,3	4,2	3,0	4,6	7,0
millions	3,0	2,4	2,9	2,3	1,7	2,6	4,0

Source : R Marx, *La Société britannique de 1660 à nos jours*, PUF, 1981, p. 213, *Social Trends* 90, tabl. 5.8.

• *Le recul historique de la pauvreté interrompu par la crise et le blocage des aides sociales.* Si l'on retient le critère du seuil de revenu ouvrant droit à l'*income support* (soutien du revenu créé en 1948) dont le montant maximal (accordé à ceux qui n'ont aucune autre ressource) s'élève à 43,65 livres par semaine pour une personne seule et 62,25 livres pour un couple (environ 1 000 et 2 800 F par mois), il y aurait environ 4 millions de pauvres. La pauvreté redevient visible avec la masse des sans-abri (3 000 à Londres en 1988, contre 260 en 1975 selon l'Armée du Salut), les familles mono-parentales sont les plus touchées (environ 30%).

POUVOIR D'ACHAT ET CONSOMMATION

• *Rattrapage du niveau de vie et boulimie consommatrice.* Le revenu des ménages augmente plus vite que le PIB, la consommation dopée par les réductions d'impôt connaît un boom : +30 % de 1984 à 1989, contre 19 % en moyenne CEE, 15 % en France, 13 % en Allemagne. L'épargne, déjà faible (18 % en 1974-1980, France : 24,6 %), reculait jusqu'à 14 % en 1991(France : 21 %). Mais l'étude monétaire est faussée par des variables difficiles à cerner, la comparaison internationale n'a de sens qu'à mode de vie équivalent, car chaque peuple a ses habitudes de consommation. On préférera donc des indicateurs physiques. Selon Philippe Daudy : « On vit peut-être moins bien en Angleterre qu'en France, mais d'une vie plus douce : moins bien, parce qu'à tous les niveaux sociaux les Français d'aujourd'hui ne peuvent plus se passer de petits luxes quotidiens que les Anglais ignorent ou refusent; une vie plus douce parce qu'une sociabilité traditionnelle, faite d'indifférence et de bonne volonté, arrondit les angles du quotidien; plus douce aussi parce que le contentement et la résignation y tiennent plus de place que les exigences et la hargne. »

Taux de possession de quelques biens durables (en % du total des ménages)

	Voiture	Lave-linge	Congélateur	Téléviseur	Téléphone	Magnétoscope
R.- Uni 1979	57	74	40	97	67	—
R.- Uni 1990	64	83	92	98	83	46
France 1988	75	92	75	94	92	20

Source : *Britain, An Official Handbook*, 1989 & INSEE, *TEF*, 1990, p. 71.

Vers la société de loisir? Séjours de vacances*

en millions	1976	1988
En Grande-Bretagne	38	38
À l'étranger	7	21

* $\geq$ 4 jours hors du domicile, déplacements professionnels et familiaux exclus.

Source : HMSO, *Keydata*, 1990-1991, p. 62.

• *Une structure de consommation de pays sur-développé.* Quand le niveau de vie augmente, la part de l'alimentation et de l'habillement recule au profit du logement et des services : surtout santé, transports, communications, loisirs, vacances et culture. Avec une consommation (indice 98) inférieure (Allemagne : 130,

France : 113), l'Angleterre présente pourtant une structure de pays sur-développé : 24 % pour alimentation-habillement contre 26 à 28 % ailleurs. La faible part de la santé (1 %, moyenne CEE : 8 %) s'explique par un système étatisé, le NHS.

Consommation finale des ménages par habitant (1988)

données en écus convertis en francs	R.-Uni	%	All.	%	France	%	CEE à 12	%
Alimentation, boissons	8 904	17	11 347	16	11 963	20	11 158	21
Habillement, chaussures	3 654	7	5 397	8	4 095	7	4 158	8
Logement, éclairage, chauffage	10 066	19	12 726	18	11 417	19	9 527	18
Meubles, articles ménage, entretien	3 535	7	6 013	9	4 970	8	4 277	8
Santé	672	1	10 388	15	5 614	9	4 249	8
Transports, communications	8 988	17	10 087	15	10 227	17	7 721	15
Loisir, spect., enseignement, cult.	4 816	9	6 272	9	4 515	7	4 403	8
Autres	11 452	22	6 944	10	8 204	13	7 630	14
Total	52 094	100	69 174	100	61 012	100	53 116	100
Indice (CEE : 100)	98		130		113		100	

Source : données EUROSTAT n° 133-34, mai 1991, *in* INSEE, *TEF 1991*, p. 71.

• *80 % de maisons individuelles, 65% de propriétaires, villes sans logements collectifs, campagnes sans paysans*. L'Anglais moyen vit dans une banlieue semi-rurale, possède ou est en train d'acquérir sa propre maison (65 % contre 54 % en France). Depuis 1945, le nombre de propriétaires a plus que triplé (de 4 à 14 millions) tandis que la population augmentait de 40 %. Ce pays, le plus anciennement urbanisé, paraît refuser la ville. Il montre la voie de la *rurbanisation*, la campagne devient un lieu de résidence et de loisir, elle perd ses fonctions productives.

• *Mme Thatcher a joué sur le registre du goût de la propriété individuelle pour appliquer son programme de désengagement de l'État*. Si l'on écoute Philippe Daudy : « Le *home* — mot que s'est légitimement approprié le franglais, puisque le français ne lui oppose pas d'équivalent —, ce « chez-soi » inviolable, intime et, peut-on presque dire inaliénable, n'est pas fait de moellons, de briques ou de mortier, mais d'amour ou, pour le moins, d'habitudes partagées. C'est une structure immatérielle, un refuge contre les agressions du monde extérieur qui n'a pas de prix. (...) Défiant le froid et la pluie, le charbon rougeoie dans la grille d'une cheminée. Cette image plongera toujours l'Anglais des antipodes dans la nostalgie. Que ce charbon se trouve le plus souvent aujourd'hui remplacé par une rampe de gaz brûlant devant une résille métallique, des résistances électriques apparentes ou dissimulées sous des flammes factices, peu importe : le « feu ouvert », *open fire*, est le cœur battant du *home* britannique. » De 1980 à 1989, avec la loi du « right to buy », 1 530 000 logements ont été vendus par les autorités locales, les villes nouvelles et l'État. La quasi-totalité sont des maisons individuelles, les appartements ne trouvent pas preneur.

	Décembre 1979		Décembre 1989		Variation	
	milliers	%	milliers	%	milliers	%
Occupant-propriétaire	11 605	54,7 %	15 413	66,5 %	+3 808	+32,8 %
Location privée	2 496	11,7 %	1 686	7,3 %	- 810	-32,5 %
associative	719	2,0 %	642	2,8 %	+223	+53,2 %
coll. locale, ville nouvelle	6 713	31,6 %	4 438	23,5 %	-1 275	-20,0 %
Total	21 233	100 %	23 178	100 %	1 945	+9,1 %

Source : C. Johnson, *opus cité*, p. 298.

• *De la surchauffe au surendettement.* De 1982 à 1989, le prix du logement augmente presque deux fois plus vite que l'indice général des prix. Le marché se retourne en fin de décennie, le taux d'intérêt devient insupportable, l'insolvabilité se répand. De 1980 à 1990, la dette des ménages bondit de 57 % à 114 % de leur revenu disponible, de 62 % à 78 % en France, de 80 % à 103 % aux États-Unis. En 1992, un million de britanniques remboursent un logement dont la valeur est devenue inférieure au montant de l'hypothèque, 350 000 n'ont pu honorer leurs traites depuis plus de six mois. Au cours des huit premiers mois de l'année, 50 000 ont vu leur logement mis aux enchères pour rembourser l'emprunt. Cela met en danger le système financier, les firmes qui avaient massivement investi l'immobilier doivent intégrer à leur bilan des moins-values de 20 à 30 %, les chantiers sont interrompus, les pancartes *to let* (à louer) ou *to sell* (à vendre) prolifèrent.

	Propriétaire	Accédant à la propriété
Professions libérales, patrons	16	70
Professions intermédiaires	14	67
Cadres moyens	16	50
Ouvriers qualifiés et artisans	15	49
Ouvriers semi-qualifiés, personnels de services	30	—
Ouvriers spécialisés	13	23
Inactifs	40	4
Ensemble	24	35

Source : *General Household Survey*, 1984

PROTECTION SOCIALE

Origine : le rapport Beveridge et le *Welfare State*

• *Une double paternité : keynésianisme et travaillisme.* L'expression État-Providence apparaît en 1860 sous la plume du député français Émile Ollivier, mais les assurances sociales existent depuis 1880 en Allemagne (elles sont l'œuvre du très conservateur Bismarck), et le début du siècle en Angleterre : 1908 (vieillesse) et

1911 (chômage). Le programme du *Welfare State* est tracé dans deux textes rédigés durant la guerre par Lord W. Beveridge dont le retentissement fut immense. Il est instauré dans l'immédiat après-guerre, par le cabinet travailliste de Clement Attlee.

> « L'élargissement des fonctions de l'État (... est) le seul moyen d'éviter une complète destruction des institutions économiques actuelles et comme la condition d'un heureux exercice de l'initiative individuelle. » Mais il faut refuser l'étatisation : « Un large domaine n'en subsistera pas moins, où l'initiative et la responsabilité privées pourront encore s'exercer. Dans ce domaine, les avantages traditionnels de l'individualisme garderont toute leur valeur. (...) l'individualisme, s'il peut être débarrassé de ses défauts et de ses excès est la sauvegarde de la liberté personnelle, en ce sens qu'il élargit plus que tout autre système le champ des décisions personnelles. Il est aussi la meilleure sauvegarde de la variété de l'existence. »
>
> J.M. Keynes,
> *Théorie générale de l'emploi, de l'intérêt et de la monnaie*, 1936.

Dans la conception de Beveridge, l'État-Providence doit cumuler protection sociale et politique de plein emploi.

– Son rapport de 1942, un best-seller vendu à des centaines de milliers d'exemplaires, traduit en 22 langues, diffusé par la BBC, est reçu avec enthousiasme comme un projet révolutionnaire. Il propose de « libérer l'homme du besoin » (*freedom from want*) en instituant un système généralisé, unifié (une seule cotisation), uniforme (prestation indépendante du gain) et centralisé (service public unique).

– Dans un livre à succès publié en 1944, *Du travail pour tous dans une société libre*, il présente le plein emploi comme une priorité du gouvernement qui devrait le garantir par une politique conjoncturelle keynésienne, alors que la pensée libérale fait confiance au marché et proscrit toute intervention.

Le rapport de 1942 trace les trois principes du *Welfare State* :

> « À présent que la guerre fait disparaître tous les repères, voici l'occasion d'utiliser sur un terrain neuf l'expérience acquise. À un tournant révolutionnaire de l'histoire du monde, il faut faire des révolutions, pas du replâtrage. Le système sera donc global, il doit rompre avec le saupoudrage des mesures sociales antérieures. » (1re partie, § 7.)
>
> « Le besoin n'est que l'un des cinq géants sur la voie de la reconstruction, et de certains points de vue c'est le plus facile à attaquer. Les autres sont la maladie, l'ignorance, la misère et l'oisiveté. La protection sociale ne peut se concevoir hors des autres éléments du bien-être minimum que la société doit garantir à chacun : éducation, emploi, santé, revenu minimum. » (1re partie, § 8.)
>
> « En organisant un système de sécurité, l'État ne doit pas supprimer les stimulations, les chances et les responsabilités offertes aux individus. Tout en mettant en place un secours minimum à l'échelon national, il doit faire une place à l'encouragement de l'initiative individuelle qui fasse que chacun cherche à acquérir plus que le minimum pour lui-même et pour sa famille. L'initiative privée demeure le levier de l'accomplissement individuel et du progrès économique. » (1re partie, § 9.)
>
> W. Beveridge, *Report on Social Insurance and the Allied Services*.
> Londres, 1942.

• *Tout est possible ?* En 1945, les travaillistes ont une énorme avance (393 députés, dont 168 d'origine ouvrière, face à 213 conservateurs). Un quinquennat de « révolution pacifique » commence, on parlera des « cinq années brillantes ». Hugh Dalton, évoquant dans ses souvenirs l'état d'esprit des vainqueurs, relate : « Dans notre allégresse, il y avait de la joie et de l'espérance, de la résolution et de la confiance. Nous nous sentions exaltés, consacrés (...) nous marchions de pair avec le destin » (cité par F. Bédarida, p. 270).

• *Fonder l'État-Providence en quelques années* : allocations familiales (1945), assurance retraite, chômage et congé de maladie (1946), accident du travail (1946), *National Health Service* (1946), assistance aux démunis (1948). Un filet de protection « du berceau à la tombe » est mis sur pied en un temps record, malgré la polémique (guerre des médecins) entre le héros de l'époque Aneurin Bevan, ministre de la Santé, et l'association des médecins qui refusent de devenir des fonctionnaires (en 1930, les médecins français avaient imposé au ministre Tardieu le maintien de leur statut libéral). Mais la gratuité est vite remise en cause : un shilling par ordonnance (1949), prise en charge réduite (50 %) de la lunetterie et la prothèse dentaire (1951). Bevan, représentant l'aile gauche travailliste, se considère trahi et démissionne.

Malgré ces ambitions rabattues, l'œuvre du *Labour* demeure un modèle. En 1951, les *Tories* remplacent un *Labour* dépassé par une conjoncture catastrophique, mais, après avoir combattu sa mise en place, ils conservent et renforcent le *Welfare*. Le peuple britannique révère tant sa protection sociale que Mme Thatcher, en 11 ans et 3 mandats, ne peut y instiller privatisations et économies qu'à doses homéopathiques, tout en essuyant l'hostilité générale, y compris chez les *Tories* et les Lords, dont le conservatisme se révèle plus attaché à la paix sociale qu'au credo libéral.

Principes de fonctionnement

• *Financement : prépondérance des recettes générales de l'État.* La philosophie beveridgienne considère la sécurité sociale comme une solidarité nationale, les impôts d'État en financent donc l'essentiel, les cotisations des employeurs et des salariés sont un appoint, et non le support principal comme en France. Les assurances sociales allemandes instaurées par Bismarck en 1880 et la sécurité sociale française de 1946 sont fondées au contraire sur la solidarité professionnelle, elles reposent sur les cotisations des actifs et conservent une structure de branche (ce qui impose des transferts inter-caisses au profit des secteurs à forte proportion de retraités).

Financement des dépenses sociales

	Employeur		Ménages		État		Autres	
en %	1984	1987	1984	1987	1984	1987	1984	1987
R.-Uni	31,9	27,9	14,7	17,0	51,7	43,3	1,7	11,8
France	52,9	52,2	24,7	27,0	21,0	18,2	1,4	2,6

Source : Eurostat & OCDE, *in* N. Murad, *La Protection sociale*, La Découverte, 1989, p. 99 & *Le Fig-Éco 1991-1992*, Hachette, p. 234.

– Près de la moitié du financement provient d'une cotisation obligatoire des actifs. Employeurs et salariés versent une contribution unique, hebdomadaire pour les travailleurs manuels payés à la semaine, mensuelle pour les employés et cadres. Les non salariés contribuent à un taux inférieur. Les cotisations sont prélevées à la source par l'employeur et versées au *National Insurance Fund* (NIF) qui assume les prestations monétaires et participe au financement du *National Health Service*.

– Le budget général de l'État finance l'autre moitié, il comble le déficit du NIF et prend en charge l'essentiel du budget du NHS, mais son désengagement récent est très rapide : sa part recule de 51,7 à 43,3% de 1984 à 1987.

– En 1977, une taxe sur les salaires est instaurée pour renflouer le système (*National Insurance Surcharge*), elle fut réduite en 1983-1985, supprimée en 1986.

Une cotisation plus les impôts d'État, cela simplifie la gestion et assure la solidarité en couvrant tous les Britanniques. Actifs ou non, ils participent en proportion de leurs moyens avec la taxation d'État, ce qui allège la charge des entreprises.

• *Ensemble impressionnant de prestations mais d'un montant inférieur à celui des autres pays.* L'idée de Beveridge était d'éviter la misère en transformant les dépenses pour la guerre en ressources pour la paix sociale. Les prestations sont uniformes, elles garantissent un minimum et non des avantages proportionnels au revenu.

– Les allocations familiales (7£ par semaine et par enfant, montant bloqué depuis longtemps) sont versées à toutes les familles quel que soit leur revenu.

	Répartition des prestations en % du total 1989					Montant 1988	% du PIB	
	maladie	vieillesse	famille	chômage	autres	R.-Uni	1970	1988
R.-Uni	21,4	42,1	10,2	4,9	21,4	100	15,9	22,2
All.	28,2	29,9	7,3	4,1	30,5	124	21,5	27,6
France	26,6	37,1	8,1	5,7	22,5	126	19,2	28,0

Source : INSEE, *TEF 1992-1993*, p. 81.

Principales prestations en 1991
(quand il y a 2 chiffres, le 2e désigne le cas le plus favorable)

£ par semaine	retraite	minimum vieillesse	maternité	maladie	chômage	logement	crédit familial	suppl. de rev.
1 personne	52 £	14 à 18 £	44 £ à 90% de l'ancien sal.	43 à 52 £	41 £	jusqu'à 100% du loyer	max 38 £	44 £
Couple	83 £	21 à 26 £			67 £			62 £

Source : HMSO, *Britain 1992, An Official Handbook*, p. 101.

– Une pension hebdomadaire uniforme est versée à toute personne dans l'incapacité de travailler : retraité, chômeur, actifs en congé maladie qui ont cotisé au NIF.

L'âge de départ en retraite est de 65 ans pour les hommes, et 60 ans pour les femmes. Les hommes peuvent travailler (et cotiser) au-delà de 65 ans, ce qui donne droit à une pension supérieure à partir de 70 ans. Le montant des pensions est faible, les dépenses de retraite représentent 7 % du PIB contre 12 % en France ! Les actifs se constituent donc des compléments volontaires (mutuelles syndicales, assurance-vie), le gouvernement pousse à la flexibilité, c'est-à-dire au libre choix de l'âge. La plupart des firmes offrent une retraite complémentaire aux employés et cadres (cotisation partagée entre employeur et salarié), le système s'étend aux manuels.

Les chômeurs reçoivent la pension environ 12 mois.

Les congés maladie sont pris en charge durant 28 semaines. Au-delà, une pension d'invalidité prend le relais. La plupart des bénéficiaires sont des manuels. Contrairement aux ouvriers payés à la semaine, les employés et cadres (*middle class salaried jobs*) ont une protection d'entreprise et peuvent être payés à taux plein sur de longues périodes. Le *Welfare* n'a pas supprimé ce clivage.

– Un minimum, sans conditions de cotisation, est garanti aux nécessiteux. L'*income support* est une prestation hebdomadaire pouvant être complétée par des allocations pour le logement (*housing benefit*) et le chauffage (renforcées en 1987 après un rapport établissant le grand nombre de Britanniques souffrant du froid). Les handicapés bénéficient d'allocations, mais leur montant est faible.

– Le *Welfare* avait instauré une série d'aides aux familles, mais certaines ont été réduites ou supprimées : distribution gratuite de lait à l'école (supprimée en 1972 par Mme Thatcher, alors ministre de l'Éducation), tarifs réduits pour le ramassage et la cantine scolaires (familles à faibles ressources, supprimés dans les années 1980), bourse d'étude indépendante du revenu des parents (contestée par Mme Thatcher qui souhaitait les réserver aux enfants de familles modestes, mais maintenues).

Beveridge concevait l'assistance comme un « filet de sécurité » provisoire pour les familles n'ayant pas cotisé en attendant que chacun obtienne un emploi et puisse s'assurer. En 1948, en créant le *National Assistance Board*, on pensait qu'il deviendrait inutile, espoir balayé par le chômage, la précarité et l'essor des familles mono-parentales. L'assistance remplit mal son rôle qui est de hisser chaque famille à un minimum. Le système se complique donc d'une foule de subsides accordés au coup par coup (chauffage, vêtements, cantine…) qui en font un maquis confus et inefficace. Loin de devenir inutile, l'assistance doit assumer des besoins croissants.

Étatisation de la santé, le National Health Service (NHS)

• *Le NHS (Service National de Santé) accorde une assistance médicale gratuite à tous les résidents*. Il est financé à plus de 90 % par la fiscalité d'État. L'ensemble de la protection sociale est dirigé et financé par un ministère unique, le *Department of Health and Social Security* (DHSS). 14 régions liées aux hôpitaux universitaires (*Regional Health Authorities*, RHAs) et 201 districts autour des hôpitaux (*District Health Authorities*, DHAs) planifient et distribuent les ressources, et délèguent la gestion aux dispensaires, hôpitaux et comités de médecins de famille (*Family Practitioner Committee*, FPCs).

Les familles s'inscrivent sur la liste d'un généraliste (*general practitioner* ou *family doctor*) responsable d'environ 2000 personnes. Consultations et médicaments sont gratuits, sauf un forfait de 2 livres par ordonnance (nombreuses exemptions : jeunes de 16 à 19 ans, pauvres, personnes âgées, femmes enceintes). Les médecins sont payés par le NHS selon le principe de la *capitation* (tant par inscrit quel que soit le nombre de consultations), plus des honoraires pour les actes spécialisés et des indemnités (ex. quartier peu peuplé). Médecine spécialisée et chirurgie sont assurées gratuitement à l'hôpital. Les soins dentaires et ophtalmologiques sont confiés à des praticiens rémunérés à l'acte par le NHS et à des hôpitaux gratuits. Mais la gratuité des prothèses a été supprimée, les check up négatifs ne sont plus pris en charge, les tests oculaires sont payants depuis 1988, la lunetterie depuis 1951. Les dispensaires, les médecines scolaire et du travail, les services d'urgence et d'ambulances, les pharmacies dépendent du NHS.

Ce système, le plus étatisé du monde occidental, n'a pas éliminé le secteur privé. Les médecins, dentistes et ophtalmologues du NHS peuvent recevoir des clients payants mais sans aucun remboursement public. Encouragé par l'État, la hausse du revenu et les critiques dont le NHS est l'objet, le secteur libéral se développe vite, avec le concours d'assurances privées, d'entreprises ou syndicales.

• *Un bilan mitigé : grande popularité, graves problèmes.* Le système satisfait les Britanniques qui se montrent, à chaque sondage d'opinion, toujours aussi attachés au NHS. La médecine préventive est très développée (d'où une efficacité convenable à moindre coût) alors qu'elle s'accorde mal avec le paiement à l'acte des autres pays. L'hôpital et les dispensaires souffrent de graves dysfonctionnements, une liste d'attente de plusieurs mois avant une opération est de règle.

	États-Unis	RFA	Royaume-Uni	France
Système de paiement	à l'acte	à l'acte	capitation	à l'acte
Durée de la consultation en mn	14	9	8	14
Temps de travail hebdomadaire en h.	53	49	38	54
Écart du revenu avec le salaire moyen	2,8	3,1	2,7	2,3

Source : cité par BM d'Intignano, OFCE, 4/91, *in Problèmes économiques*, n° 2254, 181/12/91, p. 17.

Le coût pour la collectivité est nettement inférieur à celui des autres grands pays occidentaux : 6,1 % du PIB (892 $ par habitant en 1989) contre 12,4 % aux États-Unis (2592 $), 8,9 % en France (1586 $). L'étatisation permet de planifier l'offre alors que les systèmes libéraux sont débordés par la demande induite : si la demande de soins est financée par l'assurance (publique ou privée peu importe) et non par le malade, elle s'enfle avec le nombre de médecins et d'hôpitaux, c'est-à-dire l'offre de soins.

Les performances sanitaires se situent dans une honnête moyenne. En 1989, l'espérance de vie est de 76 ans (É.-Unis : 76, France : 77), le taux de mortalité infantile de 9 ‰ (É.-Unis : 9, France : 7). On ne peut donc qu'infirmer le sombre pronostic énoncé par les *Tories* et les médecins lors du débat sur la création du NHS : malgré l'absence d'incitations pécuniaires, les médecins assument leur tâche.

Années 1980 : économiser et susciter l'essor du secteur privé

• *Les tentatives de désengagement s'accentuent.* Les cabinets Thatcher montrent une grande constance : recul des crédits et de la prise en charge publics, dégradation qualitative. Les familles sont incitées à recourir au privé et à l'assurance (2,3 % en 1978, 10 % en 1990), le NHS est poussé à imiter l'efficience du secteur commercial.

La réforme Griffiths de 1987 pousse les hôpitaux à concéder la logistique (cuisine, nettoyage...). Le projet (*White Paper*) publié en 1989, *Working for patients, the Health Service, Caring for the 1990's*, va très loin dans la remise en cause des principes du NHS. Les généralistes auraient un budget limitatif et pourraient choisir les services, y compris hors district, où adresser les patients. Les autorités médicales, RHAs, DHAs et FCPs, seraient incitées à passer des contrats avec les centres de soins, y compris à l'extérieur de leur autorité. Le but est de contraindre médecins et autorités à l'économie, et de mettre les services en concurrence.

• *Au nom de l'efficience, l'inégalité devant la santé revient en force.* Le nombre de lits est réduit, des hôpitaux refusent les patients faute de personnel, des malades sont renvoyés après une opération ou un accouchement, les handicapés mentaux sont refusés en institution, on laisse les autorités locales s'en charger à domicile avec des crédits réduits, la grogne des infirmières augmente. Les hôpitaux sont autorisés à se libérer de la direction des autorités locales et à passer sous le contrôle direct de l'État qui les incite à la concurrence. Des lits et des consultations privés s'ouvrent dans le secteur public, les spécialistes se partagent souvent entre les patients payants, qui peuvent choisir leur hôpital, obtenir une chambre individuelle, éviter la liste d'attente, et ceux du NHS.

	milliers	1971	1981	1987
Nombre de lits	Hôpitaux du NHS	526	450	392
	Hôpitaux privés	25	33	65
Patients des hôpitaux du NHS	Avec séjour	6 400	7 200	8 100
	Consultation externe	9 400	9 800	12 800
Séjour moyen (en journées)	Maladie	14,7	10,2	8,5
	Chirurgie	7,0	5,6	4,5
Liste d'attente		700	737	806

Source : P. Bromhead, *Life in modern Britain*, Longman, 1991, p. 130.

ÉCOLE, COMMENT ÉCHAPPER AUX SÉGRÉGATIONS

Diversité des autorités éducatives

• *La gigantesque bureaucratie de l'Éducation nationale française est impensable outre-Manche.* Le *Department of Education and Science* (DES) n'emploie que 500 enseignants, les *Her Majesty's Inspectors*. Il fournit l'essentiel du financement, mais son pouvoir est limité : subventions aux LEAs, réglementation, grandes directives et inspection, les *Local Education Authorities* (LEAs) recrutent les enseignants, décident des programmes, dirigent les établissements, accordent les bourses; l'Écosse, le pays de Galles et l'Ulster disposent de leur propre système.

• *Politisation.* Les LEAs sont composées d'élus locaux. Les directives émanent du Cabinet, dont la couleur est opposée à celle d'environ la moitié des conseils locaux qui auront à les appliquer; on comprend donc l'extrême politisation de la question scolaire. Ainsi, depuis 1965, un bras de fer oppose les LEAs conservatrices au gouvernement pour la mise en place des écoles uniques voulues par les travaillistes.

Les structures du système éducatif

Scolarisation : le retard (en %)

Année 1987	France	Allemagne	États- Unis	Japon	Royaume-Uni
Proportion de scolarisés parmi les 17-24 ans	42,1	41,7	39,9	38,4	27,5
dont enseignement supérieur	15,0	11,0	23,0	18,0	8,0

Source : INSEE, *TEF 1991*, p. 55.

• *Primaire (5 à 11 ans).* Malgré une forte pression pour des méthodes plus directives, l'étude ne débute qu'à l'âge de sept ans, la consigne est d'intéresser l'enfant en proscrivant toute compétition. L'école élémentaire assume ce qui, ailleurs, relève de la maternelle. En 1988, sur les 2 millions d'enfants de moins de six ans concernés, 866 000 sont scolarisés (France : 2,5 millions). Cette lacune est aggravée par la carence des crèches, le manque de places et le prix (environ 3000 F / mois) excluant la majorité des foyers, et explique la fréquence du temps partiel féminin.

• *Secondaire* : *variété et hiérarchie.* Plus de 80 % des élèves sont accueillis dans les *Comprehensive Schools* dont la création en 1965 par les travaillistes (qui s'est heurtée à une très vive résistance) visait à réduire l'inégalité en plaçant tous les enfants dans une filière unique. En fait, la hiérarchisation s'est renforcée.

– L'ancien système subsiste parfois : *Grammar Schools* d'un haut niveau académique préparant à l'Université (3,2 % des élèves en Angleterre), *Modern* d'un niveau inférieur (4 %), et *Technical* préparant aux professions manuelles (0,1 %).

– Les *Comprehensive* groupent 85,7 % des élèves, mais la variété est telle que les écarts se creusent. L'échec ne fut pas celui annoncé par les *Tories*, mais on ne peut parler de succès; le plus souvent, elles reproduisent l'un ou l'autre modèle. L'enseignement tend à devenir un marché et les familles des consommatrices, notamment avec Mme Thatcher (résultats publiés, subventions liées à la demande...). À la variété des cursus s'ajoute celle des méthodes pédagogiques. Face à l'échec scolaire observé chez les nouveaux « accédants » à la culture, toutes les démarches ont été tentées, mais les déterminants sociaux semblent indétrônables; on assiste à la fuite des meilleurs élèves et des milieux aisés vers le privé, qui est protégé à l'égard du brassage social (*refugees from the State system*, dit-on de façon imagée).

– Les *Public Schools* forment le secteur indépendant, c'est-à-dire qui refuse de se plier aux contraintes d'un financement d'État. « Ces écoles privées que l'on dit publiques » selon le mot de P. Daudy, sont appelées ainsi par opposition à l'enseignement dispensé à domicile par un précepteur. Elles datent du Moyen Âge : de 1 382 pour Winchester College, la plus ancienne des *sacred nine* (les *neuf sacrées*) à 1 611 pour Charterhouse. Elles profitent de la mauvaise image du secteur public, et ont surmonté aisément la suppression des subventions en 1976. Avec, en 1988, 17 % de l'effectif total (13,4 % en 1981), elles obtiennent plus de la moitié des admis à Cambridge et Oxford. Elles drainent un large public à la recherche d'un passeport pour la promotion que le secteur public, depuis la suppression des *Grammar Schools*, ne peut fournir. À côté des rejetons de la fortune et de l'aristocratie, on trouve des boursiers et des enfants de la *middle class* qui épargne et s'endette pour payer la scolarité.

• *Examens et sélection : prépondérance de l'académisme.* En fin de secondaire, chaque élève doit présenter des examens nationaux. Depuis 1988, il existe un examen unique, le GSCE. Passé par tous les élèves à seize ans (fin de scolarité obligatoire), il atténue la sélection par rapport aux deux examens de niveau différent qui existaient auparavant : prise en compte du contrôle continu, et prépondérance des savoir-faire. Au cours du *fifth form* (16-18 ans), les élèves choisissent soit des études professionnelles, soit de préparer le *GCSE A level* (*A* pour *Advanced*) qui porte sur trois disciplines et donne accès à l'enseignement supérieur.

• *Enseignement supérieur* : 45 universités, 30 *Polytechnics* (équivalent des IUT) et des *Colleges of Advanced Education*. Les universités s'administrent elles-mêmes suivant leur tradition propre, chacune fédérant des *colleges* autonomes, dont les plus anciens sont des pensionnats où les étudiants forment une communauté en relation étroite avec les professeurs. Elles sont subventionnées par le *University Grants Committee* (UGC) à hauteur de 90 %, mais l'UGC n'a aucun droit de regard. Le ministère ne contrôle qu'un seul établissement, l'*Open University* (enseignement par correspondance). Chaque étudiant reçoit une bourse, quel que soit le revenu familial. Les universités recrutent en fonction du résultat au *GCSE A level* et de tests. Les étudiants formulent cinq vœux par ordre de préférence; les universités prestigieuses étant plus demandées, seuls les meilleurs y sont acceptés. Leur monopole sur la formation des dirigeants est si total que l'on désigne sous le vocable *Oxbridge* la caste des managers et des hauts fonctionnaires. En trois ou quatre ans, on devient un *Bachelor of Arts* (BA) ou *Science* (BSc), les *postgraduates* (3e cycles) poursuivent jusqu'au MA ou MSc (*Master of Arts*, ou *Science*), puis au PhD (*Doctor of Philosophy*), l'équivalent de notre doctorat d'État.

• *Enseignement extra-universitaire et formation continue.* L'*Open University* prépare à des *degrees* correspondant aux examens universitaires. La formation permanente est une vieille revendication ouvrière, et, depuis les années 1930, le *Labour* a beaucoup fait pour la promouvoir : *Extra-Mural Studies* des Universités, *Workers' Educational Association* (réseau associatif), programmes pour adultes des *Polytechnics* et des *Further Education Colleges*. Depuis vingt ans, chômage oblige, une foule de stages et de formations en alternance ont été mis en place.

Le projet éducatif victorien demeure un modèle

• *Avec les Public Schools, ce modèle bénéficie d'une vitrine prestigieuse.* Thomas Arnold, *headmaster* de Rugby, proposait trois règles : 1) développer les principes religieux et moraux; 2) obtenir un comportement de *gentleman*; 3) cultiver les dons intellectuels. Il s'agit de forger les attitudes attendues du futur *gentleman*. L'éveil des personnalités, notamment par le sport collectif, y tient un rôle primordial, l'accumulation du savoir une place modeste, il est même de bon ton de cultiver un certain dilettantisme. Deux traits résument cette doctrine très *british* de l'éducation (des garçons, car les filles n'y sont admises que récemment) : le châtiment corporel à la canne (*caning*) ou à la ceinture (*belting*) supposé forger les âmes et simplifier la punition; le refus de l'universel, « chaque enfant est un cas, dit Philippe Daudy, le premier devoir du maître est de l'identifier, le second d'adapter au mieux son enseignement à ses besoins ». Le châtiment corporel est interdit depuis 1987 (sur injonction de la Cour de justice européenne). Par contre, la relation personnelle est un principe toujours affirmé. L'étudiant britannique conserve le privilège d'un encadrement et d'une vie collective exceptionnels. Chaque groupe de 10-15 étudiants est encadré par un tuteur, les enseignants sont très présents pour recevoir qui le désire.

• Oxbridge *et les* Public Schools, *notamment les* sacred nine (*Eton, Rugby, Harrow, Westminster, Winchester, Schrewsbury, Charterhouse, Saint Paul's, Merchant Taylor's)* tiennent une place décisive dans la production, et la reconnaissance mutuelle de ceux qui, de droit héréditaire, gouvernent l'Angleterre. Quand Baldwin devient Premier ministre en 1923, il forme « un ministère digne de Harrow » avec six de ses condisciples. Eton, la plus prestigieuse des *Public Schools*, est le seul établissement secondaire dont le nom soit connu dans le monde entier; elle revendique 36 des 200 Premiers ministres de l'histoire, dont 3 de suite entre 1955 et 1964 : Eden, Mac Millan et sir Douglas-Home. En 1944, la commission Flemming établissait que les trois quarts des 830 plus hautes fonctions publiques, religieuses et privées étaient occupées par d'anciens élèves d'une *Public School*. Dans les décennies 1950-1970, les « anciens » représentent la moitié du Parlement, 75 % du groupe conservateur, jusqu'à 80 % des cabinets. Si le monopole recule peu, il tolère des exceptions, comme les Premiers ministres conservateurs, Heath et Thatcher.

Autrefois simple reproducteur d'un *establishment* héréditaire (les fils de *old boys* y avaient une place réservée), les *Public Schools* se sont ouvertes à d'autres milieux. L'examen d'entrée n'est plus une simple formalité, un nom prestigieux ne constitue plus un passeport suffisant, cette évolution vers une certaine méritocratie leur permet de conserver le monopole sur la formation des élites. La prépondérance des classes supérieures demeure (80 % des élèves, 20 % dans les *Comprehensive*), mais l'excellence académique y est aujourd'hui un impératif.

Le difficile chemin de la démocratisation

• *Au début, était l'école de classes.* En 1870, un enseignement élémentaire financé par l'État est créé (5 à 10 ans), les enfants de la bourgeoisie et de l'aristocratie recevant, dans les *Public Schools* et les universités, l'éducation à part jugée indispensable pour former l'élite. La ségrégation agit à l'entrée, seuls les enfants de famille fortunée pouvant assumer les frais de scolarité (plus de 50 000 F par an pour un pensionnaire) et à la sortie, car faire partie des anciens d'Eton ou de tel *College* d'Oxford mène aux positions enviées. Une subtile batterie de signes de reconnaissance (cravate, accent...) garantit de trouver partout le réseau d'alliés qui fait les carrières. Selon H. Tawney : « La malédiction héréditaire qui frappe l'enseignement en Angleterre est le fait que son organisation corresponde aux clivages de classe ».

Comme on le voit en France avec la difficulté à contourner la voie C et la filière Préparatoire/Grande École, un système scolaire s'organise à partir de son sommet, chaque institution y prend rang en fonction du niveau d'entrée dans la vie active qu'elle peut offrir. La réputation des établissements qui ont toujours accueilli l'élite s'entretient donc d'elle-même. Chaque essai de démocratisation assoit encore leur *leadership*, car, attirés par leur prestige et leur fonction de passeport social, les bons élèves se précipitent vers les examens d'entrée.

– 1918 : obligation scolaire portée à quatorze ans. La masse est orientée vers des écoles post-élémentaires, les enfants de la classe moyenne vers les *Grammar Schools*, subventionnées mais payantes, qui dispensent un enseignement classique calqué sur celui des *Public Schools*. Des places gratuites sont offertes sur examen, ce qui ouvre un parcours de promotion sociale. En 1935, il y a 250 000 *free places* (plus tard *special places*), ce qui est considérable.

– 1944 : les grandes ambitions déçues de l'*Education Act* (*Butler Act*). Suivant les dénonciations du rapport Beveridge de 1942 qui citait l'ignorance parmi les cinq géants à abattre, le *Labour* franchit une étape : gratuité et obligation scolaire portée à 15 (1947), puis 16 ans (1972). L'enseignement secondaire propose trois filières : classique long des *Grammar Schools*, moderne court des *Secondary Modern*, et professionnel des *Technical*. Les *Voluntary Schools*, privées ou confessionnelles, ont le choix entre une subvention impliquant un contrôle, et l'indépendance. Les *Public Schools* sont autofinancées mais doivent accepter des inspections. On a reproché au *Butler Act* de laisser intact le principal bastion des clivages de classe, à savoir l'éducation séparée des fils de *gentlemen*. Au sein de l'enseignement public, bien que bannie des textes officiels, la ségrégation se perpétue. Égales en dignité, les trois filières sont en fait hiérarchisées, le résultat au test *Eleven Plus* passé en fin de primaire détermine l'avenir de chaque enfant. Les meilleurs se dirigent vers le classique. Dans un contexte culturel encore plus méprisant que le nôtre pour les tâches manuelles, la dévalorisation des *Technical Schools* en fait un ghetto. L'enseignement supérieur se diversifie et se démocratise, mais le *leadership* d'*Oxbridge* n'a jamais été contesté. Les études s'allongent, mais l'égalité ne progresse guère : *Public Schools* pour les hautes fonctions, *Grammar Schools* qui forment les cadres, *Secondary Modern* les cols blancs, *Technical* les cols bleus.

– 1965 : échec de l'unification. Pour atténuer les clivages, le cabinet travailliste instaure l'école unique jusqu'à 16 ans. Harold Wilson unifie les trois filières dans des *Comprehensive Schools*. Ce texte fera l'objet d'une véritable guérilla, chacun des Cabinets suivants cherchant soit à le neutraliser en laissant leur liberté aux LEAs (*Tories* en 1970 et 1979) soit à en imposer l'application (*Labour* en 1974-

1979). Mme Thatcher instaure en 1981 des bourses pour les *Public Schools* (environ 35 000), ce qui revient à saboter le secteur public : déja handicapé par son « monopole » sur les enfants de familles défavorisées, il se voit privé des bons élèves de milieu modeste.

– Années 1980 : marché éducatif, renforcement de l'État, économies budgétaires. Ministre de l'Éducation en 1970-1974, Mme Thatcher n'avait pu freiner la machine bureaucratique qui appliquait la *comprehensivisation*. En 1988, l'*Education Act* impose un programme minimal pour dix matières, autorise les parents à voter le rattachement de leur école au ministère, retire aux LEAs l'essentiel du supérieur et démantèle l'ILEA (Londres). Cette centralisation, contraire aux traditions, qui vise à passer outre aux réticences des autorités locales, se heurta à un tollé général. Mme Thatcher tenta, sans succès, la mise en place du chèque éducation (*voucher scheme* adopté en Californie) qui devait, selon un principe libéral, placer écoles et professeurs en compétition : le choix des familles déterminant les subventions, il faudrait attirer les « clients ». Une des priorités des années 1980 est d'économiser sur l'éducation : de 1979 à 1990, l'effectif du secteur public reculait de 1,53 à 1,44 million (–6,4 %); de 1980 à 1987, les dépenses publiques reculaient de 5,5 à 4,9 % du PIB.

> « La Grande-Bretagne a presque entièrement détruit son réseau secondaire public au profit des *Comprehensive Schools* qui accueillent tous les élèves dans des divisions très hétérogènes, en réduisant d'ailleurs méthodiquement la place de l'instruction et du travail intellectuel. Comme le réseau des *Public Schools* (privées, payantes et fort chères puisque non subventionnées) est demeuré à peu près intact, il en est résulté une situation où le fossé culturel qui sépare les classes dirigeantes du peuple britannique s'est creusé et où les enfants de milieu populaire ont perdu avec la fin des *Grammar Schools* leur principal moyen de promotion scolaire. »
>
> Frédéric Gaussen, *Cahiers français* n° 249, janvier-février 1991, p. 78.

Le système éducatif face aux défis de la compétitivité et du chômage

Effectifs scolaires et universitaires : un retard considérable

milliers	Primaire & secondaire		Supérieur temps plein		Temps partiel	Total	
	R.-Uni	France	R. -Uni	France	R.-Uni	R.-Uni	France
1970	10 230	10 634	456	815	165	10 851	11 449
1988	9 260	12 060	626	1 313	367	10 253	13 373

Source : *Social Trends,* 1990, tableaux 3.6, 3.9, 3.19 & 3.20, INSEE, *TEF 1991-1992*, p.53-57.

• *Retard éducatif et pénurie de main-d'œuvre qualifiée*. En 1981-1982, 29 % des élèves s'engageaient dans des études supérieures, 43 % aux États-Unis, 71 % en Allemagne, 70 % au Japon. À 16-17 ans, 65 % des jeunes allemands entament un cycle technique à plein temps, ou un apprentissage en alternance (*dual*), ils préparent l'un des 439 (en 1983) diplômes reconnus dans les conventions collectives. En 1987, 24 % des cadres dirigeants possédaient un diplôme supérieur, contre 62 % en Allemagne et 65 % en France. La formation est partout considérée comme une des clés de la compétitivité; au lieu de mettre les bouchées doubles, le gouvernement britannique se fait une gloire d'économiser sur ce poste (même politique pour la recherche).

Niveau d'instruction selon le groupe socio-économique en 1989

	Supérieur		Secondaire		Sans diplôme	
en % des 25-49 ans	Hom.	Fem.	Hom.	Fem.	Hom.	Fem.
Cadres et professions libérales	65	48	30	47	4	5
Employeurs et directeurs	38	27	46	56	16	17
Professions intermédiaires non manuelles	42	31	46	54	12	15
Employés	28	23	55	54	17	23
Manuels qualifiés et artisans	22	11	46	47	32	43
Manuels semi-qualifiés et personnel de service	16	8	41	41	43	51
Manuels non qualifiés	13	6	37	32	50	62
Ensemble	28	17	44	48	28	35

Source : OPCS, *Social Survey Division*, 1989

• *Échec scolaire et inégalités socio-culturelles*. Un milieu familial instruit est un atout pour la réussite scolaire, il ne suffit donc pas de fournir des services éducatifs, il faut aussi permettre aux enfants de milieu défavorisé de combler ce handicap. L'Angleterre y parvient mal : 56 % des enfants de cadres et professions libérales obtiennent un diplôme supérieur contre 10 % des enfants de manuels non qualifiés, et 5 %, contre 56 %, quittent l'école sans diplôme. Les résultats sont semblables en France, mais le niveau éducatif général y augmente beaucoup plus vite.

Niveau d'instruction selon le groupe socio-économique du père : 1988-89

personnes de 25-49 ans sauf étudiants à plein temps	Supérieur	Secondaire	Sans dipl.
Cadres et professions libérales	56	39	5
Employeurs et directeurs	33	50	17
Professions intermédiaires non manuelles	37	50	13
Employés	25	55	20
Manuels qualifiés et artisans	16	46	38
Manuels semi-qualifiés et personnel de service	12	41	47
Manuels non qualifiés	10	34	56
Ensemble	22	46	27

Source : OPCS, *Social Survey Division*, 1989

• *Le salut hors des institutions scolaires?* Selon les *Tories*, cet échec provient d'une tradition trop académiste. Le gouvernement, n'ayant de pouvoir ni sur les

LEAs, ni sur les universités, agit par la pression des restrictions budgétaires et l'essor de formations non scolaires par le biais des programmes pour l'emploi de la *Manpower Services Commission* (MSC). Son président, sir O'Brien, déclarait en 1982 : « En Grande-Bretagne, nous avons longtemps sous-investi dans le capital humain, et cela doit être corrigé pour améliorer la conception des carrières industrielles ».

– 1,8 million de jeunes placés par le YOP (*Youth Opportunities Programme*).

– Formation en alternance du YTS (*Youth Training Scheme*).

– La TVEI (*Technical and Vocational Education Initiative*) s'adresse aux 14-18 ans, ce qui empiète sur le DES, seul responsable des jeunes d'âge scolaire.

> « Les incursions timides du MSC dans le système éducatif pourraient bien provoquer une transformation de l'école et de la formation du même type que celle entamée en 1944. »

E. Briggs, *in* GE Causer & alii, *Inside British Society*, Wheatsheaf Books, 1987, p. 193.

• *La crise éducative se concentre dans celle de la fonction enseignante.*

– En 1986, un tiers des classes visitées par le *Her Majesty's Inspectorate* (HMI) avaient un professeur non qualifié pour la matière enseignée. Le *White Paper* « *Teacher Quality* » de 1983 énonce une série d'exigences qui en disent long sur les carences : tous les professeurs devraient avoir obtenu un diplôme avant de débuter, la majorité devrait avoir étudié au moins deux ans leur matière principale, les élèves professeurs (et leurs formateurs…) devraient avoir une expérience préalable…

– Crise du recrutement, surtout dans les disciplines qui ont d'autres débouchés : mathématiques, sciences, technologie. En 1985, il manquait un tiers des candidats *post-graduate* pour une formation d'enseignant. Les salaires sont très inférieurs à ceux du privé, alors que la charge de travail est lourde : 1 265 heures de présence (cours, administration, animation), soit, avec les préparations et corrections, un total supérieur à la majorité des professions. Un maître de conférence (*lecturer*), après six ans de formation, est payé de 9 à 13 000 livres, 40 % d'entre eux sont à l'échelon maximal et donc sans espoir de promotion. Le syndicat des professeurs, la *National Union of Teachers*, a mené un conflit très dur en 1985-1986. Elle demandait une hausse de 34 % pour rétablir le niveau des traitements par rapport aux professions équivalentes. Mais le gouvernement exige qu'augmente « l'efficience » des enseignants qui « n'en donneraient pas au pays pour son argent ».

En conclusion, on aura remarqué les similitudes avec le cas français, malgré des traditions totalement différentes : difficultés industrielles, déficit extérieur, excès de l'étatisme, mépris pour le travail manuel, retard de la formation, échec scolaire. Cependant, le bilan de la dernière décennie donne une impression étrange de chassé-croisé. C'est la France, gouvernée à gauche, qui paraît avoir fait les réformes rigoureuses que prétendaient engager les *Tories* : austérité monétaire, re-partage de la valeur ajoutée au profit des employeurs, rétablissement du commerce extérieur, regain de compétitivité. Au contraire, le libéralisme britannique, s'il a notablement réduit la place de l'État, a plutôt favorisé la spéculation, la finance et les dérapages salariaux que la compétitivité. Triomphant dans les années 1986-1988, il paraît incapable de surmonter le syndrome du *stop and go* et sombre en 1992 dans la faillite financière par laquelle les socialistes français avaient débuté.

Deuxième partie
Les acteurs

Il s'agit ici de présenter les acteurs socio-institutionnels qui font l'économie britannique. Ce détour est en effet nécessaire. Comment expliquer par exemple le *stop and go*, ou la spirale inflationniste, sans connaître les particularités d'un syndicalisme — puissance, rigidité, concurrence interne et surenchère — qui va abattre les Cabinets des années 1970?

Le chapitre cinq nous conduit au cœur de la société à travers l'étude de la famille, des classes sociales et du syndicalisme. On y rencontre une Angleterre attachante, une des sociétés occidentales où la tradition tient une place essentielle, où le sentiment d'appartenir à des groupes aux contours marqués demeure encore vivace. Mais on y voit aussi à l'œuvre les mêmes facteurs qui transforment si rapidement nos sociétés : éclatement du modèle familial, relâchement du lien social, disparition du monde à part des cols bleus, émergence des classes moyennes.

Le chapitre six s'intéresse au système institutionnel; il met en évidence l'originalité de la décision collective qui donne son exceptionnelle stabilité au Royaume-Uni, malgré une économie si fréquemment secouée et une société constamment déchirée. La monarchie, les *Lords*, l'Église arcboutés sur la tradition, le Parlement et les partis aux prises avec la toute-puissance du Cabinet, le gouvernement local en conflit avec le pouvoir central, une police moins débonnaire qu'elle ne le fut et une justice d'amateurs, fondent des structures de pouvoir à la fois originales et fonctionnelles.

Cet ensemble nous permet de comprendre comment les assauts libéraux se sont enlisés, englués, dans une résistance d'autant plus efficace qu'elle émanait spontanément du système socio-institutionnel et non d'un parti ou d'un groupe social. Le *Welfare*, le système de santé et d'éducation, et même les syndicats sortent en effet indemnes de treize ans de thatchérisme. Depuis la chambre des Lords jusqu'au patronat en passant par les autorités locales, chacun s'est en effet évertué, mais avec des motivations contradictoires, à protéger ces institutions face à un radicalisme par trop *unbritish*.

4 *Familles, classes et organisations sociales*

À l'instar des autres pays occidentaux, la société britannique connaît durant les trente dernières années une évolution spectaculaire : brassage ethnique, éclatement du modèle familial, crise des valeurs, déplacement des frontières de classe, mise en cause des syndicats. Ses originalités — vivacité des traditions, modèle éducatif à part, profondeur des clivages sociaux, puissance et rigidité syndicales — sont brutalement déstabilisées. Pour comprendre le mal britannique qui conduit par exemple à l'effondrement d'une industrie automobile florissante, un voyage au cœur des crispations sociales est nécessaire. Tradition, vigueur des solidarités, réglementations syndicales ont longtemps grippé les rouages de l'efficacité économique. Dans les années 1980, les thérapeutes libéraux tentent un improbable pari : la conjonction d'une implosion des structures de classe et du retour aux vertus familiales.

POPULATION, FAMILLE, MODE DE VIE

Vieillissement et stagnation

	1951	1961	1971	1981	1991
Taux de natalité (‰)	15,9	17,9	16,1	13,0	13,9
Taux de mortalité (‰)	12,0	11,9	11,9	11,7	11,4
Indice de fécondité[1]	2,15	2,80	2,41	1,81	1,84
Population (millions)	50,3	52,8	55,9	56,4	57,6[2]
dont < 16 ans (%)	24,5	24,8	25,6	22,1	20,3
≥ 65 ans (%)	10,9	13,6	13,2	15,2	15,7

1. Nombre moyen d'enfants par femme en âge fécond (15-49 ans).
2. En 1991, le HMSO modifie sa méthode de correction et publie un chiffre de population de 55,5 millions.

	1960	89-90
Esp. de vie hommes	68,3 ans	72,8 ans
Esp. de vie femmes	74,2 ans	78,4 ans
Mortalité infantile	22,5 %	7,9 %

Sources : HMSO, *Social Trends 1992*, p. 24-31, & *OCDE en chiffres*, 1992, 6/7/92, p. 45.

• *Une évolution démograhique modèle.* Aux XVIIIe et XIXe siècles, l'Angleterre présente un modèle parfait de révolution démographique. Dans un premier temps (1750-1880), grâce au progrès (alimentation, hygiène...), la mortalité chute alors que la natalité demeure traditionnelle, c'est-à-dire très élevée; de ce fait, la population rajeunit et augmente très fortement : de 6,8 à 37,1 millions entre 1701 et 1901. À la fin du XIXe siècle, ce sont les mentalités qui changent et la fécondité baisse à son tour, la famille idéale passant de 5-7 à 2-3 enfants; la population vieillit et la croissance se ralentit : 37 à 45 millions entre 1901 et 1950. Ce bouleversement mène d'un régime démographique naturel (forte natalité, forte mortalité) à un régime volontaire (faible natalité, faible mortalité). L'excès de main-d'œuvre correspond à l'époque conquérante (révolution industrielle, domination mondiale), le manque de main-d'œuvre et le vieillissement à celle du déclin.

• *Durant la guerre*, l'Angleterre connaît un renouveau moral que les autres pays ne verront qu'à la victoire. En contrepartie, les *baby booms* de 1946-1950 et 1960-1965 sont moins forts qu'ailleurs (notamment aux États-Unis, également en France).

• *Le recul de la fécondité est comme partout irrésistible*, avec deux temps : 1965 (18 ‰) à 1973 (16 ‰) et 1973 à 1980 (13 ‰). On atteint une stabilisation aux alentours de 13,5-14 ‰ dans les années 1980.

• *Une politique faiblement nataliste*. Des allocations familiales sont créées en 1942, et renforcées en 1987, le congé maternité est de 18 semaines (16 en France), mais l'avantage fiscal et les prestations monétaires sont faibles. L'Angleterre est un des premiers pays à légaliser la contraception et l'avortement (1967). Cela n'empêche pas une fécondité identique à celle de la France (1,84 enfant par femme en 1990).

• *Vieillissement*. De 1951 à 1991, le nombre des plus de 65 ans augmente de 5,5 à 9,1 millions (10,9 à 15,7 %). Cela alourdit le poids des personnes âgées sur les actifs. Cependant, la proportion des jeunes diminue en parallèle : les moins de 16 ans baissent de 14,3 à 11,7 millions entre 1971 et 1991 (25,6 à 20,3 %). La population d'âge actif diminue jusqu'en 1971 (61,4 %) du fait de la conjonction d'une forte natalité (*baby booms*) et du manque d'adultes (classes creuses nées dans l'entre-deux-guerres), puis elle augmente (1991 : 64 %) car les enfants du *baby boom* atteignent l'âge de travailler; le courant migratoire s'inverse, l'activité féminine augmente (58,3 à 65,1 % des femmes de 15 à 64 ans de 1960 à 1990).

Mouvements migratoires, le poids du passé impérial

• *En 1990, les étrangers représentent 3,3 % de la population active*, contre 6,5 % en France, 6,8 % en Allemagne, 18,7 % en Suisse…

Minorités ethniques résidant au Royaume-Uni (1988)

	Antilles anglophones	Sous-continent indien	Asie du Sud-Est	Afrique	Méditerranée & divers	Total
Miliers	521	1 260	112	105	377	2 375
%	22	53	5	4	16	100

Source : P. Bromhead, *op. cité*, p. 97.

Solde migratoire annuel moyen

	1901-11	1911-21	1921-31	1931-51	1951-61	1961-71	1971-81	1981-89	1989-90
Milliers	– 82	– 92	– 67	+ 25	– 9	– 32	– 44	+ 14	+ 49

Source : HMSO, *Social Trends 1992*, p. 26.

• *De l'émigration à l'immigration*. Avec des révolutions agricole et démographique précoces, les îles britanniques connaissaient aux XVIIIe et XIXe siècles un important exode rural et une émigration massive vers les colonies et les pays neufs. Les sorties dépassaient largement les entrées malgré le recours très ancien au sous-prolétariat irlandais. Ce phénomène est un atout décisif dans l'expansionnisme économique et culturel. La dernière vague migratoire se tarit dans les années 1930 avec la crise qui ferme les frontières des pays exutoires. De 1900 à 1940, le royaume a « exporté » environ 20 millions de personnes.

Avec la seconde guerre, le fort courant d'émigration (200 000/an dans les années 1950) se déplace des États-Unis (moins accueillants) vers le *Commonwealth* et les immigrants de couleur prennent le relais des Irlandais. Des Britanniques de haut niveau professionnel, dont l'économie manque, émigrent tandis que des immigrés, de plus en plus non-européens, viennent occuper des postes de basse qualification, aggravant ainsi le problème du chômage ouvrier. On parle de fuite des cerveaux (*brain drain*, expression d'Harold Wilson en 1964), pour désigner le reflux de l'élite scientifique et managériale vers de meilleures carrières, des laboratoires mieux équipés et une fiscalité plus douce, surtout aux États-Unis.

• *L'origine des immigrants a changé*. Au XIXe siècle, les Irlandais constituaient l'essentiel des entrées, notamment après la grande famine de 1846-1847. Ils constituent encore le premier groupe étranger (environ 700 000 personnes). Mais depuis 1945, les populations de couleur l'emportent : Indes, Pakistan, Afrique de l'est et *West Indies* (Antilles britanniques). Contrairement à la France, l'immigration ne se fait pas en réponse aux besoins des industriels (sauf quelques services publics : transports urbains, NHS), mais du fait des liens historiques noués dans l'Empire.

• *Vers la fermeture*. Jusqu'en 1962, le Royaume-Uni dispose, avec la loi de 1948, de la législation la plus libérale du monde occidental : aucun contrôle à l'entrée pour les citoyens de l'ex-Empire. Après la décolonisation, la couleur des immigrants ayant changé, la société, la classe politique (d'abord à droite) va évoluer. Une législation restrictive est adoptée par les conservateurs en 1962. Le *Labour* la dénonce mais il la renforcera en 1968.

• *Forte concentration dans les inner-cities*. 54 % des familles d'immigrants possèdent leur logement, mais elles sont concentrées dans des *inner cities* dégradées et désertées par les classes moyennes. Ainsi, les Indiens sont majoritaires dans la chimie à Southall (Londres), les Bengalis peuplent les ateliers de confection illégaux de l'East End, les Jamaïcains à Lambeth, ceux de la Dominique et de Sainte Lucie à Paddington. La plupart des 70 000 Pakistanais de Bradford habitent dans le même quartier, les Antillais de Liverpool sont à Toxteh. Une loi de 1978 organise la rénovation des *inner-cities*, mais dès 1979, le budget est réduit par le nouveau Cabinet. Mr. Heseltine le rétablira d'urgence après les émeutes de 1981.

• *Moins de cols blanc, plus de chômeurs*. Les travailleurs des Caraïbes et des Indes subissent une nette discrimination. À la fin des années 1980, le taux de chômage des Pakistanais était de 19 %, celui des Antillais de 8 %, contre 5 % pour la population blanche, et les taux s'élèvent dans la deuxième génération. À Londres, en 1983, la durée du chômage atteignait 24 semaines chez les jeunes Noirs, 12 chez les Blancs. Mais il y a des différences : plus de 16 % des Indiens créent leur propre

IMMIGRATION : L'ÉVOLUTION DE LA LÉGISLATION

1948	*British Nationality Act*	Reconnaît à tous les citoyens du Royaume-Uni et du *Commonwealth* la citoyenneté britannique : *U.K. and Colonies Citizenship.*
1962	*Commonwealth Immigration Act*	Les citoyens du *Commonwealth* (sauf l'Irlande, seules des personnes de couleur sont donc concernées) doivent obtenir un permis de travail : priorité à ceux qui ont déjà un travail, aux titulaires des qualifications recherchées, à ceux ayant servi militairement durant la guerre. Le regroupement familial est libre. Cette loi fut violemment dénoncée par les travaillistes.
1968	*Commonwealth Immigrants Act*	Resteint l'entrée aux seuls titulaires du passeport britannique nés au Royaume-Uni, ou dont les parents y sont nés, et instaure un quota annuel de permis de travail. Cette loi très restrictive émane d'un cabinet travailliste.
1971	*Immigration Act*	Parmi les nationaux du *Commonwealth*, seuls les *patrials* conservent le droit de s'établir (*right of adobe*). Pour accéder à ce statut, il faut justifier d'ascendants britanniques, ce qui exclut les immigrants de couleur (*New Commonwealth*) mais offre la citoyenneté à des ressortissants des ex-dominions qui en étaient exclus par la loi de 1948.
1981	*British Nationality Act*	Trois nationalités : *British Citizenship* pour les citoyens du Royaume-Uni ; *British Dependent Territories Citizenship* : Gibraltar, Hong Kong, Bermudes... (3 millions) ; *British Overseas Citizenship* : citoyens des colonies ayant un permis de séjour à la date d'entrée en vigueur (1983), et personnes nées au Royaume-Uni ou ayant un parent citoyen britannique.

entreprise, contre moins de 5 % des Antillais, 80 % des Antillaises travaillent, contre 40 % des Indiennes et des Pakistanaises.

• *Éducation, les enfants d'immigrés en position délicate.* Le rapport Rampton de 1981 établit que 12 % de la population scolarisée avait obtenu un diplôme de niveau avancé contre 2 % des Antillais (fréquentation scolaire irrégulière). Les Pakistanais manifestent souvent leur refus du système scolaire anglais. Le rapport *Education for all* attribue ces mauvais résultats à des conditions sociales défavorables.

• *Violence et émeutes raciales.* La violence secoue régulièrement les quartiers ouvriers depuis le XIXe siècle, et lors des manifestations de chômeurs en 1919, 1921 ou 1931. Mais dans les années 1970-1980, les manifestants sont des personnes de couleur, le problème social se double donc d'une question raciale.

– 1977 : émeutes de Noirs antillais à Notting Hill (456 blessés),
– 1978 : attaques racistes à l'encontre de Bengalis à Spitafields (East End),
– 1979 : émeutes à la suite d'une manifestation à Southall,

– 1981 : émeutes en avril (Brixton, Finsbury Park) et juillet (Southall, Wood Green) à Londres, à Liverpool (Toxteh) et Manchester (Moss Side), les plus importants incidents de ce type jamais survenus en Europe

Ces crises ouvertes dévoilent (comme dans les banlieues françaises quelques années plus tard, ou à Los Angeles en avril 1992) toujours le même cocktail explosif : chômage, échec scolaire, misère, racisme, exclusion, délabrement, indigence des services publics; et un détonateur : l'hostilité à l'encontre de la police. Le racisme est responsable de l'émeute de Spitafields, mais à Brixton, Toxteh et Tottenham, les violences suivent des décès survenus lors de perquisitions.

• *Les extrémistes de droite se sont emparés du problème des* inner cities *pour en faire une question raciale.* En 1968, Enoch Powell, alors membre du *Shadow Cabinet* conservateur (dont il fut renvoyé à la suite de ce discours raciste) se déchaîne : « Comme les Romains, je crois voir le Tibre charriant des flots de sang » (ce qui d'ailleurs gagna les minorités ethniques au vote travailliste). Des groupes de *skin heads* se livrent à de multiples attaques. Le *National Front*, fondé en 1967, cherche à créer un climat d'insécurité, mais il ne dépassera jamais 3 % des suffrages.

• *Rapport Scarman.* Après les émeutes de 1981, lord Scarman est chargé d'une étude dont la conclusion est nette : « Le maintien de l'ordre ne sera d'aucune utilité à moins que nous ne nous attaquions également à l'élimination des failles fondamentales de notre société ». Le thème du maintien de l'ordre (*Law and Order*), très prisé sous Mme Thatcher, n'est ici d'aucune utilité, le rapport préconise :

– Une amélioration des méthodes policières : recrutement d'agents appartenant aux minorités, entraînement au contrôle des émeutes urbaines, policiers chevronnés sur le terrain, liaison police / communautés ethniques…

– Une politique sociale : moyens éducatifs, notamment en maternelle, formation de maîtres spécialisés, relations parents / maîtres, rénovation des logements avec la participation des communautés, emplois et loisirs pour les jeunes.

Cependant, lord Scarman estime ses recommandations peu suivies, surtout concernant la liaison avec les communautés et la coordination des services.

• *Une législation très poussée contre la discrimination raciale.* Le délit d'incitation à la haine raciale est introduit par le *Race Relations Act* (1965). H. Wilson prévoit des poursuites judiciaires dans les cas reconnus de discrimination (les Noirs des *West Indies* sont très touchés) sur les lieux publics, pour le logement, ou l'emploi. En 1968, la loi est étendue à la fourniture de biens et services, en 1976, à certains lieux privés (clubs dépassant 25 membres) et à la discrimination indirecte (traitement affectant une ethnie même sans intention discriminatoire). Depuis 1968, une Commission pour l'Egalité des Races a le pouvoir d'enquêter et de convoquer des témoins. Cependant, après un jugement des *Lords* (1984), elle perd, sauf accord des intéressés, le droit d'enquêter sans preuve préalable.

La famille, les familles

• *La famille a été bouleversée par quatre changements majeurs :*

– Sur le très long terme, recul de ses fonctions productives. À l'exception des agriculteurs, commerçants, ou artisans…, la famille ne repose plus que sur les relations affectives, elle conserve ses fonctions de consommation (mise en commun des ressources) et de transmission patrimoniale (mais son impact devient marginal, l'âge moyen des héritiers s'élevant aujourd'hui à près de soixante ans).

– Depuis une trentaine d'années :

Hausse de l'activité féminine. Les femmes disposent d'un revenu et de relations sociales autonomes à l'égard de leur époux. En 1990, deux femmes britanniques sur trois (15-64 ans) sont actives (France : 56,6 %, Italie : 44,5 %), dont 86 % salariées.

La légalisation de l'avortement (1967, environ 160 000 par an) et des moyens contraceptifs modernes (1962) modifient le rapport à la fécondité (naissances choisies) et à la sexualité (libérée de l'angoisse).

Le divorce par consentement mutuel (1971) permet de décider une séparation dans des conditions psychologiques et légales satisfaisantes, contrairement au traditionnel « divorce pour faute » (*Matrimonial Offence*).

• *Déclin de la fécondité*. La fécondité passe de 4,8 enfants par femme en 1870 à 1,8 dans les années 1930, elle se redresse jusqu'à environ 3 durant les meilleures années des *baby booms*, chute après 1964, et se stabilise à 1,8 durant les années 1980.

Répartition des familles (%)

	Célibataire	Couples non mariés	Couples mariés : n° d'enfants			fam. monoparentale
			0	1 ou 2	≥ 3	
1961	11	5	26	30	10	6
1990-91	26	3	28	20	8	10

Total inférieur à 100 %, les « autres » cas étant omis. Source : HMSO, *Social Trends*, 1992, p. 41.

• *Ce recul traduit, et provoque, un changement radical*. Il bouleverse la vie concrète de la femme sur qui repose (jusqu'à nouvel ordre) l'institution familiale. Entre le XVIIIe siècle et aujourd'hui, l'espérance de vie augmente de 25 à près de 80 ans, le nombre de naissances diminue de 6-7 à moins de 2 (trois fois moins d'enfants au cours d'une vie trois fois plus longue !). La femme était accaparée par des grossesses dont le rythme n'était ralenti que par la durée de l'allaitement (jusqu'à 2-3 ans). La mortalité infantile qui atteignait au XVIIIe siècle le quart des naissances vivantes (moins de 1 % aujourd'hui) condamnait à des grossesses de « remplacement ». La femme actuelle qui, sur une vie moyenne de 80 ans, en consacre deux à la procréation, et quelques-unes à la charge des nourrissons, ne subit plus la même contrainte. Elle peut désormais organiser sa vie autour d'autres axes, professionnels et relationnels, la famille perd ainsi son pilier.

• *L'activité professionnelle féminine est ancienne, mais elle connaît un nouvel essor depuis les années 1960*. Le plus significatif est la part très élevée des femmes actives malgré la présence d'enfants en bas âge dans le foyer.

Part des femmes dans la population active (en %)

1851	1901	1951	1971	1989
30,1	29,1	30,8	34,6	42,8

Source : F. Bédarida, *op. cité*, p. 378 et HMSO, *Keydata 1990-1991*, p. 14

Âge du dernier enfant	Mères actives		Mères inactives
	à plein temps	à temps partiel	
0 à 5 ans	9,7%	22,6%	67,6%
5 à 10 ans	15,5%	44,4%	40,0%
10 à 15 ans	25,1%	44,6%	30,0%

Source : P. Bromhead, *Life in modern Britain*, Longman, 1991, p. 96.

• *65 % des femmes (de 15-64 ans) sont actives, mais 31 % à temps partiel.* L'Angleterre est à la fois un des pays où le plus grand nombre de femmes travaillent et celui où le temps partiel (moins de 30 heures / semaine) est le plus répandu. De 1958 à 1989, le nombre d'employées à temps partiel passe de 784 000 (10 %) à 3,5 millions (31 %). Parmi les salariées à temps partiel, les deux tiers travaillent de 16 à 30 heures par semaine, un tiers moins de 16 heures. Ce recours au temps partiel explique le haut niveau d'activité des femmes mais freine leur intégration professionnelle et leur orientation vers l'extérieur du foyer.

• *Le salaire féminin est un élément clé du niveau de vie.* Le standard de vie du ménage est plus déterminé par le nombre de ses actifs rémunérés que par sa position sociale (repérée par la profession du premier adulte masculin). Le niveau de vie s'étage des sans ressources qui dépendent de la protection sociale (personnes âgées, chômeurs, familles mono-parentales) aux ménages à un seul revenu, puis à ceux disposant d'au moins deux revenus. Le salaire féminin, inférieur d'environ 40 %, n'est plus un simple appoint (RE Pahl). Contrairement aux attentes, ce fait essentiel a peu modifié la psycho-sociologie des relations entre les sexes. Ainsi :

– Les emplois sont le plus souvent conformes au stéréotype féminin, 75 % se trouvent dans 4 secteurs : travail administratif (31 %), nettoyage et restauration (22 %), travail domestique et soin aux enfants (12 %), commerce (9 %) (Wainwright).

– Le salaire masculin est encore considéré comme destiné à pourvoir aux besoins « essentiels », celui de la femme est supposé fournir le « luxe » ou le « superflu » (Hunt).

– Le travail professionnel féminin a peu modifié le partage des tâches domestiques, il implique donc une double journée de travail pour les femmes. Selon G. Allan : « Si l'emploi d'une femme est, à tort ou à raison, défini comme secondaire, il n'est pas envisagé comme une alternative à sa responsabilité principale : tenue de la maison et service domestique. Dans une certaine mesure, d'autres membres de la famille peuvent être requis pour s'associer à certaines tâches, mais la responsabilité de leur organisation lui incombe toujours. L'ironie est que malgré le double fardeau que leur activité professionnelle a engendré pour les femmes, en pratique la plupart du temps, ni leur travail à la maison ni leur emploi à temps partiel ne sont considérés comme du « vrai travail » au même titre que celui des hommes. En conséquence, en dépit des changements survenus dans leur travail, rémunéré et non rémunéré, les femmes continuent à être socialement et économiquement plus dépendantes de leurs époux qu'ils ne le sont à leur égard. »

• *Existe-t-il encore un modèle familial?* Jusque-là, la sociologie anglo-saxonne dressait un itinéraire-type, le cycle familial : mariage, éducation des enfants, période post-parentale. Sous l'impact d'une évolution exceptionnellement rapide (moins de trente ans), on observe une extrême diversité des situations.

• *28 % seulement des ménages correspondent encore à ce schéma* bien que la plupart des couples l'aient expérimenté durant une période : cohabitation hors (ou pré) mariage, divorce, remariage, familles mono-parentales (14 % des familles).

– En 1989, 45 % des enfants naissaient hors mariage, 22 % en 1971. En 1988, le cabinet Thatcher a dû se résigner à supprimer toute discrimination entre naissances légitimes et illégitimes.

– Déclin de la nuptialité : le nombre de mariages culmine à 459 000 (8,7 ‰) en 1971 puis recule jusqu'à 392 000 (6,8 ‰) en 1990. Cette baisse est importante en elle-même (-21,8 %) mais deux faits sont encore plus significatifs : dans le même temps, la part des remariages (pour un conjoint ou les deux) passe de 20 à 39 % du total, le nombre de divorces augmente de 32 000 en 1961 à 185 000 en 1989.

• *Quand l'État retire à la famille ses raisons d'être.* En 1871 est instaurée l'éducation pour tous entre 5 et 11 ans, puis l'âge de fin de scolarité obligatoire est progressivement élevé jusqu'à 16 ans. La famille a donc perdu, au profit d'institutions collectives, une part de son rôle de socialisation. L'État-Providence prend en charge les aïeux (retraite ou hospice), les chômeurs et les familles démunies, le NHS s'occupe des malades et des handicapés… La famille pourrait bien être déstabilisée par cette sollicitude. En 1983, Margaret Thatcher créait un cercle de réflexion, dont elle confiait l'animation à Ferdinand Mount. Le rapport Mount est une vibrante dénonciation de l'État-Providence qui ôterait à la famille tout esprit de responsabilité. Il trace quatre axes : ramener la femme au foyer, briser le système de retraite au profit d'une prévoyance individuelle, concéder au privé ce qui peut l'être (hôtellerie hospitalière…), développer l'esprit d'entreprise et la confiance en soi des enfants. Il est vrai que ce pilier de la socialisation disparaît sans que l'État puisse s'y substituer : son intervention a un coût démesuré, et, étant assurée par des professionnels, elle n'offre pas la charge affective des actions individuelles. À l'autre bout de l'échiquier, la préoccupation est donc identique, « l'idéal familial, écrit Philippe Daudy, est couvert des mêmes dithyrambes par les socialistes qui lui ont offert la protection de l'État-Providence, et par la conservatrice Margaret Thatcher, qui l'adjure de sauver ses vertus patriarcales en se débarassant de la tutelle de l'État. »

• *L'enfance n'est plus ce qu'elle était.* Selon Edward Shorter, l'amour ne s'installe au centre de l'institution familiale qu'au XIXe siècle. L'affection à l'égard de l'enfant n'a rien de naturel, il était souvent abandonné à la naissance, envoyé en nourrice, placé très jeune comme apprenti, éduqué à l'écart dans les familles bourgeoises et nobles. Selon Philippe Ariès, ne pouvant s'attacher, du fait d'une terrible mortalité, à ces êtres éphémères, on y prêtait un intérêt purement fonctionnel : produire et reproduire l'espèce. Le Vénitien Andrea Trevisiano rendant compte de son ambassade à la cour de Henry VII s'indignait « du peu d'affection que les Anglais manifestent envers leurs enfants; car, après les avoir gardés à la maison jusqu'à l'âge de sept ou neuf ans, tout au plus, ils s'en séparent pour une durée égale, en les envoyant accomplir un dur service chez d'autres gens. Ces enfants ne reviennent jamais » (cité par P. Daudy). Cette attitude disparaît avec la révolution affective du XIXe siècle, la réduction du nombre de naissances, permise par celle de la mortalité, place les enfants au cœur de la famille, fait de leur éducation le premier ciment du couple. Le XXe siècle est celui de l'enfance, mais l'Angleterre se plie mal au modèle, elle conserve à l'égard de l'enfance une attitude froide et autoritaire. La famille aristocratique ou bourgeoise sépare l'enfant de sa mère pour le confier à une nourrice puis à un pensionnat, le châtiment corporel, institution clé du système éducatif, en témoigne. « L'anglais est à ma connaissance la seule langue, écrit l'anthropologue Geffrey Gorer, qui désigne d'un même mot, *nursery*, les lieux où sont élevés les enfants et cultivées les jeunes plantes » (cité par P. Daudy). Discipline, crainte de la « mollesse », insistance sur le *self-control* à acquérir dès le plus jeune âge, sont les traits marquants de cette attitude à l'égard de l'enfant.

CLASSES SOCIALES, CLIVAGES ET TRADITIONS

Des « deux nations » à la « société sans classes »

• *Them and Us*. Un peu plus d'un siècle entre la formule de Disraeli « *Two Nations* » pour désigner la coupure entre classes populaires et classe dirigeantes et le projet de John Major d'une « société sans classes » fondée sur la propriété.

> « Du haut en bas de l'échelle, règne une très vive “conscience du statut”. La caractéristique de l'Angleterre, c'est que le critère de différenciation ne réside pas dans la seule possession de l'argent, comme par exemple aux États-Unis, il relève tout autant du prestige de la famille ou de la profession, du mode de vie, de l'éducation reçue. En somme, le statut est symbolisé par la manière d'être, le comportement, les gestes et surtout l'accent. Il suffit en effet à quiconque d'ouvrir la bouche pour être immédiatement classé. *“Them” and “Us”*, l'origine sociale est trahie par le premier mot prononcé. En aucun autre pays le langage, la prononciation, les intonations ne jouent un tel rôle. Autour de l'*Oxford accent* (relayé par le *BBC accent*) s'est construit un modèle de respectabilité et de bonnes manières, que vient conforter, en s'y conformant, l'ensemble du système d'enseignement. »
>
> François Bédarida, *op. cité*, p. 394.

Un fossé matériel et culturel sépare les deux mondes, bien que les uns reconnaissent, malgré la vivacité du militantisme ouvrier, la supériorité des autres pour ce qui est de gouverner. Malgré les conquêtes sociales, le fossé demeure et se double dans les années 1930 du clivage qui sépare le monde en marche du sud et les friches industrielles du nord où plane le morne désespoir des hommes au chômage.

Vers l'égalisation ?

Le *Welfare* veut combler le fossé en apportant aux uns plein emploi, éducation et protection, et en prenant aux autres une part progressive de leur revenu :

– *Prendre en haut*. L'écart entre les travailleurs manuels (75 % de la population jusqu'au début XXe siècle) et le haut de l'échelle sociale (aristocratie et grande bourgeoisie) serait de 1 à 30 en 1688 (Gregory King), de 1 à 100 après la révolution industrielle (1867, Dudley Baxter), puis se réduirait vite jusqu'à la Belle Époque (mesure difficile : changement de méthode et de structure sociale), pour stagner dans l'entre-deux-guerres. La disparition de la fortune avec l'État-Providence de 1945 est dénoncée par les conservateurs les plus virulents comme Lionel Robbins ou Enoch Powell. Mais « la phalange des riches est toujours là » dit François Bédarida. Avec l'évasion fiscale (légale) et la fraude, la déconcentration des fortunes serait moins nette qu'on ne le croit au vu du barème des droits de succession et de l'impôt sur le revenu (taux marginal de l'*income tax* avant Mme Thatcher : 83 % sur les revenus du travail, +15 % sur ceux du capital). L'Angleterre, malgré plusieurs projets, n'a jamais instauré d'impôt sur la fortune. Selon Burke : « Le pouvoir de perpétuer notre propriété est un des pouvoirs les plus précieux (...) et celui qui tend le plus à la perpétuation de la société elle-même. » (Cité par F. Bédarida.)

– *Donner en bas*. Entre 1945 et 1974, une véritable révolution s'accomplit. Plein emploi, hausse du niveau de vie et protection sociale font accomplir un bond aux catégories situées en bas de l'échelle. On voit disparaître la première des distinctions entre *Them and Us*, à savoir l'emploi de domestiques. Le travail qui était pour rien est devenu cher; seule une infime minorité peut aujourd'hui assumer la charge d'un domestique. Le travailleur s'installe dans la société, il n'est pas embourgeoisé par la possession d'un frigo ou d'un logement comme certains l'ont prétendu (les travaux de Goldthrope font un sort à cette interprétation), mais il fait partie du même univers que celui des classes moyennes. À l'exception des très pauvres et des quelques milliers de familles dont revenus et fortunes laissent pantois, les niveaux de vie sont désormais commensurables (i.e. mesurables sur une même échelle), on fréquente les mêmes magasins, les mêmes lieux de vacances, les enfants étudient sur les mêmes bancs, les écarts désignent des différences de degré, non de nature. Cependant, F. Parkin montre que des sous-cultures peuvent rester vivaces dans des groupes qui, par ailleurs, acceptent les valeurs dominantes.

La *ruling class*, une continuité exceptionnelle

• *L'originalité de la société britannique tient dans la résistance exceptionnelle des classes dominantes* : la vieille aristocratie qui tire pouvoir et richesse de la terre; les dirigeants de l'industrie, du négoce et de la finance; les technocrates des firmes et de la haute fonction publique. La notion d'*establishment* désigne au départ la seule Église établie, c'est-à-dire anglicane, puis la notion s'élargit à l'ensemble des milieux dirigeants traditionnels : cour, aristocratie, haute magistrature, haute administration, *Oxbridge*, état-major, Cité, industriels et banquiers... Cette « oligarchie ouverte » tirerait sa pérennité de son étonnante capacité d'assimilation.

• *L'attachement du peuple britannique à ses traditions fait le bonheur du touriste, mais il n'est pas entièrement innocent.* L'*establishment* s'en sert comme d'un véritable rempart d'évidence. Sachant se renouveler, amalgamer des couches nouvelles, jouer la démocratie, les anciennes classes dirigeantes, celles de la terre, ont pu éviter les déflagrations sociales du continent. L'aristocratie et la *Gentry* (petite noblesse rurale des *gentlemen*) ont su dès le XVIIIe siècle se fondre avec le monde des affaires par l'implication directe, les alliances ou l'anoblissement. Roland Marx cite notamment Armstrong (armement), Guinness (bière), Colman (moutarde), Wood (coton), Brassey (construction), Smith (édition). Privilèges et fortunes ont pu survivre à la série de changements qui ont affaibli « l'intérêt foncier » : marginalisation de la chambre des Lords, son défenseur naturel (la réforme de 1911 ne lui laisse qu'un veto suspensif et lui retire tout pouvoir budgétaire); guerre de 1914 qui permit le brassage des fortunes en autorisant le rachat des terres par les cultivateurs; ponctions de l'impôt sur le revenu, et enfin État-Providence niveleur. À la veille de 1914, les 1 % les plus riches accaparent 30 % du revenu national et 69 % de la fortune; en 1960, ce même 1 % détient encore 43% de la fortune, les 10 % les plus riches 80 %. Dix-sept des principales banques d'affaires restent contrôlées par la famille de leur fondateur, tandis que de véritables dynasties se perpétuent à la tête des plus hautes fonctions : Université, diplomatie, haut clergé.

Cependant, le *gentleman* dilettante, l'amateur éclairé, si typique de l'idéal éducatif des *Public Schools* et d'*Oxbridge*, cède la place au manager formé dans les *Business Schools*. La *City* et *Whitehall* sont gagnés par la méritocratie (*La Montée de la méritocratie* de M. Young date de 1958). La naissance est toujours décisive mais elle ne suffit plus. Les rejetons des hautes sphères doivent confirmer leur droit héréditaire en faisant leurs preuves à l'Université.

Appuyée sur des ascensions fulgurantes, symboliques du nouveau dynamisme britannique, comme celle d'Alan Sugar (électronique et informatique Amstrad), Richard Branson (Virgin), Alan Conran (Habitat), John Barton (prêt-à-porter), Mme Thatcher donne un coup de fouet à l'esprit d'entreprise. En cultivant le mythe de la réussite de ceux qui ont « le mauvais accent mais la bonne attitude », en promouvant les valeurs du travail et de la morale, si typiques de la *middle class*, elle bouscule peut-être autant l'*establishment* que Beveridge et Attlee avec le *Welfare*.

Les classes moyennes en voie de submersion ?

• *Concernant la structure sociale britannique, le terme de classe moyenne ne doit pas être pris dans son acception courante.* Il ne s'agit pas de la notion presque géométrique qui désigne en français le groupe central — ni ouvrier ni bourgeois, ni pauvre ni riche — qui tend à devenir hégémonique du fait de la hausse des bas salaires et du rognage des hauts revenus par l'impôt. Au début du siècle, l'Angleterre, société cossue, se distingue par le nombre et les revenus d'une couche ailleurs squelettique appelée *middle class*. Rien de péjoratif car la vraie *middle class*, c'est la bourgeoisie, les personnes non titrées disposant de l'argent et du pouvoir : entrepreneurs, hauts fonctionnaires, officiers, professions libérales, rentiers. Un mode de vie les distingue sans ambiguïté : domesticité, tennis, voitures, confort. En français, personne ne songerait à les dépriser par un tel adjectif, mais la présence de l'aristocratie au sommet de l'échelle déplace les barreaux inférieurs et brouille le vocabulaire.

Au-dessous de cette vraie *middle class* vont s'agréger le peuple des employés de bureau (*clerks*), des fonctionnaires (le *civil service* passe de 42 000 à 387 000 personnes entre 1854 et 1939), et une foison de nouvelles professions (techniciens, ingénieurs, dessinateurs industriels...). La part des classes moyennes passe ainsi de 15-20 % au XIXe siècle à 35 % dans les années 1930. Le terme prend donc progressivement sens. Du fait de sa rareté, l'instruction trace une frontière, alors inviolable, entre manuels et non manuels. Dans le jargon des économistes, on dirait que la rareté du savoir lui donne une valeur marchande élevée. (Selon Fourastié, en 1800, un huissier de ministère français gagne cinq fois le salaire ouvrier. Il détient un bien inestimable : le vernis culturel qui donne une allure digne et lui permet d'adresser à des personnes de haut rang les quelques phrases nécessaires à son office d'ouvreur de porte.) Bien que disposant de ressources limitées, ces groupes sortent du lot populaire : reconnaissance sociale du savoir, logement décent, sécurité relative du revenu (mensualisation, retraite, assurance sociale précoces). Cette élévation, pour modeste qu'elle soit, les place en position de s'adresser aux classes supérieures, chose impensable pour le simple ouvrier : ils portent le vêtement convenable et s'expriment dans la langue requise (le peuple utilise des parlers locaux, il maîtrise mal la langue anglaise, et pas du tout son accent). Ils tiennent d'ailleurs à le montrer en singeant le mode de vie bourgeois, notamment par l'emploi domestique, la recherche du « bon accent », la vertu bien-pensante et, selon la formule de François Bédarida, un « conservatisme hargneux ». Le rejet du monde ouvrier, donc du travaillisme, leur semble (naïvement) un moyen de marquer leur distance avec les uns, pour clamer leur appartenance au monde envié des autres.

• *Une révolution sociale liée à l'essor des classes moyennes*. *Welfare State*, éducation, tertiairisation, recul des emplois industriels, hausse du revenu, et surtout propriété du logement, forment un faisceau d'évolutions convergentes. Les signes distinctifs de la classe moyenne en sortent banalisés : quand tout un chacun parle anglais, possède un logement, la sécurité du revenu, s'habille en costume de ville et peut envoyer ses enfants à l'université, la supériorité des classes moyennes perd son évidence. Parallèlement, certains des éléments les plus distinctifs des classes supérieures et auxquels accédaient modestement les classes moyennes vont disparaître, abaissant le centre de gravité de l'échelle sociale (particulièrement la domesticité). En effet, si l'on mesure la richesse en multiple du salaire de base, c'est-à-dire au nombre d'inférieurs que l'on peut « se payer » avec son revenu, alors elle s'est considérablement réduite. Avec la hausse des bas salaires et des charges, seule une infime minorité peut encore assumer l'emploi d'un domestique à temps plein. Depuis 1930, le groupe intermédiaire passe d'un tiers à deux tiers de la population active.

Classe ouvrière en voie de disparition ?

• *Un monde à part* : fracas des machines, poussière du charbon, morne alignement des *terraced houses*, pub, bière, jeu de flèchettes, thé, *Trades and Labour Club*, chômage, grève…, ces images forment l'inconscient ouvrier, la conscience de classe, un sentiment d'appartenance collectif. Elles sont bien vivantes, mais de plus en plus à la manière d'un patrimoine… en voie de conservation. Selon Eric Hobsbawn, la conscience de classe des travailleurs britanniques se caractérise par un sens aigu de la séparation du travail manuel, un code moral fondé sur la solidarité, le sens de la justice, de l'entraide et de la coopération qui a permis très tôt la conquête d'un pouvoir ouvrier au sein de l'atelier. L'image la plus forte, celle qui fait dire *« Us, the working class people… »* (nous, les gens de la classe ouvrière), c'est le souvenir de la pauvreté. Étudiant la vie ouvrière, Hoggart décrit la « culture du pauvre ». Pour cerner l'évolution sociale, c'est la pauvreté que Rowntree prend comme angle de vision, il mesure à trois dates (1899, 1936, 1950) le nombre d'indigents parmi les travailleurs (75 % de la population au XIXe siècle) dans la ville de York (fait rarissime car les enquêtes souffrent en général des ruptures de méthode ou d'échantillon). Cela donne un résultat spectaculaire : 15,5, 6,8 et 3 %. De fait minoritaire mais courant, la pauvreté devient exceptionnelle. Un repère simple consiste à dénombrer les allocataires du *Supplementary Benefit*. 3 millions en 1953, 1,7 en 1973, 4 en 1987. L'amélioration est nette par rapport au XIXe siècle, mais la dégradation récente très profonde.

• *Polarisation ou uniformisation?* Cherchant à affiner la sociologie électorale, Heath, Jowell et Curtice veulent mettre en avant les clivages qui sont brouillés dans les statistiques par le changement social survenu depuis la guerre. Ils utilisent une classification inspirée du découpage (wébérien) préconisé par Goldthrope.

	*salary** : directeurs, cadres, prof. libérales	Exécutants non manuels : cols blancs	Petite bourgeoisie : agric., comm., art., manuels indépendants	contremaîtres techniciens	Classe ouvrière : exécutants manuels qualifiés ou non
1964	18	18	7	10	47
1983	27	24	8	7	34

* *Salary* signifie traitement et non salaire. Ce terme désigne donc les professionnels à haute responsabilité, qu'ils soient cadres salariés, ou indépendants et reçoivent des honoraires de leurs clients.

Source : A. Heath, R. Jowell, J. Curtice, *How Britain votes*, Pergamon Press, 1980.

Deux interprétations sont possibles :

– Si l'on veut nier que la tertiairisation ait fait disparaître la classe ouvrière, on privilégie le critère marxiste de la possession des moyens de production, en assimilant prolétariat et salariat. Un vaste groupe salarié, d'exécution et de faible responsabilité, comprendrait tous les manuels jusqu'aux contremaîtres (souvent promus par le rang, ils sont proches des ouvriers) et les cols blancs que le statut (non propriétaires, non cadres) et le revenu (proche du salaire ouvrier) permet de présenter comme la classe ouvrière des bureaux. Cela donne un ensemble de 67 % en 1983 (75 % en 1964) qui peut être renforcé en détaillant le *salary*, pour en détacher des catégories sans pouvoir et à revenu modeste (enseignants, cadres inférieurs). La vision marxiste d'une polarisation en deux classes serait confirmée, mais comment expliquer le recul de la conscience de classe, ou sa réduction au combat isolé de catégories en voie de disparition (mineurs en 1984, imprimeurs en 1986)?

– Si, au contraire, on choisit le critère de la conscience et de la culture de classe, il faut une définition étroite (ouvriers plus contremaîtres), i.e. l'ensemble des salariés manuels, dont le noyau dur serait l'ouvrier d'usine ou le mineur (quoique, avec l'évolution technique, le processus de travail d'un conducteur de machine à commande numérique soit plus « intellectuel » que celui d'un guichetier de banque). Dans cette optique, la classe ouvrière reculerait : les cols bleus étaient 75 % à la fin du XIXe siècle, 57 % en 1964 et 41 % en 1983. Les cols blancs et les petits cadres d'exécution, même syndiqués, qui forment une nouvelle classe moyenne, n'ont pas été pétris au moule prolétarien, ils n'ont pas hérité de cette vision conflictuelle qui distinguait la culture ouvrière. Réactions politiques, consommation, loisirs, tout les distingue. La similitude de statut (salarié, « exploité », exécutant) et de revenu (deux salariés ouvriers gagnent souvent plus que certains cadres dont l'épouse est inactive), ne rapproche pas autant qu'on pouvait l'espérer quand on rêvait de brassage social par la hausse du niveau de vie. L'ouvrier des industries *high tech* ou rénovées par la productique (comme l'automobile), aura bientôt perdu toute filiation avec le prolétariat traditionnel. Avec les départs en retraite et les licenciements disparaissent les témoins, et les transmetteurs de la culture ouvrière.

TRADE UNIONS, VIVACITÉ DES GROUPEMENTS DE CLASSES

Ancienneté et unité du regroupement ouvrier

• *Interdit par la législation libérale de 1799* (*Combination Acts*), *le droit d'association est légalisé dès 1824-1825*. Naissent alors des *Trade Unions* (unions de métiers), dont le regroupement dans la *Grand National Consolidated Trades Unions* (1833-1834) échouera rapidement. Le mouvement ouvrier se déplace vers l'action politique avec le chartisme qui revendique le suffrage universel et secoue la société britannique en plein cœur de la révolution industrielle jusqu'à sa défaite de la fin des années 1840. De 1850 à 1880, le mouvement ouvrier va donc se recentrer sur l'action syndicale en multipliant les *Trade Unions* dont le but est strictement économique : obtenir des avantages matériels en négociant avec les employeurs. Les *Trade Unions* fondent en 1868 le *Trade Union Congress*, dont le rôle est de fédérer les métiers. Ils obtiennent trois ans plus tard la légalisation officielle avec le *Trade Union Act* de 1871, puis l'autorisation de mener des piquets de grève pacifiques et une garantie contre les poursuites d'employeurs lésés par une grève. Dans les années 1880, un nouvel unionisme voit le jour, il groupe les travailleurs sans distinction de qualification, soit par branche (*Industrial Union*), soit de façon inter-sectorielle (*General Union*). La main-d'œuvre non qualifiée étant abondante, sa pression sur les employeurs est moins efficace; il revendique donc une protection légale alors que les syndicats de métier se méfient de l'action juridique et préfèrent profiter de leur position de force à l'égard des employeurs. Le TUC crée en 1899 la *Labour Representation League* et, en 1906, le *Labour*

Party qui présente des candidats chargés de défendre les intérêts ouvriers aux Communes ; le *Labour* est financé par les syndiqués.

Le syndicalisme se radicalise avec la grève générale de 1926 (soutenue par Moscou), mais son cuisant échec et le recul des droits syndicaux qui s'ensuit l'incitent à la modération. Au cours des années 1930, il obtient son intégration dans des structures de négociation et augmente son influence au sein du *Labour*. De 1945 à 1970, le syndicalisme gagne des adhérents (8 à 11 millions) mais se maintient à environ 45 % des salariés, il change profondément (tertiairisation, féminisation, fusions dans des *Unions* plus vastes), et obtient une position de partenaire à part entière aux côtés du patronat et du gouvernement, ainsi que des prérogatives exceptionnelles. De 1970 à 1979, le nombre d'adhérents bondit de 11 à 13,5 millions (45 à 56 %), mais les syndicats donnent l'impression de vouloir abuser de leur puissance (non respect des accords signés) et d'être incapables de contrôler leurs troupes (multiplication des grèves sauvages), ce qui leur coûtera très cher quand Mme Thatcher et la crise le heurteront de front dans les années 1980.

	72	74	76	78	80	82	84	86	88	90
Adhérents (%)	47,7	44,6	47,2	50,7	49,5	44,8	40,9	37,6	37,0	36,9
millions	11,3	11,8	12,4	13,1	13,0	11,7	11,0	10,5	10,4	10,2
dont TUC	9,9	10,0	11,0	11,9	12,2	11,0	10,1	9,6	8,7	8,2
nombre de syndicats	—	—	473	453	414	393	370	335	327	309

Source : RES, *Syndicalismes, dynamique des relations professionnelles*, Dunod, 1992, p. 75.

L'originalité du syndicalisme britannique

• *Le TUC dispose d'un monopole de représentation de la classe ouvrière*, il finance et soutient le *Labour*, qui joue le même rôle au plan politique. Cependant, il ne résulte pas d'une construction rationnelle mais de la fédération d'organisations différentes et concurrentes : 1) Dans la fonction publique et les entreprises d'État, on trouve des *Unions* par profession, parfois par industrie ; 2) Dans le secteur privé, des syndicats mono-industries qui se limitent en général à certaines catégories ; 3) Enfin des conglomérats recrutent dans toutes les branches, soit suivant une logique de métier (ex. des électriciens), soit en visant les non-manuels où le corporatisme de métier est moins répandu. Cette diversité a entraîné un émiettement (1358 syndicats en 1896, encore 470 en 1970, 19 *Unions* différentes à British Steel), des difficultés financières et des conflits. Cela explique la tendance au regroupement (161 syndicats disparaissent de 1976 à 1989) en général sous l'égide des grandes organisations, comme la TGWU, l'AEU ou la GMBATU qui, pour résister à la baisse des effectifs, cherchent à amalgamer d'autres *Unions* ou à modifier les champs de syndicalisation (ex. l'expansionnisme de la EETPU dans la presse et l'industrie *high tech*). Une des fonctions du TUC (plus de 80 % des syndiqués) est d'apaiser les conflits et d'éviter le débauchage (*Dispute Committee*).

Le travailleur se syndique dès la fin de l'apprentissage. Selon DV Kennedy Mac Gregor, directeur à la British Steel dans les années 1970 : « Il est virtuellement impossible pour un ouvrier de travailler chez nous sans être syndiqué. Certes, nous pouvons embaucher des ouvriers qui n'appartiennent à aucun syndicat. Mais la pression de leurs camarades sera telle qu'ils seront obligés de rentrer dans le rang. » Le syndicat a souvent un pouvoir considérable, le *closed-shop* concerne 4,5 millions de syndiqués et assure une clientèle captive : soit le nouvel embauché doit être syndiqué avant son recrutement (*pre-entry closed shop*), soit il doit adhérer après la période d'essai (*post-entry closed shop*).

Les *shop stewards* sont l'âme des *Unions*. Entre 175 et 300 000 délégués bénévoles consacrent plusieurs heures par semaine à la défense collective moyennant en général une décharge horaire. Étant donné la faible assiduité de la base (*shop floor*), ils décident pratiquement seuls. Leur attitude est souvent plus radicale que celle des simples syndiqués ou de leurs supérieurs dans le syndicat. Les activistes de l'extrême gauche et les communistes y ont une influence importante.

Les *Unions* sont coordonnées au niveau régional par les *Trade Councils* et au niveau national par le TUC. Ce dernier n'étant que le « syndicat des syndicats », son pouvoir est limité, il ne peut interdire ou imposer des décisions de grèves. Le congrès se réunit chaque année à Brighton, il décide des grandes orientations.

Les *Unions* défendent avant tout le *Free Bargaining*, la négociation directe avec le patronat pour établir les conventions collectives. Dans les années 1930, l'essor du salaire au rendement a conduit à des négocations d'atelier, ce qui, en augmentant l'émiettement et le poids des *shop stewards,* rendait aléatoire le respect des accords. Dans les années 1970, le *Productivity Bargaining* (négociation liée à la productivité) ramène au niveau de la firme ce qui explique la généralisation du *senior shop steward* (délégué central d'entreprise, 74 % des établissements) et des comités multi-syndicats de firme. Mais, avec la politique des revenus des années 1970 et la pression anti-syndicale des années 1980, l'État limite de plus en plus la négociation.

Le TUC participe à la gestion tripartite de l'économie. Les syndicalistes s'intègrent à l'*establishment* dans les Quangos, certains ont même été élevés à la pairie.

Le syndicalisme, responsable du mal britannique ?

R. Utiger, dirigeant d'un groupe de constructions mécaniques, déclarait à P. Daudy : « Ils préfèrent une plus grosse part d'un plus petit gâteau que de contribuer à augmenter la taille du gâteau. » La rigidité des relations industrielles interdirait tout progrès. Depuis 1945, les syndicats sont au cœur des questions gouvernementales : tour à tour intégrés (1945-1951, 1964-1967, 1974-1977), usurpateurs du pouvoir (1970-1974, Heath), alliés et traîtres (1978-1979, Callaghan), ennemis de l'intérieur (années 1980, Thatcher). La liste des griefs est longue :

Mise en échec de la politique des revenus : dans les années 1970, sur recommandation de l'OCDE, les gouvernements veulent briser la spirale inflationniste en limitant la hausse des salaires à celle de la productivité, mais les grèves obligent le plus souvent à renoncer.

Blocage des mutations technologiques par la rigidité des statuts et des qualifications : professions obsolètes, frontières étanches d'un métier à l'autre.

Refus de lier les salaires aux résultats des entreprises.

• *En 1968, la commission Donovan explique la faiblesse des syndicats par leur manque d'autorité sur la base*. La paix sociale passerait donc par le renforcement de leur pouvoir. Mais depuis lors, le courant anti-syndical s'est renforcé, il critique surtout le *closed shop* (obligation de se syndiquer pour avoir du travail). Les syndicats se défendent en soulignant que les avantages obtenus bénéficient à tous les salariés. Plus surprenant, 75 % des employeurs y sont favorables (sondage, 1985) et préfèrent négocier avec un syndicat unique qu'avec des *Unions* concurrentes qui surenchérissent et ne contrôlent pas leur base.

• *Le TUC paralysé par des grèves sauvages*. Accuser le TUC de l'agitation sociale est simpliste, d'autant que les *Unions* sont totalement autonomes. Le plus souvent, les chefs d'entreprise considèrent les responsables syndicaux comme d'utiles modérateurs. Ainsi, la direction du TUC accepte le principe du *Productivity Bargaining*, et tente de convaincre les syndiqués d'accepter. Mais la coupure s'accroît entre les accords au sommet et les refus de la base, de 1964 à 1974, sur une fourchette de 2 497 à 3 906 grèves, 93 à 97 % sont sauvages, c'est-à-dire décidées hors des consignes syndicales.

• *Le système des négociations collectives*.

– Dans le secteur manufacturier et les services, les accords d'entreprise dominent, ils concernent 45 % des salariés et sont signés par les *shop stewards*, leur décentralisation contribue à la fragmentation.

– Dans le secteur public et certaines industries, des accords de branches sont pris au niveau des *Whitley Councils* (secteur public) et des *Joint Committees* (privé), ils couvrent environ 5,4 millions de salariés avec une plus forte proportion de femmes.

– Dans les secteurs peu organisés, des conseils de salaires (*Wage Councils*) réunissant les partenaires nationaux fixent des conditions d'emploi et de salaires pour les exclus du système conventionnel (environ 2,5 millions).

La majorité des travailleurs étant soumis à des conventions, leur statut, leur salaire, leurs droits sont donc liés au climat de ce que les Britanniques nomment les relations industrielles. Or, dans les années 1960-1970, il règne, selon l'expression de A. Fox, une « confiance modérée », bien éloignée du consensus allemand. Le Royaume-Uni serait un des derniers bastions de la lutte des classes. Cette idée est confirmée par la recommandation, peu châtiée mais suggestive, de Joe Gormley, dirigeant de l'Union des mineurs, représentant de la droite syndicale et leader de la grève qui fit chuter Heath : « Si vous les tenez par les c…, leur cœur et leur esprit suivront ». Dans les années 1980, la négociation évolue.

Des relations industrielles de plus en plus tendues

• *Années 1970 : les gouvernements mis en échec par les syndicats*. Les grèves atteignent leur paroxysme. Edward Heath (1970-1974) utilise la loi (*Industrial Relations Act*, 1971) et la justice (*Industrial Relations Court)* pour gêner les syndicats (limitation du *closed shop*, réglementation des grèves). Par ailleurs, il prend des mesures considérées comme provocatrices : privatisations, baisse des subventions et des aides sociales, mise en concurrence du secteur public. Le mouvement des mineurs de 1973 le contraint à des mesures d'urgence (réduction de la semaine de travail à 3 jours), et l'oblige en 1974 à provoquer des élections sur le thème *Who rules Britain ?* (Qui gouverne l'Angleterre?). Il les perd… et quitte le Cabinet.

« Le 17 janvier 1985, à la National Portrait Gallery, était dévoilé, en présence de lord Wilson, ancien Premier ministre travailliste, un grand tableau regroupant trois leaders syndicaux connus, Joe Gormley — devenu lord Gormley lorsqu'il avait pris sa retraite de la présidence du syndicat des mineurs —, Tom Jackson, ancien leader du syndicat des postiers, devenu antiquaire, et Sidney Weighell, ancien secrétaire général du syndicat des chemins de fer. Ce triumvirat avait été jugé particulièrement représentatif par les administrateurs de la National Portrait Gallery — qui avaient commandé le portrait — parce qu'il avait dirigé les grèves les plus dures des années soixante-dix; les trois dirigeants appartenaient pourtant tous à l'aile droite syndicale. De fait, ce n'était pas une moindre combativité de cette droite, mais son corporatisme quasiment féodal qui la dressait contre le militantisme unitaire de la gauche. Une significative ironie du sort avait empêché Tom Jackson d'assister à l'inauguration officielle du tableau : il était en effet retenu à Leeds par une grève des chemins de fer. Quant à lord Gormley, il avait dû utiliser une entrée latérale du musée, pour éviter un groupe de mineurs venus lui demander des comptes sur son opposition à la grève lancée, depuis près d'un an, par son successeur, le gauchiste Arthur Scargill. Trois mois plus tard, une fois consommée la défaite des grévistes devant l'intransigeance de Mme Thatcher, lord Gormley serait sans doute, plus volontiers, allé au-devant d'eux, pour leur expliquer comment, malgré son étiquette de droite, sa grève, en 1974, contrairement à la leur, avait triomphé, acculant un autre Premier ministre conservateur, Edward Heath, à la démission.

Gormley, Scargill, droite, gauche, acceptation de l'ordre politique, lutte politique par l'arme syndicale. Les opinions, les méthodes, le caractère, opposaient le rond, bonhomme, conciliant Gormley, et le puisssant, doctrinaire, intolérant Scargill. Tous deux ont joui d'une égale confiance de la majorité des mineurs, parce que tous deux venaient « du fond », et que tous deux, dans des styles diamétralement opposés, étaient des négociateurs redoutables. »

Philippe Daudy, *Les Anglais*, Plon, 1989.

• *Les travaillistes passent un accord avec le TUC* (1974-1979) : en échange de l'abrogation des mesures de Heath, une stricte politique des revenus est acceptée. Mais en 1978, la trêve est rompue. « L'hiver du mécontentement » (1978-1979), une vague de grèves sans précédent, amène la défaite du *Labour* en 1979.

• *Margaret Thatcher (1979-1990) affronte directement le pouvoir syndical.* Une série de lois (*Employment Acts* de 1980, 1982 et 1988, *Trade Unions Act* de 1984) entament une révolution dans le monde du travail : plusieurs centaines de Quangos sont supprimés, le *closed shop* est soumis à un scrutin tous les 5 ans à la majorité de 80 %, une consultation à bulletin secret devient obligatoire en cas de grève pour désigner les élus syndicaux et pour renouveler l'affiliation au *Labour* (une fois par décennie), les grèves politiques ou de solidarité sont interdites, le nombre de piquets de grève est limité, les piquets secondaires (qui touchent les firmes fournissant celle où le conflit a lieu) sont interdits, une responsabilité pénale de l'*Union* est prévue en cas de désordre lié à un conflit, le *check-off* (retenue à la source de la cotisation par l'employeur) est supprimé…

Malgré quelques conflits très durs, le mouvement se replie tout en demeurant un des plus puissants du monde occidental.

La crise du syndicalisme

• *La crise se mesure à l'hémorragie des adhérents* (-3,2 millions de 1979 à 1989), au recul du nombre de journées de grève (moyenne de 7,5 millions en 1980-1989 contre 13 en 1971-1979), à la baisse du vote *Labour* parmi les syndiqués (55 % en 1974, 51 en 1979, 39 en 1983, 42 en 1987), au renversement de l'opinion à leur égard (selon Gallup : en 1976, 85 % des Britanniques les considèrent comme fortement influents contre 31 % en 1987). Le recul syndical est général, il s'explique principalement par le déclin industriel qui frappe les bastions traditionnels du mouvement ouvrier, mais en Angleterre, deux autres faits aggravent les difficultés : les privatisations car ils étaient tout-puissants dans le secteur public, et la mise en cause de leurs prérogatives par l'offensive anti-syndicale des Cabinets Thatcher.

	Transport & General Worker's Union	Amalgamated Engineering Union	General Municipal Boilermakers' & Allied Trades Union	National Local Government Officer's Association	Manufacturing Science Finance
1979	2 086 280	1 298 580	967 153	753 226	691 954
1990	1 223 891	702 228	933 425	740 453	653 000

Source : *Social Trends*, 1990.

• *Le principal défi est économique : tertiairisation, déconcentration, précarisation et chômage*. Entre 1979 et 1985, le nombre de syndiqués a baissé de 19 % et le nombre de salariés de 8 %, mais la situation varie selon le secteur : -1,6 % dans le secteur public où le taux de syndicalisation est de 82 % en 1985, -26 % pour l'industrie où il est de 73 %, contre +8 % dans les services marchands où le taux est de 15 %. La moitié des salariés et 40% des syndiqués sont désormais des cols blancs. La concentration des firmes se poursuit, mais la taille des unités diminue, cela disperse les salariés et complique leur regroupement. Pour John Edmonds, secrétaire général de la GMBATU : « Ceux qui veulent comprendre les problèmes des années 1990 feraient bien de considérer un hôtel de taille moyenne appartenant à une grande compagnie diversifiée. » La montée des emplois précaires, du temps partiel, des *self-employed*, du travail à domicile, rend très ardu le travail syndical.

• *Le second défi est celui de la démocratie*. Les mesures Thatcher entament le pouvoir des chefs syndicaux (accusés d'être des barons gouvernant leur *Union* comme des fiefs). Cela implique une plus grande attention aux souhaits des syndiqués mais pas forcément le changement d'orientation voulu par Mme Thatcher. Ainsi, le vote de réaffiliation au *Labour* a-t-il été un succès triomphal (83 %) dans les 38 syndicats où il a eu lieu en 1985-1986 (7 millions d'adhérents).

• *Le troisième défi concerne la montée de l'emploi féminin*. Les femmes constituent plus de 40 % de la main-d'œuvre. Leur emploi est très différent de celui des hommes : massivement tertiaire, souvent à temps partiel, ou à domicile, leur implication syndicale, qui était jusqu'ici très faible, augmente vite.

• *Le dernier défi est celui de la sécurité de l'emploi.* Bien que les chômeurs ne cotisent pas, le sort du syndicalisme est lié au problème du chômage. Le nombre des adhérents potentiels et la crédibilité des *Unions* en dépendent. Ainsi, l'activité syndicale et les grèves réaugmentent avec le recul du chômage de 1986-1990.

La diversité des réponses syndicales

• *Échec cuisant du syndicalisme de combat.* En 1974, une partie des électeurs avait donné raison aux mineurs contre Heath, mais ils ont été exaspérés par les grèves de l'hiver 1978-1979; leur défection assure quatre victoires successives aux conservateurs. Certains syndicats cherchent donc d'autres voies : refus des démarcations par métier, statut et syndicat uniques, conciliation et arbitrage.

• *Un syndicalisme professionnel de services.* La GMBATU, qui syndique notamment les employés municipaux, en est le modèle. Les salariés étant de plus en plus dispersés, sans *shop steward*, ni pouvoir de négociation, elle forme des permanents pour offrir information (assurance, sécurité sociale, droit du travail) et défense individuelle. Selon un sondage de 1985, les travailleurs placent cette dernière en deuxième position de leurs attentes : « quelqu'un qui soit là », « un parapluie de protection ». Le recul des mouvements collectifs conduit à une action non militante : campagnes publicitaires, *lobbying*, alliances diverses, action juridique.

• *Un syndicalisme de marché.* Cette option rompt avec la tradition britannique, et choque le monde ouvrier traditionnel dans lequel être syndiqué, cotiser au *Labour*, ne pas forcer un piquet de grève, sont des réactions innées. Eric Hammond, secrétaire général du EETPU préconise une acceptation active du marché, le syndicat doit « trouver des clients », il propose ses services aux entreprises *high tech* qui s'installent à la campagne en leur montrant l'avantage de négocier avec un syndicat unique. Il signe, notamment avec des japonais habitués à un climat social moins contraignant (Sanyo), des conventions prévoyant un arbitrage obligatoire (renoncement à la grève). Il n'hésite pas à concurrencer les autres *Unions*, notamment là où le changement technique se heurte aux syndicats de métier. Quand Murdoch ouvre une imprimerie à Wrapping pour briser les syndicats de Fleet Street, ce sont des permanents EETPU qui recrutent, ce qui lui vaut l'exclusion du TUC en 1988. D'autres *Unions* imitent son exemple comme l'AEUW qui signe avec Nissan un accord de représentation exclusive du personnel, éliminant deux syndicats également affiliés au TUC. Ces *Unions* développent aussi des services. Mais il ne faut pas confondre syndicalisme de marché et syndicat-maison (c'est-à-dire inféodé à l'employeur), ainsi le syndicat des métallurgistes AUE, un autre dissident du TUC, engage en 1989-1990 une grève dure pour la réduction des horaires chez British Aerospace, ce qui a paralysé l'usine Airbus de Toulouse.

• *Fluidités sociales, crise des modèles et renouveau économique.* C'est une société transformée, plus entreprenante et moins crispée, mais aussi plus inquiète car, avec ses rigidités, elle a perdu habitudes et certitudes, qui aborde les années 1990. Il serait hasardeux de conclure à sa capacité de régler son compte au « mal britannique » en dépassant les crispations qui ont contribué à enliser le pays dans la poursuite du mirage des splendeurs victoriennes et l'ont paralysé durant plus de quatre-vingts années sans réaction face au déclin. C'est l'ensemble des structures sociales qui est mis en cause, le rêve libéral d'une société débarrassée des syndicats tout en retrouvant ses structures familiales et morales s'éloigne en effet. Le dynamisme est certain, la confiance en partie revenue, comme le prouvent le renouveau de l'esprit d'entreprise, la multiplication des emplois indépendants, ou le redressement de la durée du travail, mais les déchirements du chômage, l'exclusion scolaire, la dégradation urbaine, l'instabilité familiale, loin de s'atténuer, se renforcent dans la dépression du début des années 1990.

5 *Institutions : la reine, le lord, l'archevêque et les Communes*

Après ce détour sociologique, nous invitons le lecteur à un voyage institutionnel. On ne peut comprendre l'enlisement du « moins d'État » thatchérien qui, malgré treize ans d'assaut continu et multiforme, laisse intacts la protection sociale, les systèmes éducatif et de santé, sans aborder les mécanismes de la décision et de l'action collective. C'est en effet une machine à la fois souple et inflexible, désuète et terriblement efficace qui gouverne l'Angleterre. La tradition et les bonnes manières n'ont pu empêcher certaines réformes engagées à la hussarde, notamment à l'encontre des autorités locales. Mais la résistance socio-institutionnelle a réussi à envelopper de discrédit le radicalisme thatchérien jusqu'à le paralyser. L'inflexion voulue par John Major ne relève pas d'une simple différence de style, elle révèle la préférence spontanée du système pour les évolutions modérées. Le diagnostic d'opération à chaud qui suit la défaite travailliste de l'« hiver du mécontentement » n'a été que partiellement accompli, des rouages bien huilés ont su le dérouter.

UN CONSENSUS TRI-SÉCULAIRE SUR LA MONARCHIE CONSTITUTIONNELLE

Après la révolution de 1688, il y eut trois siècles de consensus sur les institutions, avec une tendance au renforcement du Parlement, la Couronne ne conservant que des attributs honorifiques et symboliques.

• *Il n'existe pas de constitution écrite,* le système institutionnel repose donc sur :

– Des textes fondateurs. En 1679, l'*habeas corpus* garantit l'individu contre l'arbitraire de l'État, et dans ses démêlés avec la justice : tant qu'il n'est pas condamné, un accusé est présumé innocent et jouit de ses pleins droits. Le *Bill of rights* (1689) établit l'autorité du Parlement et garantit certains droits.

– Des conventions et précédents. Ainsi, l'absence totale de pouvoir de la reine ne repose sur aucun texte : en théorie rien ne peut être fait sans son accord; en pratique, le moindre de ses actes émane du Premier ministre.

– Le droit européen. Il est désormais une source législative importante. Supérieur au droit national, il se glisse dans les vastes vides de la pratique coutumière.

• *Un système très flexible.* Rien n'est *a priori* impossible au gouvernement qui peut proposer n'importe quel texte sans avoir à respecter ni une loi fondamentale, ni le jugement d'un Conseil constitutionnel. Cela a permis d'évoluer en évitant les crises de régime (cf. l'incroyable succession des régimes français de 1789 à 1958 !).

L'ORIGINE DE LA MONARCHIE CONSTITUTIONNELLE ET LES RÉVOLUTIONS DU XVIIe SIÈCLE

Après bien des luttes dynastiques, une monarchie absolue s'était imposée sous Henry VIII (1509-1547), le fondateur de l'Église anglicane schismatique à l'égard de Rome (acte de suprématie, 1534), puis renforcée sous Elizabeth Ire. Mais, faute d'héritier, le trône passe aux mains d'une nouvelle dynastie, celle du roi d'Écosse Jacques Ier Stuart (1603-1625), ce qui amène l'union des deux États. Mais les idées calvinistes ayant pénétré toutes les classes de la société, Jacques Ier doit affronter des troubles à motifs religieux (Stuart favorisait le catholicisme), politiques (il renforça l'absolutisme) et sociaux (les propriétaires tentent d'accaparer les terres des communautés villageoises). L'affrontement se termine en une guerre civile qui aboutit à la République (1649-1653), puis à la dictature de Cromwell (1653-1658) qui se fait nommer *lord-protecteur*. Face à une impopularité croissante, il est lui-même évincé, les Stuart reprennent le trône, puis sont éliminés par la révolution de 1688 qui met fin aux troubles et consacre le Parlement. La monarchie constitutionnelle est née : 1) le Parlement choisit un nouveau roi, Guillaume d'Orange, gendre du roi déchu Jacques II, qui règne sous le nom de Guillaume III ; 2) il impose le *Bill of rights*, qui établit la liste en treize points de ses prérogatives (législation, fiscalité, élections libres…) et des droits individuels. Avec l'*Act of settlement* de 1701, la maison de Hanovre monte sur le trône, sa dynastie se perpétue depuis lors. Le régime deviendra un modèle parlementaire dans une Europe demeurée absolutiste.

L'individualisme utilitaire et le puritanisme marquent la pensée anglaise, ils fournissent les principes de cette série d'événements qui mènent au capitalisme libéral (libertés économiques pour la bourgeoisie), à l'État de droit (droits individuels) et à la démocratie (droits du Parlement).

Le passé au cœur des institutions

• *The queen reigns but does not rule* (la reine règne mais ne gouverne pas). En théorie, elle pourrait déclarer la guerre, désigner le Premier ministre, opposer son veto aux décisions du Parlement… Cependant, il ne serait pas convenable d'outrepasser ce que l'usage a imposé depuis le XVIIe siècle : elle convoque, clôt et dissout le Parlement à la demande du Premier ministre ; elle prononce le discours du Trône rédigé par le Premier ministre à l'ouverture du Parlement en novembre ; elle signe les lois sans jamais utiliser son droit de veto ; elle nomme les ambassadeurs désignés par le Premier ministre ; elle confère titres et honneurs (*Fountain of Honour*) sur les listes établies par le Premier ministre ; elle est le chef de l'Église d'Angleterre (anglicane) mais les évêques sont nommés par le Premier ministre sur proposition de l'archevêque de Canterbury ; elle préside le Conseil privé (*The Privy Council*) mais il n'a aucun pouvoir. L'influence de la reine se limite au cas exceptionnel où il n'y a pas de majorité. Ainsi, en 1956, le conservateur Mac Millan et le travailliste Butler sont à égalité, la reine procéda à des consultations avant de désigner Mac Millan.

• *L'extraordinaire popularité de la monarchie* et l'intérêt manifesté par l'opinion aux faits et gestes de la cour paraissent étranges de ce côté du Channel. Il est d'usage de traiter cette question en recourant aux habituels clichés. Se mêler à la ferveur d'une foule anglaise acclamant le carrosse de sa souveraine, assister à une partie de croquet entre des équipes aux uniformes désuets, se plonger dans la chaleur d'un pub… suffit à convaincre que l'âme d'un peuple, cela existe. Exotisme garanti ! Il n'est donc pas question d'écarter l'explication. Cependant, il paraît plus utile de dévoiler la convergence d'intérêts qui favorise le *statu quo*.

– Les monarchistes y voient un symbole utile à la pérennité de l'État, et lui imputent la stabilité du régime et la modération politique malgré les tensions sociales.

– Les anti-monarchistes pragmatiques, nombreux dans les rangs travaillistes, constatent que : 1) *The queen can do no wrong* (la reine ne peut faire de mal) ; 2) son coût exorbitant pour les pouvoirs publics est compensé par son succès touristique, et n'excède pas forcément celui d'un président républicain dont les palais ont peu à lui envier. Il sont choqués de voir les deniers de la liste civile permettre un tel enrichissement, la reine est en effet l'une des personnes les plus riches du monde. Mais il y a là un piège : discuter honoraires, c'est accepter le principe monarchique. Si un groupe parlementaire osait lancer un débat aussi passionnel, il n'aboutirait, avec la réduction de la liste civile, qu'à conforter l'institution en la moralisant.

– Le républicain de principe demeure seul en lice pour exiger l'abolition de la monarchie, des attributs aristocratiques (titres, honneurs) et de la chambre des Lords. L'idée même d'une pyramide sociale fondant le rang sur la naissance heurte en effet tout esprit attaché aux valeurs d'égalité.

Aucune proposition dans ce sens n'est jamais parvenue au stade parlementaire car : 1) l'attachement populaire ne s'est jamais démenti, le sentimental et le traditionnaliste le partagent, le cynique y voit une saine préoccupation (*panem et circenses*) qui conforte l'ordre établi ; 2) lancer un tel débat serait un risque politique considérable : polémique garantie, succès incertain…

• *Au total, la monarchie a fonctionné sans accroc depuis trois siècles*, et n'a en rien entravé la démocratie. Si elle fut associée à la gloire du royaume, notamment à l'époque où la *Pax britannica* régnait sur tous les continents et quand Disraeli faisait couronner à Calcutta Victoria impératrice des Indes (1876), on ne peut lui imputer son déclin. Cependant, si la cour cumulait inconduites et scandales, l'occasion serait donnée aux anti-monarchistes de tenter leur chance. C'est pourquoi l'*establishment* s'intéresse autant aux frasques de la princesse d'York et insiste pour que l'on voie plus souvent le prince de Galles aux côtés de la si convenable Lady Di.

Église d'État et liberté religieuse

• *Depuis Henry VIII, l'Église d'Angleterre est religion d'État.* Ses deux archevêques (Canterbury et York) et 24 évêques sont nommés par le Premier ministre, ils siègent à la chambre des Lords. Dans le titre complet de la reine on trouve, outre la liste de ses royaumes et territoires, sa fonction de défenseur de la foi. L'Église d'Écosse est la deuxième Église établie. Au pays de Galles, en majorité méthodiste, il n'y a plus d'Église officielle depuis 1920. Une telle implication institutionnelle n'empêche pas la liberté religieuse, le catholicisme est très présent avec une forte minorité d'origine irlandaise, ainsi que l'islam, l'hindouisme et le culte sikh.

Culte	Catholique	Anglican	Autre Chrétien	Non-Chrétien	Pas de religion	Pas de réponse
Déclare adhérer	12	58	15	2	10	3
Assiste aux offices	4	2	3	—	—	—

Source : HMSO, *Social Trends*, 1988.

• *L'Église joue un rôle quotidien non négligeable*. Malgré le recul de la pratique, un Britannique sur deux se déclare de confession anglicane et l'activité locale du clergé demeure considérable dans un pays où le mouvement associatif est très vivant. Le conseil paroissial (*parish council*) et le marguillier (*churchwarden*) organisent les activités. Poussée par les mouvements progressistes des années 1960, la hiérarchie a pris des positions avancées : défense de la justice sociale, ordination des femmes, avortement, divorce… Terry Waite, envoyé de l'archevêque de Canterbury, a négocié la libération des otages au Liban avant d'être lui-même kidnappé en 1987.

La chambre des Lords résiste à tous les assauts

• *La chambre des Lords remonte à l'origine de la monarchie* sous Edouard Ier (1272-1307). Son pouvoir fut constamment érodé au profit des Communes et du Cabinet. Elle n'utilise son droit de veto que deux fois en un siècle (1893 contre le *Home Rule Bill*,1949 contre les nationalisations). Depuis, il a été limité à deux ans en 1911, à un an en 1949, et la loi de finances est retirée de sa compétence. Sa composition varie selon le nombre de Lords décédés sans héritier et de nouveaux pairs à vie.

• *Prérogatives.*

– Le ministre de la Justice (Lord Chancellor) en est obligatoirement issu, ainsi que quelques ministres, car, même occasionnellement, seul un pair peut y siéger.

– La Chambre est la cour suprême d'appel civil ou criminel, dans ce cas seuls y siègent les *Law Lords* et *ex-Lords Chancellors*.

– Elle discute les projets de loi, sauf en matière de finance, et peut en proposer (*private member's bill*). Son influence provient du délai (veto suspensif d'un an) qu'elle peut imposer à la procédure. Le Cabinet doit négocier les amendements qui inciteront les Lords à ne pas la retarder. On apprécie, notamment chez les pairs à vie, hommes d'expérience, leur capacité à étudier un projet dans le calme.

• *Négation spectaculaire de la démocratie, survivance arrogante des privilèges de la naissance, la chambre des Lords attire la critique :*

– Âge moyen élevé, mais le problème se pose dans d'autres chambres hautes.

– Absentéisme, il suffit de 3 membres pour tenir séance, de 40 pour voter, ce qui en dit long sur l'assiduité, surtout de certains pairs héréditaires grands propriétaires. Ces *backwoodsmen* (hommes des bois) se déplacent peu, sauf quand il s'agit

Composition de la chambre des Lords en 1988 : 1 190 membres

26 Lords spirituals	Archevêques de Canterbury et York + les évêques de Londres, Durham et Winchester + 21 autres évêques par ordre d'ancienneté.
9 Law Lords 12 Magistrats	Magistrats de très haut rang, titres non héréditaires.
759 Pairs héréditaires	Nommés par le Premier ministre. Depuis 1965, seule Mme Thatcher usa de ce droit : elle fit 2 vicomtes (sans héritier) et un comte : H. Mac Millan qui a un petit-fils. Le *Peerage Act* de 1963 permet de renoncer à son titre, il a été voté à l'initiative du travailliste d'extrême gauche AW Benn (vicomte Stansgate) qui souhaitait conserver la vie active des Communes (le conservateur Alec Douglas Home fit de même).
358 Pairs à vie (*Life peerage* instauré en 1958 par Harold Mac Millan)	Les personnalités élevées à la pairie sont issues du monde des affaires, du syndicalisme, de la culture ou de la politique. Leur titre est intransmissible. Le *Labour*, pourtant hostile au moment de sa création, en fit un usage massif, notamment Wilson (183 nominations). Parmi les nominations de Mme Thatcher, on trouve deux syndicalistes dont un communiste. Cela peut servir à écarter un gêneur des Communes. Mme Thatcher est élevée à la pairie avec le titre de baronne en juin 1992.
Princes de sang	Membres de droit, ils ne siègent jamais.

de chasse, de pêche, ou lors des grandes occasions (Europe, *poll tax*...). Les *Whips* (chefs de groupe parlementaire) ont toutes les peines à assurer leurs votes.

– Conservatisme. L'usage du veto fut en général rétrograde. Mais la Chambre évolue avec l'afflux des pairs à vie, souvent à gauche ou indépendants (*crossbenchers* qui siègent face au trône et non de part et d'autre avec la majorité ou l'opposition). Compétents et assidus, ils modifient la nature des votes. Jacques Leruez signale le débat sur l'éducation de 1981 où, sur 25 intervenants, on comptait 18 spécialistes (du professeur au ministre).

Affiliation politique des pairs : 1 078 en 1970 et 1 190 en 1980 (en %)

	Conserv.	Travail.	Libéraux	SDP	Comm.	Indép.	Aucune	ex-officio*	Total
1970	43,4	11,1	3,5	—	0,2	10,2	26,8	4,8	1 078
1988	38,6	11,2	3,3	2,2	0,2	17,6	21,7	4,2	1 190

* pairs désignés d'office : juges, évêques, princes   Source : J. Leruez, *op. cité*, p. 62.

• *Une arme efficace pour résister au Cabinet* que ce soient les travaillistes des années 1970, ou Mme Thatcher qui passait mal dans une Chambre dominée par l'*establishment*, plus conservateur — c'est-à-dire attaché aux traditions — que libéral. Elle subit 45 défaites au cours du premier mandat, et 19 dans le second. On vit même Harold Mac Millan, lord Stockton, assimiler les privatisations à une « braderie des bijoux de famille ». Les Lords craignent avant tout les atteintes au consensus social. Ainsi, ils ont rejeté la suppression du *Greater London Council* et des six autres conseils métropolitains, la participation des parents au coût du ramassage scolaire, la suppression des tests oculaires et dentaires gratuits, ou certaines dispositions anti-syndicales... Ils ont résisté à la *poll tax* qui ne put leur être imposée qu'après un rappel général des *backwoodsmen* mobilisés pour défendre les riches (un *three-line whip* déplace 500 présents, inédit depuis la ratification de l'adhésion à la CEE). Son image est devenue assez ambiguë pour semer le trouble chez ses adversaires qui reculent devant le risque d'une crise constitutionnelle (d'autant que Lord à vie, ce n'est pas une si mauvaise fin de carrière). La réforme des Lords figure au programme du *Labour*, mais elle paraît improbable. En 1967, devant l'hostilité des *backbenchers*, Wilson dut retirer un projet qui avait pourtant obtenu l'assentiment de l'opposition (une telle loi devrait être votée par les deux Chambres !).

> « Ce n'est pas le moindre paradoxe de la vie politique britannique, à la fin des années 1980, que la Chambre non élue paraisse plus attentive que la Chambre élue aux véritables sentiments du pays. C'est le signe d'une crise de légitimité (...). »
>
> Jacques Leruez, *opus cité*, p. 170.

BIPARTISME ET OPPOSITION DE CLASSES

1963	Déclare appartenir à la classe	
	moyenne	ouvrière
Déclare appartenir au parti conservateur	79%	28%
Déclare appartenir au parti travailliste	21%	72%

Source : P. Butler, D. Stockes, *Political changes in Britain*, p. 104.

• *Le clivage des classes « est à la base du système de partis britannique, tout le reste est enjolivure et détails »* écrivait Peter Pulzer en 1967. Les sondages le confirment, le parti conservateur est le parti des possédants et des classes moyennes, le parti travailliste est l'émanation du groupement de la classe ouvrière en syndicats. Aucune ambiguïté donc. Mais le recul actuel du vote de classe est considérable. Selon Butler, il y aurait quatre explications : 1) un meilleur niveau de scolarité conduit à plus d'autonomie à l'égard du vote traditionnel de son milieu; 2) le scepticisme s'accroît avec la crise des années 1970; 3) la télévision, notamment la BBC, qui remplace la presse comme principale source d'information adopte une attitude équilibrée, alors que la presse écrite est partisane; 4) Le recul de la part des travailleurs manuels (moins de 50 % aujourd'hui) érode la base électorale du *Labour*.

En % du total des votants	1959		1974		1983	
	Non manuels	Manuels	Non manuels	Manuels	Non manuels	Manuels
Conservateur	69	34	53	24	58	33
Libéral, divers	8	4	25	19	26	29
Travailliste	22	62	22	57	17	38
*Vote « de classe »	65		55		47	

* Non manuels votant conservateur + manuels votant travailliste.

Lecture : en 1959, 69 % des nons manuels votaient conservateur, 8 % libéral, 22 % travailliste.

Source : I. Crew, in *Changes in British Policies*, cité par J. Leruez, *op. cité*, p. 237.

AUX ORIGINES DU BI-PARTISME

Le bipartisme (*two party-system*) est né à la fin du XVIIe siècle du débat sur les limites des pouvoirs du roi et du Parlement : les *Tories* entendaient assurer le dernier mot au roi, et affirmaient leur fidélité à la légitimité des Stuart, les *Whigs* se prononçaient pour la suprématie du Parlement et soutenaient Guillaume d'Orange qui l'acceptait. Les *Tories* défendaient les privilèges de l'Église anglicane solidaire de la Couronne, les *Whigs* appuyaient les revendications des protestants non conformistes au nom de la liberté de conscience.

Ces motifs disparaissent au XIXe siècle, les deux partis acceptent la liberté religieuse et la suprématie du Parlement, et les conservateurs rejoignent les *Whigs* sur le libéralisme individualiste. Mais le mode de scrutin, voire la disposition des sièges face à face au Parlement, poussent à cultiver les différences. Chacun se spécialise dans la défense d'un groupe d'intérêts : les *Tories* sont liés à l'aristocratie foncière et à la *Gentry* (*landed interest*), ils sont conservateurs et protectionnistes, les *Whigs* soutiennent l'industrie et la finance (*moneyed interest*), sont réformateurs, partisans du libre-échange et du suffrage universel. Mais c'est Robert Peel, un *Tory*, qui démantela le protectionnisme à partir de 1842 ce qui dénote un rapprochement doctrinal.

Les *Tories* créent le parti conservateur dont les grandes figures sont Robert Peel et Disraeli au XIXe siècle, Winston Churchill et Lloyd George au XXe siècle. Les *whigs* constituent le parti libéral, mais au XXe siècle, avec l'arrivée d'un challenger social, la classe ouvrière, et politique, le *Labour*, le parti libéral va être marginalisé. Le *Conservative Party* groupe désormais la plupart des courants attachés à la monarchie et au libéralisme économique. Le bi-partisme se déplace donc vers une alternance droite/gauche. L'opposition entre conservateurs libéraux et travaillistes interventionnistes se brouille avec le butskellisme quand le triomphe du keynésianisme réunit tous les courants, puis renaît à la fin des années 1970 quand Mme Thatcher ramène le débat à ses marques traditionnelles : *law and order* et libéralisme contre *Welfare State* et interventionnisme.

Les conservateurs

• *Le parti conservateur* choisit cette dénomination après la réforme électorale de 1832, mais on continue à l'appeler *Tory* (qui signifie curieusement « hors-la-loi »). Il a su marginaliser ses adversaires en adoptant leurs idées. Il instaure le libre échange (Peel en 1842, Cobden en 1846), fait progresser (bien lentement) la démocratie par des élargissements successifs du corps électoral, adoucit la condition ouvrière par des mesures sociales. Disraeli (1804-1881), Premier ministre « conservateur progressiste », transforme ce simple mouvement d'associations locales en véritable parti structuré, l'*Union nationale des conservateurs* (1867), dont *Central Office* (1870) constitue, encore aujourd'hui, le centre dirigeant.

• *Représentant de l'establishment*, défenseur de l'ordre, de la monarchie et de la propriété face au socialisme, le parti *tory* gagne la *middle class* dont l'idéal est fait de révérence envers les institutions et d'aspiration à la propriété. Jusqu'à la deuxième guerre, ses réticences en matière sociale sont évidentes, le principe même d'une protection des travailleurs est dénoncé par les économistes libéraux, comme sir A.C. Pigou ou lord Robbins. Mais il va céder face à la nécessité : assurances sociales en 1908 et 1911, allocation chômage, la *dole*, en 1911.

• *Les conservateurs sont la cheville ouvrière de l'Angleterre victorienne.* Succès économique et impérial, institutions démocratiques originales, système monétaire inébranlable, prestige de la livre, domination de la *City*, libre échange..., tous les actes fondateurs sont dus aux grands du parti *tory*, notamment Cobden, Peel ou Disraeli. Au revers de la médaille, on trouve des clivages sociaux plus tranchés qu'ailleurs, et la morgue de l'un des derniers *establishments* de droit héréditaire.

• *Notre siècle leur est moins favorable* : le parti *tory* ne peut éviter la responsabilité du déclin. Dans les années 1920, il paraît arcbouté sur les vieilles méthodes et les anciens privilèges (priorité à la livre et à la *City* quel qu'en soit le prix social); dans les années 1930 il ne sait trouver son Roosevelt; en 1945, boudant le rapport Beveridge, Churchill gaspille son immense prestige en cédant au réflexe conservateur : défense de la propriété, peur de la réforme sociale et des syndicats, panique devant le « nivellement »... Les actes fondateurs de ce siècle (*Welfare*, urbanisme, logement, éducation) sont travaillistes. Les conservateurs s'y rallient avec le *butskellisme,* ce qui consacre leur défaite morale. Dans l'alternance de 1945-1979, le parti *tory* ne peut jouer que sur l'avantage économique que lui vaut le soutien de la *City.*

• *Le butskellisme*. Après 1945, les idées keynésiennes triomphent et les conservateurs se rallient à l'État-Providence et au dirigisme, c'est le butskellisme, que J. Leruez définit ainsi : « néologisme formé par l'*Economist* en 1952 pour souligner la convergence entre les politiques économiques menées par le dernier chancelier de l'Échiquier travailliste H. Gaitskell (1950-1951) et le premier Chancelier conservateur RA Butler (1951-1955) et même dans leur attitude face aux réformes sociales d'après-guerre. Ce néologisme allait être repris par l'ensemble des médias ». Les nationalisations sont dénoncées, mais maintenues pour l'essentiel, le *Welfare* est étendu, et c'est Heath qui applique en 1972 la décision de 1944 de porter la scolarité à 16 ans. On trouve un bon exemple de consensus tacite avec l'immigration de couleur que les deux partis vont s'attacher à freiner. Enoch Powell est membre du parti conservateur, mais, incapable de rallier le parti à ses thèses racistes, il entre en rébellion et doit le quitter, seul l'électorat extrémiste d'Ulster lui permet de revenir à Westminster. L'opposition paraît nette sur l'Europe, c'est un cabinet *tory* qui présente la première demande d'adhésion en 1961, le *Labour*, poussé par le TUC, la refusant catégoriquement. Mais avec Wilson et Callaghan, les chefs travaillistes vont passer outre l'hostilité du parti et supprimer ce point de divergence.

• *Margaret Thatcher rompt le consensus.* Le mandat d'Edward Heath débute sur une volonté libérale, mais dès 1972, il accomplit un *U-turn*, c'est-à-dire un revirement brutal, vers l'interventionnisme. C'est donc Margaret Thatcher qui accomplira le tournant radical. Membre de l'aile droite *tory*, elle est désignée chef du parti en 1975 et fait voler en éclats le « consensus mou » autour de la vulgate keynésienne. Avec elle, le parti se dote d'un ensemble doctrinal nouveau : 1) limitation du pouvoir syndical; 2) exaltation de la libre entreprise et de la responsabilité individuelle; 3) inflexible défense de la loi et l'ordre (sa fermeté à l'égard des détenus irlandais en grève de la faim en mènera plusieurs à la mort); 4) affirmation de la puissance et de l'intransigeance britanniques, notamment en 1982 durant la guerre des Falklands (Malouines) et dans de multiples conflits au sein de la Communauté européenne; 5) désengagement de l'État : privatisations, recul du nombre de fonctionnaires, des impôts et de leur progressivité, mise en concurrence des services publics.

• *L'échec travailliste de 1974-1979 porte les idées thatchériennes dans l'opinion.* Après la défaite de Heath, le *Labour* conclut une trève avec le TUC et le calme revient, mais, assailli par les difficultés économiques, James Callaghan impose des économies budgétaires et une politique des revenus. La trêve rompue, il se brise, comme Heath cinq ans plus tôt, sur les grèves de « l'hiver du mécontentement ». Cette fois, l'opinion bascule du côté de l'ordre, elle consacre les idées thatchériennes.

• *La greffe populaire prend.* Le conservatisme qui a déjà l'appui des possédants, du business, et de la *middle class*, parvient à briser le monopole travailliste sur l'opinion ouvrière. À son sommet de 1983, les voix du parti *tory* proviennent de toutes les catégories : 20 % de classe moyenne, 29 % d'employés, 30 % d'ouvriers qualifiés, 21 % de non qualifiés, ce qui rapproche de leur proportion dans le pays. Nombre de syndiqués ont déserté le *Labour*. Le parti *tory* revendique 1,5 million d'adhérents, mais, la cotisation étant symbolique, l'essentiel du budget provient de la contribution des industriels, estimée au double de celle reçue par les travaillistes.

Le *Labour*, un parti créé par les syndicats

• « *I'm not socialist, I'm labour* », cette auto-définition politique d'un ouvrier, rapportée par F. Zweig, résume parfaitement la situation du parti travailliste. « Je ne suis pas socialiste, je suis travailliste », il s'agit donc d'un groupement de classe et non d'idées. Un col bleu digne de ce nom a conscience de faire partie d'un monde à part, donc il est *Labour*. S'il lui fallait exposer les thèses du parti, il en serait probablement incapable. Cette tranquille évidence est pourtant ébranlée par les assauts conjugués de la désindustrialisation, de la crise et de Mme Thatcher.

Après un long débat entre les partisans d'une action politique et ceux qui veulent s'en tenir à la défense professionnelle, le TUC décide en 1899 une alliance avec les partis socialistes, les coopératives, et toutes les organisations ouvrières. Cette décision conduit à former avec la *Fabian Society* et la *Social Democratic Federation* un *Labour Representation Committee* (LRC) dont Mac Donald est le secrétaire général. Le LRC obtient 2 députés en 1900. En 1906, il adopte le nom de *Labour Party*, alliance originale des socialistes et des syndicats sous la direction statutaire des ces derniers. Allié au parti libéral, il obtient 29 élus sur 50 candidats présentés.

• *La présence des syndicats à l'origine du* Labour *en fait le plus authentiquement ouvrier des partis socialistes*, il fait ainsi accéder au Parlement 55 ouvriers en 1918, 109 en 1924, 173 en 1929 et encore 99 en 1935, c'est une révolution à une époque où la coupure des *Deux Nations* est totale. Mais l'électorat va s'élargir, 40 % des électeurs viennent aujourd'hui de la classe moyenne. Cette évolution est un facteur de crise, elle implique un décalage croissant entre les aspirations souvent modérées des adhérents directs et des électeurs, et celles plus radicales des syndicats qui tiennent solidement l'appareil du parti.

Un lien organique avec les syndicats

• *Les syndicats affiliés prélèvent une cotisation* (political levy) *pour financer le parti* (sauf quand le syndiqué manifeste son refus, *contracting out*). On peut être adhérent direct ou collectif par l'intermédiaire d'une coopérative, ou d'un mouvement socialiste comme la *Fabian Society.* Mais les membres des *Trade Unions* constituent les deux tiers des 3 millions d'adhérents et couvrent les trois quarts du budget. Environ 120 députés (entre le tiers et la moitié des élus travaillistes selon les législatures) sont parrainés par une grande *Union*, et ce dans les circonscriptions les plus sûres. Une rupture avec le TUC est donc impensable. Au sein du Comité exécutif, les représentants des syndicats ont la majorité absolue (18 sur 29). Les syndicats ont imposé au congrès de Wembley en 1981 que le *Leader*, autrefois désigné par les députés, ce qui lui donnait une relative autonomie à l'égard du TUC, soit choisi par des grands électeurs : syndicats (40%), députés (30%), circonscriptions électorales (30%).

• *Karl Marx a vécu l'essentiel de sa vie politique à Londres*, il considérait l'Angleterre, en tant que nation industrielle la plus avancée, comme un terrain d'élection pour la propagande socialiste. Mais le marxisme n'a jamais pu faire souche ni dans le prolétariat anglais, ni parmi les intellectuels. Après 1917, l'influence des léninistes n'est pas négligeable mais le *Labour* refuse d'adhérer à l'Internationale et interdit à ses membres d'adhérer à un autre parti. Le parti communiste est marginal, il n'a jamais dépassé 2 députés, et n'est plus représenté au Parlement depuis 1950. Nombre d'intellectuels ont adhéré entre les années 1930 et 1960, mais leur désertion est rapide lors des crises à l'Est; ainsi Doris Lessing et Christopher Hill en 1957 après la répression hongroise de 1956.

Succès et déclin du travaillisme

Jusqu'à la Seconde Guerre mondiale, le *Labour* ne put influencer le pouvoir que de manière fugitive et peu convaincante. Sa participation aux cabinets de guerre sous Churchill lui amène son image de parti de gouvernement, la popularité de Clement Attlee, pourtant désigné leader en 1935 par défaut de concurrents, atteint des sommets. Il est conforté par le *Beveridge Report* de 1942 dont l'énorme succès de librairie popularise les thèses keynésiennes et l'idée du *Welfare State* en Grande-Bretagne et dans le monde entier.

• *Le triomphe de 1945 donne l'occasion au* Labour *d'entrer dans l'histoire en fondant les institutions fondamentales de l'Angleterre actuelle*. Avec le raz-de-marée électoral (393 sièges) de 1945, le parti a les moyens de reléguer l'Angleterre victorienne dans le passé. L'état d'esprit révolutionnaire né des solidarités de la guerre et le caractère exceptionnel du moment font croire que « rien ne sera plus comme avant » et que « tout est possible ». Les réalisations sont en effet impressionnantes :

– Égalisation : *Welfare State*, éducation, impôt très progressif.

– Lutte contre la pauvreté (*National Assistance Board*) et la plaie sociale ouverte des taudis. Le *Council Housing* et le *Town and Planning Act* instaurent la politique de rénovation urbaine la plus audacieuse du moment.

– Politique de plein emploi.

– Décolonisation où l'Angleterre montre une grande souplesse. Imposer un tel renoncement sans conflit majeur, alors que l'Empire jouait un rôle plus important que le français, cela relève de l'exploit. Cependant, Attlee et Mountbatten (nommé vice-roi des Indes pour en négocier l'indépendance), appuyés par Gandhi et Nehru, n'ont pu empêcher l'effroyable massacre qui accompagne la partition entre le Pakistan à majorité musulmane et l'Inde à majorité hindouiste.

• *Arrivé au sommet, le* Labour *se verra reprocher les handicaps structurels qui font passer l'Angleterre à côté des trente glorieuses et l'amènent au gouffre des années 1970. Stop and go*, déclin industriel, dérapage stagflationniste des années 1970, redressements brisés par l'intransigeance syndicale, laxisme des mœurs et de l'éducation… Bien que les conservateurs aient partagé cette gestion, son échec coûte plus aux travaillistes car ils sont les inspirateurs de l'économie concertée (sclérosée dirait Mme Thatcher) instaurée en 1945.

• *Années 1980, dissensions et déclin*. La division a toujours été le talon d'Achille du travaillisme. Depuis son échec de 1979, le *Labour* évolue entre 27 et 37 % des suffrages alors qu'il avait toujours dépassé 43 % (sauf 37 en 1970). Avec 27,6 %, il atteint en 1983 son score le plus bas depuis les années 1920. 42 % des salariés votent travailliste en 1987 contre 62 % en 1959. On peut rapprocher ce score du pourcentage de propriétaires qui, grâce aux ventes de logements sociaux, passe de 40 à 66 %. Les recherches en sociologie électorale, notamment celles rassemblées par Monica Charlot, imputent une part significative du recul travailliste à l'essor de la propriété corollaire à des attitudes plus conservatrices (effet patrimoine). Depuis les années 1950, le nombre d'adhérents directs a chuté des trois quarts (moins de 250 000 aujourd'hui). Avec la désyndicalisation, les adhésions collectives ont reculé d'un tiers et la perte de confiance devient grave, plus de 61 % des syndiqués refusant de voter travailliste en 1983.

• *Les pressions de la gauche*. Dans les années 1950, la révolte de l'anti-nucléaire Aneurin Bevan (journal *Tribune*) menace le parti d'éclatement. Après l'échec de 1979, Michael Foot, ex-bevaniste, accède au poste de *Leader*, ses positions radicales exaspèrent la droite. Avec la crise, l'impatience ouvrière exerce une forte pression interne contre les ministres ralliés à l'austérité. Les dirigeants tentent de les marginaliser, par exemple en excluant les responsables de la *Labour Left Liaison* de Tony Bennet (anti-nucléaires et anti-OTAN), ou du groupe trotskiste *The Militant* lorsqu'il mène à la faillite la municipalité de Liverpool. La *nouvelle gauche* groupe des jeunes, des femmes et des personnes de couleur formés dans le militantisme local : Livingstone du *Greater London Council*, ou D. Abott (antillaise).

• *La droite, exaspérée par la dérive à gauche, marche à la scission*. Opposés à Michael Foot, quatre anciens ministres (Roy Jenkins, Shirley Williams, William Rodgers et David Owen) se manifestent de plus en plus bruyamment. Poussé par le TUC, Foot introduit une réforme dans le mode d'élection du *Leader* qui, en renforçant le poids des syndicats, ôte toute chance à la droite. En 1981, « la bande

Dominé par les syndicats, le parti comprend d'autres tendances organisées.
La *Fabian Society* à laquelle adhèrent les principaux dirigeants défend des positions centristes.
Le *Tribune Group* fondé en 1965 par M. Foot et Ian Mikardo autour du journal *Tribune,* fondé en 1937 par Stafford Cripps, est une tendance de gauche favorable au renversement du capitalisme.
Le *Manifesto Group* est fondé en 1974 pour résister à l'influence de la gauche, il considère l'économie mixte comme un but alors que la gauche n'y voit qu'une transition vers la socialisation.
La *Militant Tendancy* est un groupe trotskiste, c'est-à-dire communiste anti-stalinien. Très activiste, elle tient des congrès secrets, mais ne compte que quelques milliers de membres.
Le programme *Let us face the Future*, adopté durant la guerre et appliqué en 1945-1951, fut un des facteurs du triomphe électoral de 1945. Son succès repose sur deux aspirations profondes que Churchill n'avait su déceler : rapprocher les classes (État-Providence, éducation...), garantir le plein emploi (nationalisations, planification, direction conjoncturelle) ; et une circonstance politique : l'étatisme ne fait plus peur car le communisme a gagné sa légitimité dans l'alliance antinazie et les succès de l'Armée rouge. Quatre points figurant dans la doctrine officielle opposent la majorité des membres aux ministres quand le *Labour* est aux affaires : pacifisme et refus du nucléaire, Europe, interventionnisme et prérogatives syndicales.
Déchiré entre ces courants contradictoires, le parti doit louvoyer entre deux écueils : trop à droite, il perd les syndicats et l'électorat ouvrier; trop à gauche, il effraie la *middle class* dont l'appoint est indispensable. Contraints de gouverner au centre, les responsables affichent des positions plus radicales que leur conviction car le poids des syndicats est incontournable. Ainsi, Wilson, qui était l'artisan de la demande d'adhésion de 1967, fut contraint de remettre en cause l'entrée dans la CEE signée par Edward Heath. Il organise le référendum de 1975 et s'engage pour le OUI avec James Callaghan et les conservateurs. La gauche, Tony Benn et les syndicats en tête, milite pour le NON, c'est une lutte fratricide qui mine le parti et se termine par la déroute de la gauche (64 % de votants, 67 % de OUI, 32 % de NON). L'élection de Kinnock tirait le bilan de l'échec de Michael Foot qui perdit un tiers de l'électorat avec la scission du SDP. Sa réussite comme gardien de l'unité ne suffit pas car l'électeur ne peut être convaincu par des discours contradictoires.
Le programme de 1983 n'échappe pas à cette ambiguïté :
– Collaboration avec les syndicats sans dirigisme salarial.
– Justice sociale : hausse des bas salaires, égalité hommes/femmes, salaire minimum.
– Démocratie industrielle : extension des droits de l'ouvrier dans l'entreprise.
– Re-nationalisation des compagnies privatisées et reconstruction industrielle.
– Amélioration des services sociaux qui retrouveraient les crédits supprimés par Mme Thatcher.
– Droits des femmes et des minorités, abrogation de la loi de 1981 sur la nationalité.
– Politique unilatérale de défense non-nucléaire, fermeture des bases nucléaires américaines.

des quatre » décide donc de quitter le *Labour* et fonde le *Social-Democratic Party* dont la coalition avec le parti libéral obtient une percée électorale en 1983.

• *D'autres facteurs expliquent le recul du Labour.* 1) Le chômage et la démobilisation ouvrière font perdre confiance dans le parti et les syndicats ; 2) Les privatisations et la désindustrialisation (le nombre d'ouvriers baisse de 8 à 5 millions en 20 ans) affaiblissent le TUC dont les bastions sont industriels ; 3) Le recul syndical entraîne une grave crise financière qui paralyse l'activité.

• *Neil Kinnock, Leader entre 1983 et 1992, ramène le parti à des positions plus modérées*, (Europe, nucléaire). Il a évité l'éclatement, maîtrisé les trotskistes du *Militant*, et réussi à soutenir la grève des mineurs de Scargill, sans pour autant subir la responsabilité de leur défaite. Le redressement électoral de 1987 et les échecs du troisième mandat Thatcher (impopularité liée à la *poll tax*) avaient ramené l'espoir dans le camp travailliste, tous les sondages le donnant gagnant en 1992. La victoire inattendue de John Major (21 sièges d'avance, 43 % des voix contre 35 % au *Labour*) est une cuisante défaite personnelle pour Kinnock qui doit démissionner.

Le parti libéral et l'ex-alliance

• *Les Whigs partenaires du bi-partisme au XIXe* siècle. Représentant la bourgeoisie, l'industrie, le libre échange et la démocratisation, ils s'opposent au parti de la terre dont la domination reposait sur un système électoral sur-représentant les campagnes dominées par la *Gentry*. Cependant, malgré des *leaders* prestigieux comme Gladstone, le parti *whig* n'a pu capitaliser le succès de ses propositions, elles furent appliquées par des *Tories* comme Robert Peel ou Disraeli qui conquirent ainsi les suffrages des classes moyennes. Le parti *whig* cherche alors des alliances avec les petits groupes socialistes puis le *Labour* et les syndicats. Mais il signe ainsi son arrêt de mort : une fois le pied à l'étrier, le *Labour* relègue le parti libéral ; il passe en troisième position dès 1924, s'effondre en 1931. Durant les années 1950, il est réduit à l'état de groupuscule, et ne détient que quelques sièges dans des régions où la tendance à la nationalisation du vote n'a pas encore fait ses ravages.

• *Regain d'influence dans les années 1960-1970.* Les difficultés des années 1960 discréditent les grands partis ; les libéraux gagnent quelques élections partielles, ce qui leur redonne vigueur. En 1974, leur succès est considérable avec 19,3 % des voix mais, à cause du mode de scrutin, ils n'obtiennent que 12 députés alors que la proportionnelle en aurait donné 100. En 1977, le cabinet travailliste n'a plus que deux sièges d'avance, ses défaites aux élections partielles l'obligent à un accord avec les libéraux, le *pacte Lib-Lab*. Mais le pacte est rompu par les libéraux quand il s'avère que Callaghan ne peut imposer la réforme électorale dont ils ont besoin pour se renforcer (introduction d'une dose de proportionnelle).

• *L'aventure de l'Alliance, heurs et malheurs des tentatives de rénovation de la vie politique.* En 1981, la « bande des quatre » du parti travailliste, dont Roy Jenkins, ancien président de la Commission européenne et 26 députés, fonde un nouveau parti, le *Social Democratic Party* qui s'allie aux libéraux pour former l'*Alliance*. Trois partielles sont gagnées, ce qui ramène au Parlement Jenkins et Williams; le nombre d'adhérents s'élève à 80 000 en 1982, mais le score excellent de 1983 (25,4 % des voix contre 27,6 % au *Labour*) n'amène que 23 sièges contre 209 au *Labour*.

Le programme de l'Alliance apporte une alternative au centre : 1) Défense de l'État-Providence, décentralisation, promotion des immigrés, priorité à l'emploi, participation des travailleurs et partage du profit; 2) Économie mixte à mi-chemin du tout – État de certains travaillistes et du tout – privé de Mme Thatcher; 3) Défense de l'Europe et de l'OTAN face à l'isolationnisme travailliste et aux réticences thatchériennes, dénucléarisation négociée (proche de la position travailliste); 4) Scrutin proportionnel évidemment refusé par les deux grands partis.

Après le tassement de 1987 (22,6 %), l'Alliance éclate et retombe à 18 % en 1992. Sans espoir d'influencer le Cabinet ou de parvenir au pouvoir, les *leaders* sont défrisés, leurs dissensions augmentent à proportion inverse des débouchés offerts à leurs ambitions. Après une lutte interne qui se solde en 1987 par la création d'un nouveau SDP, les partis choisissent la fusion dans le *Social and Liberal Democratic Party* (SLDP) plus connu sous le nom de *Social and Liberal Democrats* (SLD), il annonce 160 000 membres et obtient 18,3 % en 1992. Mais le charme est rompu, l'espoir semble s'éloigner de voir un jour le centre jouer un rôle important.

DÉMOCRATIE, UN FONCTIONNEMENT ORIGINAL

• *La chambre des Communes est créée en 1295*. Elle représente alors les bourgs (*boroughs*, cités ayant obtenu une franchise), les comtés (*counties*, des circonscriptions sans franchise et non des campagnes), et les Universités (Oxford et Cambridge). Le corps électoral se réduit à un petit nombre de citoyens (4 %) disposant de la « franchise électorale », un revenu minimum, pour l'essentiel des propriétaires. La marche vers le suffrage universel se déroule entre 1832 et 1918, par abaissements successifs de la franchise, instauration du vote secret, suppression des « bourgs pourris » qui avaient perdu leur population mais non leur siège, (leur député ne représentait qu'une poignée d'électeurs, ceux des villes des dizaines de milliers). Tous les hommes au-delà de 21 ans et les femmes au-delà de 30 ans votent en 1918 (succès historique pour les suffragettes, France : 1945), en 1928, l'âge minimal des femmes est aligné sur celui des hommes. En 1969, il est abaissé à 18 ans. Le vote n'est pas obligatoire, mais la participation se maintient autour de 75 %, signe d'une intégration réussie malgré les facteurs de dislocation : pauvreté, chômage, racisme.

• *Mode de scrutin et bi-partisme*. Le scrutin majoritaire uninominal à un tour est une redoutable machine à renforcer les grands partis : un député par circonscription, le candidat arrivé en tête est élu. L'exemple de 1983 est caricatural : pour obtenir un siège, l'Alliance doit réunir 8,5 fois plus d'électeurs (338 090) que le parti travailliste (40 483) et 10 fois plus que le conservateur (33 049).

1983	Conservateurs	Travaillistes	Alliance
Voix	42,8 %	27,6 %	25,4 %
Sièges	397 (61 %)	209 (32 %)	23 (3,5 %)

• *Le poids du centre et des électeurs flottants.* Les deux partis doivent rester modérés car les électeurs flottants du centre détiennent la clé du scrutin. Le « théorème de l'électeur médian » établi par les américains de l'école du *Public choice*, s'applique parfaitement. Les électeurs partisans importent peu car ils changent rarement d'opinion; par contre, la frange hésitante située au centre peut inverser un résultat. La politique du Cabinet est donc guidée par la demande décelée chez cet électeur indécis.

• *Le poids des personnalités locales.* Le député (*MP*, i.e. *Member of the Parliament*) est l'élu d'une circonscription mais, contrairement à la France, il ne peut additionner mandat national et local. Cependant, considéré comme l'intermédiaire privilégié entre les autorités et le citoyen, il est tenu à une présence continue. Le MP tient une permanence (*surgery*, ce qui signifie cabinet médical, un médecin du social ?) qui accapare ses week ends. Il est submergé de demandes d'intervention, notamment en matière de logement. Durant la campagne, il faut se livrer à l'exercice harassant du *canvassing*, qui consiste à rencontrer chaque électeur au porte à porte; son secrétariat lui fournit des fiches d'intérêt local afin qu'il puisse avoir l'air informé de tout. L'investissement est donc énorme alors que l'image personnelle du candidat influence peu le vote. Mais un scrutin se jouant souvent à quelques points, les rares électeurs attachés aux personnalités déterminent le résultat.

Les résultats des scrutins depuis 1945

	1945	1950	1951	1955	1959	1964	1966	1970	28.2 1974	6.10 1974	1979	1983	1987	1992
Cons.	210	298	321	345	365	304	253	330	297	276	339	397	375	336
Trav.	393	315	295	277	258	317	364	288	301	319	268	209	229	271
Lib.	12	9	6	6	6	9	12	6	14	13	11	*23	*22	*20
Divers	25	3	3	2	1	0	1	6	23	27	17	21	24	7
Cabinet	Trav.	Trav.	Cons.	Cons.	Cons.	Trav.	Trav.	Cons.	Trav.	Trav.	Cons.	Cons.	Cons.	Cons.
Voix	48 %	46 %	48 %	49,7	49 %	44 %	48 %	46 %	37 %	39 %	44 %	42 %	42 %	42,8
Sièges	62 %	50 %	51 %	55 %	58 %	50 %	58 %	52 %	47 %	50 %	53 %	61 %	60 %	52 %

* 1983 et 1987 : Alliance; 1992 : SDLP

Le parti vainqueur obtient la majorité des sièges (sauf en 1974) mais il n'est jamais majoritaire en voix. Depuis 1945, l'alternance est réelle : 7 cabinets conservateurs et 8 travaillistes. Mais les travaillistes n'ont jamais gardé le pouvoir plus de six ans, alors que les conservateurs ont tenu treize ans de 1951 à 1964, et battent aujourd'hui leur record avec quatre mandats, et déjà 14 ans en 1993.

La chambre des Communes

• *Une longue bataille pour limiter le pouvoir des Lords et celui du roi.* Depuis 1295, le Parlement n'eut de cesse d'augmenter son influence en limitant les prérogatives de la Couronne et de l'aristocratie.

• *Fonctionnement.* La Chambre est élue pour cinq ans, elle est subordonnée au Cabinet qui a le dernier mot en cas de conflit (dissolution). Il y a donc souvent des élections anticipées, ainsi Harold Wilson dissout en octobre 1974 la Chambre élue en février pour consolider sa trop faible majorité. Mme Thatcher provoque un scrutin avec deux ans d'avance afin de capitaliser son succès de la guerre des Malouines. La Chambre est présidée par le *Speaker* (à l'origine il était son porte-parole auprès du roi), fonction éminemment stable car on lui garantit sa réélection en ne lui opposant aucun candidat. L'actuel *Speaker,* Betty Boothroyd, est une MP travailliste que le cabinet Major a fait élire en 1992, ce qui gèle un siège de l'opposition.

Nombre de députés

Angleterre	Pays de Galles	Écosse	Irlande du nord	Total
523	38	72	17	650

• *Les Communes siègent environ 170 jours.* Les séances d'après-midi commencent par le *question time*, une heure par jour durant laquelle sont posées 50 à 100 questions orales transmises à l'avance. Chaque ministre est mis sur la sellette environ une fois toutes les trois semaines; le Premier ministre, un quart d'heure chaque mardi et jeudi. La moitié seulement est traitée en séance, les autres obtiennent une réponse écrite publiée au journal des débats, le *Hansard*. La réponse est suivie de relances impromptues, l'aptitude du ministre à improviser sur des sujets pointus est donc un élément de prestige, son *staff* prépare les séances en essayant de deviner ces questions afin de l'aider à « improviser ». Le ministre peut aussi se faire poser une question par un député ami afin de mettre en valeur sa politique et sa capacité de repartie à des questions faussement inopinées. Pour les MPs, il s'agit de remplir leur fonction de contrôle et de se faire connaître, d'autant que les séances sont aujourd'hui télévisées.

• *L'organisation des groupes parlementaires.* Le travail du parlementaire est une occupation à plein temps, rémunérée depuis 1911, mais le traitement n'est substantiel et indexé que depuis 1983 (1988 : de 22 140 £, plus frais, pour le député de base à 48 148 £ pour le *Leader* de l'opposition). Les débats sont conduits par les *frontbenchers* assis sur les bancs de devant, la majorité face à l'opposition, les simples MPs sont appelés *backbenchers*. Le *Leader* a rang de ministre; il conduit la majorité, définit avec le Premier ministre la tactique parlementaire et fixe l'ordre du jour avec les *Whips* des deux camps. Un statut officiel est accordé à l'*opposition de Sa Majesté* : son *Leader*, le futur Premier ministre, est consulté, des informations confidentielles lui sont transmises, il reçoit un traitement et des avantages de ministre. L'opposition constitue un *Shadow Cabinet* qui siège aux Communes en face du Cabinet et fonctionne en parallèle au gouvernement. Elle organise les débats au cours de séances réservées, 20 *opposition days* (12 % de la session) plus 3 jours aux petits partis (25 % des électeurs en 1983).

Chaque parti désigne des responsables, environ un pour 25 députés, les *Whips* (*whipper in* : le piqueur qui rassemble la meute en chasse à courre). Le *chief whip*, désigné par le *Leader*, a rang de ministre. Depuis 1974, les *Whips* sont rémunérés. Ils adressent aux MPs le calendrier et les consignes de vote, en précisant l'importance de chaque point. Un *three-line whip* (référence soulignée trois fois) a priorité absolue, le député qui veut s'absenter doit s'entendre avec un collègue de l'autre bord pour une absence simultanée (*pairing*).

• *Le Parlement, supposé détenir la source des lois, est relégué par le gouvernement au rang d'un simple rouage de la machine étatique*. La procédure législative retarde une action stressée par la lenteur des mises en application et la brièveté des mandats. Le gouvernement dispose rarement de plus de deux ans pour faire passer ses projets, il faut ensuite attendre qu'ils produisent leur effet et en tirer profit dans l'opinion. Ses moyens administratifs donnent au Cabinet une technicité à laquelle le Parlement ne peut prétendre. Il dispose aussi de moyens procéduraux redoutables : discipline de la majorité, débat accéléré, vote sans débat, initiative des lois (un *private member's bill*, texte soumis par un simple député a 9 fois moins de chances qu'un *government bill* d'être soumis au vote). Pour Jacques Leruez : « la Chambre élue fait œuvre “légitimatrice” plutôt que “véritablement législatrice” »; elle est « une courroie de transmission surefficace pour convertir un projet en loi ».

Mises en cause du Parlement, montée de l'indiscipline

Ces deux phénomènes peuvent être rapprochés.

• *La marginalisation des Communes :*

– La politique financière lui échappe. Les *member's bills* ne peuvent impliquer le budget et un amendement ne peut augmenter une dépense, l'essentiel des crédits sont déjà engagés (traitement des fonctionnaires, plan pluri-annuel d'investissements...), une planification à quatre ans est préparée par un comité de fonctionnaires dont les élus sont exclus. Si l'on ajoute les manœuvres du Cabinet et la technicité inhérente aux affaires budgétaires, on mesure l'impuissance du député.

– L'adhésion à la CEE réduit le pouvoir de Westminster. La législation communautaire étant supérieure à celle des États, elle est directement applicable alors qu'elle ne résulte d'aucun processus démocratique (seuls les traités comme celui de Maastricht sont soumis à ratification). La Commission et le Conseil qui ont le pouvoir législatif émanent des gouvernements, le Parlement élu au suffrage universel n'a qu'un pouvoir consultatif. Le Royaume-Uni ne disposant d'aucune constitution, le traité de Rome (et de Maastricht s'il est ratifié) sont les seuls textes ayant force de loi fondamentale. Or, ils sont de nature infinie, et il est de règle pour un Premier ministre de ne pas engager son successeur. Mais en organisant l'adhésion, Edward Heath plaçait l'Angleterre dans une logique de perte d'autonomie. Cela explique le harcèlement des renégociations dont les Cabinets suivants ont accablé Bruxelles.

– Les référendums, un contournement du Parlement. Les quatre référendums des années 1970 constituent une évolution importante des institutions. Un précédent est créé en 1973 avec le référendum sur le maintien de l'lrlande dans le royaume (57,4 % des inscrits votent OUI, malgré le boycott des partis catholiques). La consultation du 3 avril 1975 sur l'Europe crée un deuxième précédent; Wilson ne pouvait recourir à des législatives après les deux scrutins de 1974. En 1979, deux consultations sur la *devolution* en Écosse et au pays de Galles sont imposées à Callaghan qui n'a plus de majorité; elles divisent le parti et amènent deux défaites.

• *Des Communes difficiles à maîtriser.* Depuis les années 1970, le Parlement donne du fil à retordre aux Cabinets. Sous Edward Heath, 20 % des scrutins voient des votes contraires dans les rangs conservateurs, le gouvernement est battu six fois et subit la fronde permanente d'Enoch Powell. Avec Wilson et Callaghan, l'indiscipline s'accroît face à des Cabinets minoritaires (mars à oct. 1974, oct. 1976 à mars 1979) ou à faible majorité (oct. 1974 à oct. 1976) et donc soucieux de chaque voix. 28 % des scrutins ont vu des votes contraires, le gouvernement subit 59 défaites, dont 23 dues à des défections travaillistes, et sur des questions importantes comme la réglementation du travail sur les docks ou la *devolution*. Mme Thatcher, malgré des majorités confortables, n'eut pas moins à se plaindre. Des rébellions suivies de négociations internes l'ont conduite à plusieurs reculs humiliants, puis à la démission en décembre 1990. Ces résistances ont porté notamment sur des réductions de dépenses sociales (ramassage scolaire, tests ophtalmologiques et dentaires, frais hôteliers à l'hôpital). C'est le Cabinet ultra-majoritaire de 1983-1987 qui a subi le plus de difficultés, et même une défaite (incroyable avec 144 sièges d'avance!), malgré un *three-line-whip*, au sujet du *shops bill*, projet d'ouverture des magasins le dimanche, ce qui confirme le décalage entre le thatchérisme et un conservatisme très sensible aux réactions locales, syndicales ou confessionnelles. Depuis 1987, malgré une avance de 102 sièges, Mme Thatcher dut user de tout son poids pour faire adopter la *poll tax*, avant de chuter quelques mois plus tard.

Technicité croissante des dossiers où l'économie joue un rôle prépondérant, volatilité de l'électorat qui, déçu par l'impuissance gouvernementale face à la crise, se réfugie dans l'abstention, change de camp, ou suit les petits partis (Alliance, partis nationalistes), tout cela conduit certains députés à choisir la rébellion qui permet d'apparaître comme un représentant courageux. Les conservateurs sont libérés de la solidarité par des majorités confortables. Le « fonds de commerce » travailliste repose sur les préoccupations sociales. Ils ne peuvent, sans danger électoral, soutenir les mesures d'austérité (blocage des salaires, licenciements). Cela expliquerait les rébellions contre des Cabinets sans majorité.

Le Cabinet et le Premier ministre

• *Encore une institution sans existence légale*, un simple comité formé à partir de la majorité des Communes pour s'occuper des affaires de l'État. Ce Cabinet obtient une autonomie croissante à l'égard du souverain qui finit d'ailleurs par ne plus y siéger. Trois étapes sont décisives : Whalpole (1721-1742) doit démissionner car il est rejeté par les Communes; Pitt le Jeune (1783), refusé par George II, est imposé par les Communes; Peel (1834) parvient au pouvoir sur un programme (*Tamworth Manifesto*) et désigne lui-même ses ministres. Depuis lors, le Cabinet émane des Communes qui désignent un Premier ministre aux pouvoirs très étendus puisqu'il choisit lui-même ses ministres. Il prend de l'autonomie à l'égard de la majorité jusqu'à être accusé de réduire les Communes à une simple chambre d'enregistrement et à consacrer son énergie à mater des frondes ou à ruser pour les éviter.

• *Le Cabinet est monocolore*, il s'agit d'une équipe de travail et non d'un lieu de débat, il est donc réduit (20 ministres actifs en moyenne), mais les travaillistes sont plus larges car il faut tenir compte de la diversité des courants. Il se réunit deux fois par semaine au 10, Downing Street. Officiellement il n'y a pas de vote, les décisions sont prises à l'unanimité et les ministres choisis pour leur fidélité au Premier ministre, qui peut d'ailleurs les « démissionner ».

• *Les* Departmental Ministers *ou* Secretaries of State *correspondent à nos ministres*, les plus importants sont le *Chancellor of the Exchequer* (finances), le *Lord Chancellor* (justice), le *Home Secretary* (intérieur), le *Foreign Secretary* (affaires étrangères) et les secrétaires d'État à la Défense, l'Éducation, la Santé. Les *Non-departmental Ministers* correspondent à nos ministres d'État, des titres honorifiques, comme le *Lord of the Privy Seal* (garde des sceaux), Mme Thatcher y désignait les *Leaders* des deux Chambres pour ne pas disperser les sinécures. Deux catégories de *Junior Ministers* correspondent à nos secrétaires et sous-secrétaires d'État. Par une convention, qu'une loi de 1937 rend obligatoire, le Cabinet comprend au moins trois pairs dont le *Lord Chancellor*, président de la chambre des Lords, et le *Leader*. Les secrétaires parlementaires privés (PPS) sont des députés chargés de faire la liaison avec leur ministre (un tremplin pour jeunes politiciens).

• *Prépondérance croissante du Premier ministre.*

– Le chef du parti victorieux devient automatiquement Premier ministre, son Cabinet étant formé d'avance (*Shadow Cabinet*). L'unicité du scrutin lui donne l'atout formidable d'une osmose totale avec le Parlement : les électeurs désignent d'un même mouvement les députés et le futur Premier ministre, ce qui n'existe ni en régime parlementaire, ni en régime présidentiel. Le choix d'un *Leader* est donc un acte décisif, les partis utilisent la procédure du vote exhaustif afin de découvrir la personnalité la plus représentative. Chaque délégué du congrès choisit et classe deux candidats parmi les trois sélectionnés au premier tour; pour les départager, on additionne les voix obtenues en second rang à celles obtenues en premier rang.

– Le Cabinet est officiellement exclu de certaines compétences : la loi de finances est décidée par le Chancelier de l'Échiquier et le Premier ministre, la justice est administrée de façon autonome par de hauts magistrats (les *Lawlords*), la liste des honneurs relève du seul Premier ministre.

– Certains grands ministères fonctionnent en circuit quasi-autonome à l'égard du Cabinet à qui ils imposent leurs décisions.

– Des « comités du Cabinet » officieux préparent les séances plénières. Depuis la Seconde Guerre, il est de notoriété publique qu'ils prennent l'essentiel des décisions. Ils renforcent le Premier ministre et court-circuitent le Cabinet. Des décisions vitales y sont parfois prises : la bombe atomique en 1945-1951, l'expédition de Suez en 1956, la guerre des Malouines en 1982. James Callaghan réunissait en secret un comité monétaire qui dirigeait la politique économique quand le royaume a dû passer sous les fourches caudines du FMI (afin d'écarter la gauche travailliste représentée au Cabinet avec Michael Foot et Tony Benn).

– Les services du Premier ministre sont très légers (70 personnes), il ne dispose pas de l'impressionnant appareil de Matignon, de l'Élysée ou de la Maison-Blanche. Mais, depuis Edward Heath, il tend à se renforcer en réunissant des spécialistes extérieurs dans des « viviers d'intelligence » (*Think Tanks*). Harold Wilson a mis sur pied une *Policy Unit* chargée de la réflexion à long terme.

Les Premiers ministres depuis la dernière guerre

1940	W. Churchill	Union Nationale
1945	C. Attlee	Travailliste
1950	C. Attlee	Travailliste
1951	W. Churchill	Conservateur
1955	A. Eden	Conservateur
1957	H. Mac Millan	Conservateur
1959	H. Mac Millan	Conservateur
1963	A. Douglas-Home	Conservateur
1964	H. Wilson	Travailliste
1966	H. Wilson	Travailliste
1970	E. Heath	Conservateur
1974	H. Wilson	Travailliste
1974	H. Wilson	Travailliste
1976	J. Callaghan	Travailliste
1979	M. Thatcher	Conservateur
1983	M. Thatcher	Conservateur
1987	M. Thatcher	Conservateur
1990	J. Major	Conservateur

Extrême décentralisation du pouvoir

Angleterre-Galles : structure du gouvernement local
(l'Écosse a un système propre)

en 1989	6 zones métropolitaines	47 zones non métropolitaines	Grand Londres
Niveau 1	Agences publiques de coordination non directement élues	47 conseils de comté élus	Agences publiques de coordination non élues
Niveau 2	36 conseils de districts métropolitains	333 conseils de districts non métropolitains	Conseils des 32 *boroughs* plus celui de la *City*
Niveau 3	Conseils de paroisse	Environ 11000 paroisses (communautés au pays de Galles) dont 8000 ont un conseil	

Source : d'après J. Leruez, *opus cité*, p. 209

• *Un découpage millénaire sans cesse remis en cause.* L'organisation traditionnelle reposait sur deux niveaux : le comté, en général désigné par le terme ancien de *shire*, et la paroisse, c'est-à-dire la communauté groupée autour de son église. À la fin du Moyen Âge, quand les villes commencent à grossir et la bourgeoisie à s'imposer, elles obtiennent des chartes qui les élèvent au statut de *boroughs* ou *cities*, avec leur propre maire et leur conseil. En 1965, H. Wilson instaure un comté pour l'agglomération londonienne dirigé par le *Greater London Council*.

En 1972, Heath étendit la mesure aux six autres *conurbations*. Mais Mme Thatcher, supportant mal l'autorité de ces collectivités surpuissantes, les a supprimées en 1986, malgré une vive opposition, notamment à la chambre des Lords.

• *L'essentiel des services publics est géré par des « local authorities » élues.* Chaque conseil élit un président mais son rôle est de simple représentation. Dans 20 villes importantes, il a le titre honorifique de *Lord Mayor* qui s'accompagne d'un cérémonial spectaculaire (résidence, limousine, carrosse...). Le personnage principal est en fait le *Leader* de la majorité, il exerce son influence au sein du parti où sont adoptées les consignes que suivront les conseillers de la majorité avec la stricte discipline de règle. On parle de « gouvernement des comités » car la réalité du pouvoir est exercée par des organismes émanant des conseils élus. Contrairement au pouvoir central, la personnalisation du gouvernement local est très faible.

Les mandats sont de quatre ans, le plus souvent renouvelables par tiers, il y a donc une vague d'élections locales chaque année en mai. La politisation de ces élections est telle que les conseils sont dominés par les politiciens des deux partis, les élections locales servent donc de test annuel de popularité au Cabinet. La participation dépasse rarement 40 %, et elles sont normalement favorables à l'opposition.

• *La difficile simplification de la gestion locale.* Plusieurs réformes ont tenté d'uniformiser la taille et les compétences du *Local Government*, notamment celle de 1974 qui reprend les propositions de la commission Radcliffe-Maud de 1966. Mais nombre d'incohérences, de chevauchements et d'exceptions demeurent. La répartition des responsabilités diffère selon le domaine, ainsi la santé est gérée par régions (14 *Regional Hospital Areas*) et districts (201 *District Hospital Aeras*) qui ne recouvrent pas les comtés mais les zones des centres hospitaliers, l'éducation dépend du LEA du comté en zone non métropolitaine, du district en zone métropolitaine.

• *Un financement de plus en plus délicat, les déchirures de la poll tax.* 10 000 conseils, soit environ 100 000 élus constituent la base de la démocratie locale, ils emploient 3,9 millions de fonctionnaires (1,44 dans l'enseignement) contre 2,3 pour le gouvernement central (1,2 au NHS). Leurs recettes proviennent pour près de la moitié des subventions du gouvernement (80 % au titre d'une dotation globale, le *Rate Support Grant*), pour un quart d'impôts locaux assis sur l'immobilier (entreprises et ménages), et un quart des recettes commerciales des services publics.

Consommation des administrations (taux de croissance par décennie)

	Gouvernement central		Autorités locales	
	Consommation totale	dont NHS	Consommation totale	dont Éducation
1970-79	+18,3 %	+50,6 %	37,1 %	+39,7 %
1980-89	+11,4 %	+11,6 %	+9,2 %	- 0,5 %

Source : d'après *Blue Book*, 1990, tableaux 1.7, 9.2, 9.3.

Emploi des administrations (en milliers)

	Gouvernement central		Autorités locales	
	Emploi total	dont NHS	Emploi total	dont Éducation
1979	2 387	1 152	2 997	1 539
1989	3 303 (– 3,5%)	1 221 (– 6%)	2 934 (– 2,1%)	1 494 (– 6,4%)

Source : *Economic Trends*, décembre 1989.

Alors que les dépenses locales avaient augmenté plus vite que celles de l'État dans les années 1970, elles sont restreintes dans les années 1980, notamment du fait des restrictions en matière d'éducation voulues par les cabinets Thatcher.

• *La réforme de la taxation locale est (comme en France) un serpent de mer dont aucun gouvernement ne parvient à se défaire*. En 1983, Mme Thatcher fait rédiger un *Livre Blanc* qui critique sévèrement la *domestic rate* : cet impôt basé sur la propriété reflète mal le revenu, il est incertain et pèse plus lourd sur les pauvres ce qui oblige à exonérer un grand nombre de ménages pour rétablir la justice. En 1987, sur 35 millions d'adultes, seuls 18 millions la payent, dont 12 à taux plein. Le rapport l'accuse d'inciter à voter pour les candidats dépensiers (souvent travaillistes) car ils subissent peu le poids du financement. Les économistes libéraux voient dans cette boulimie de dépenses publiques un comportement typique de « passager clandestin » ou *free rider*. Les dépenses ne font pas l'objet d'un choix avisé, car la majorité des citoyens en subit légèrement la charge et néglige donc de comparer utilité, efficacité et prix. Cela induit une attitude systématiquement favorable à l'essor des dépenses, surtout chez les ménages les moins imposés. Seules les dépenses privées sont choisies à bon escient car le consommateur, étant le payeur direct et unique, étudie le rapport qualité/utilité/prix et vise le coût le plus bas.

En 1988 est donc instaurée la fameuse *poll tax*, impôt à taux unique dû par tous les résidents adultes (sauf abattement allant jusqu'à 80% pour les plus pauvres, soit environ 500 000 exonérations). Sa philosophie découle de l'analyse libérale, il s'agit de responsabiliser le citoyen modeste en lui faisant sentir le coût l'État. Le secrétaire d'État à l'Environnement (tutelle des collectivités locales) estime en 1987 que la *poll tax* donne « à tous les électeurs un intérêt financier direct dans les décisions de leurs conseils ». On sait la déflagration politique ainsi déclenchée; elle a été décisive dans la chute de popularité de Mme Thatcher et les dissensions internes aux *Tories*. La première mesure de John Major a été l'abandon de la réforme.

L'intensité de la vie associative rapproche État et société civile

> « L'exemple de la société anglaise est particulièrement intéressant. (...) Alors même que l'État-Providence y est plus développé qu'en France, on compte près de six millions de "volontaires" dans ce pays. Les "associations de bon voisinage" (*good neighbour scheme*) y ont tissé des réseaux très denses d'échanges locaux, d'entraide, de prestations réciproques de services, etc. Depuis 1977, un organisme d'information sur cette floraison

d'initiatives, le *Mutual Aid Center* (MAC), fonctionne comme un pôle d'échange des expériences. "Nous avons la certitude, dit l'un des responsables, qu'il y a de nombreux domaines où il vaut mieux se débrouiller soi-même et aider ses voisins que compter sur un État lointain et surchargé". Résultat : alors que la situation économique en Grande-Bretagne est plus mauvaise que partout ailleurs en Europe, le développement de cette socialité a permis à la société anglaise de limiter le choc de la baisse du pouvoir d'achat monétaire (près de 30 % en 7 ans!). Ce qui a été dans ce cas un moyen de défense sociale ne pourrait-il pas être ailleurs un vecteur de développement social? »

P. Rosanvallon, *La Crise de l'État-Providence*, Seuil, 1990.

• *Mise en cause de l'autonomie du gouvernement local.* L'État lui laisse une grande liberté, il se contente de réglementer, de financer et de contrôler les investissements. Avec la crise, le pouvoir veut imposer des restrictions, puis Mme Thatcher instaure une sorte de jacobinisme libéral, une nette recentralisation du pouvoir.

Dans les années 1970, des conseils travaillistes entrent en conflit avec le cabinet Heath qui veut leur imposer la hausse des loyers des logements sociaux (*Housing Finance Act*, 1972). Les conseils conservateurs refusent l'école unique. Cependant, malgré l'adresse d'Anthony Crosland aux collectivités locales (« la fête est finie! »), les Cabinets ne parviennent pas à freiner les dépenses, la part de l'État dans leur budget explose jusqu'à 61 % en 1980.

Dans les années 1980, Mme Thatcher s'affronte avec les conseils locaux sur la vente des logements sociaux et leur impose des restrictions draconiennes. Forte de la popularité des cessions de logements, elle supprime les conseils des comtés métropolitains (1986), réduit l'autonomie des LEAS avec la réforme éducative de 1988, puis fait adopter la *poll tax*. Ce dossier local lui sera fatal.

Justice et police : un État proche du citoyen?

• *La loi (Statute Law) et la coutume (Common Law).* Dans les pays de droit écrit (*civil law*) issu du droit romain (France, pays latins), tout ce qui n'est pas formellement autorisé est interdit; l'État prime sur l'individu, il prend donc des règlements dans tous domaines, hors de son action, l'initiative est bloquée. Le pouvoir réel y appartient aux administrations chargées d'appliquer les textes. L'Angleterre est un pays de droit coutumier. Ce ne sont pas des textes qui font autorité, mais la masse des précédents, chaque sentence faisant jurisprudence pour les cas ultérieurs. On parle de la « *binding force of precedent* » (la force contraignante du précédent). Par ailleurs, le droit naturel, à travers la vieille procédure de l'*Equity*, est utilisé dans des domaines comme la protection des femmes mariées, le divorce ou le testament. L'indulgence et le bon sens y sont jugés plus importants que la loi. Le droit coutumier laisse place à l'initiative, l'individu prime sur l'État, « tout ce qui n'est pas formellement interdit est autorisé ». Comme on ne peut se reposer sur un règlement prévoyant les moindres détails et interdisant le reste, c'est le système juridique qui indique ce qui est légal. L'inconvénient est la complexité du droit et l'éventail des procédures qu'il permet. On en voit aujourd'hui la caricature aux États-Unis où tout peut se plaider : face à la multiplication des procès engagés par des clients insatisfaits, certaines professions, comme les médecins, sont paralysées.

La guerre des finances locales

Dans les années 1980, Mme Thatcher veut tailler dans les dépenses, surtout d'investissement et de personnel (jugé pléthorique, inefficient et trop syndiqué). Elle y parviendra moyennant une grave rupture du corps social. Elle commence par diminuer les subventions des conseils trop dépensiers qui doivent choisir entre réduire les budgets et augmenter les impôts. L'habitude était de choisir l'économie, mais certains conseils travaillistes vont passer outre, notamment dans les *inner cities*, où la majorité des familles n'atteint pas le seuil de pauvreté, et ne paye donc pas l'impôt. Le Cabinet choisit alors l'escalade (1980) : subvention réduite d'un montant égal à quatre fois la dépense excédentaire, interdiction de toute hausse en cours d'année (1982). Rien n'y fit, les autorités travaillistes refusent de s'incliner, notamment les plus grandes comme le GLC et l'ILEA jusqu'à suppression complète des subventions, ce qui les libéra de toute pression. Cela eut un effet pervers car les conseils disciplinés subirent seuls l'austérité, ce qui pousse certains, y compris parmi les conservateurs, à hausser les impôts avant restriction.

Le gouvernement décide alors (1984) de supprimer toute autonomie, il dresse une liste noire des conseils indisciplinés et leur fixe un plafond de hausse des impôts. 14 conseils en 1984-1985 et 10 en 1985-1986, tous travaillistes, figurent sur cette liste. Leur fronde sera brisée par les grands moyens : contribuables autorisés à ne pas payer, menaces de poursuites judiciaires à l'encontre des conseillers... L'affrontement atteint son paroxysme à Liverpool quand le conseil, dominé par les trotskistes de la *Militant Tendency*, espérant faire céder le gouvernement comme l'année précédente, vote délibérément un budget en déficit. La commune devra se déclarer en cessation de paiement et licencier 10 000 employés. Cela déclenche une crise au *Labour*, les syndicats concernés, tous travaillistes, ne pouvant accepter cette situation, Neil Kinnock suspend le parti local, le conseil de Liverpool doit entamer une sévère politique de rétablissement et emprunter à des banques suisses.

Au total, le gouvernement réussit à faire plier les conseils, la décrue des effectifs (-2,5 % sur la décennie) et des investissements (-40 % dès 1983) est entamée, et la participation de l'État baisse jusqu'à 50 %. Mais les dépenses de fonctionnement continuent à croître.

• *Un appareil réduit quand des amateurs font la justice*. L'Angleterre compte 400 magistrats professionnels et 27 000 juges de paix (JPs). Ils ont la charge des cours inférieures, les *Magistrates' Courts*, qui traitent 98 % des cas. Il n'existe pas de ministère de la Justice, et bien que le *Lord Chancellor* soit membre du Cabinet et que la chambre des Lords soit la plus haute juridiction, la justice dispose d'une indépendance garantie par le prestige des magistrats professionnels, et par l'autonomie des juges de paix qui, étant bénévoles, ne sont soumis à aucune hiérarchie.

Les magistrats sont recrutés parmi les *barristers* (avocats) les plus chevronnés, ceux des *Queen's counsels* (qui siègent pour l'État). Ils occupent les fonctions les plus prestigieuses et les mieux rémunérées, le traitement du *Lord Chief Justice* dépasse celui d'un ministre, et le *Lord Chancellor* reçoit plus que le Premier ministre.

Les juges de paix sont bénévoles (sauf environ 70 professionnels notamment à Londres), ils reçoivent une modeste indemnité et exercent de 30 à 50 jours par an, ils n'ont pas de formation juridique (quelques cours de base ont été introduits en

1966). Jusqu'à une époque récente, cette fonction était monopolisée par des notables, dominée par la *Gentry*, cette petite noblesse qui constitue la base de la « bonne société » rurale. Choisis par un comité formé d'autres juges de paix, ils sont sélectionnés pour les qualités morales de ce que l'on appellerait en France un honnête homme : « a *good man, worthy and true* » (un homme bon, respectable et sincère). La classe moyenne domine largement, mais on y trouve une proportion croissante de femmes (43 % en 1985), et les syndicalistes ou les ouvriers n'y sont pas rares. Il reste du chemin à parcourir, notamment pour intégrer les minorités ethniques. Le revers de cette proximité est le poids des *lobbies* : notables, politiciens…

• *Des institutions mises à mal par une crise sociale profonde.* Comme partout, la justice est débordée; dans les années 1980, le nombre de crimes et délits augmente de 700 à 900 000, ceux liés à la drogue de 17 à 31 000. Elle ne résiste pas mieux que les systèmes professionnels à l'éclatement du lien social (mais elle coûte moins cher!). Malgré les restrictions de la détention provisoire imposées par l'*habeas corpus* (22 % des détenus en 1988, 41 en France), les prisons sont surchargées. Avec 56 000 détenus, le Royaume-Uni a la plus forte population carcérale d'Europe et le plus fort taux de détention (98,2 pour 100 000 habitants). L'augmentation est angoissante (+33 % de 1978 à 1988); on l'impute à tort à la dureté thatchérienne : elle est en effet dépassée par celle de la France (+57 %) ou de l'Espagne (+196 %).

• *La police dans le tourbillon des explosions sociales.* On sait l'attachement de la population britannique à sa police. La silhouette débonnaire du *Bobby* partage en effet, avec le NHS, les premières places des sondages de popularité. La police locale fait partie de la vie quotidienne des bourgs et des quartiers, elle dépend des comtés sous le contrôle des inspections du *Home Office*. Créée en 1826 par Robert Peel (d'où le surnom de *Bobby* donné aux policiers), la *Metropolitan Police* (*Met*) est une police d'État (27 000 hommes). Elle est chargée du Grand Londres et assure certains services centraux (police criminelle, Scotland Yard, fichier central…).

• *Comme toutes les institutions répressives, la police est au cœur de la tourmente des années 1970-1980* : manifestations ouvrières comme dans la grève des mineurs de 1984 où il fallait disperser les piquets agressifs, émeutes raciales, batailles rangées liées au football, guerre irlandaise, délinquance et drogue. La hausse rapide des effectifs et des salaires (désormais très supérieurs à ceux des autres fonctionnaires) contrastent avec le désengagement de l'État dans les autres domaines et soulignent l'attachement du pouvoir au maintien de l'ordre (*Law and Order*). Mais ce ne fut pas sans mal : comportements racistes de certains policiers dénoncés par le *Scarman Report* (1981), atteintes aux droits de l'homme à l'égard des Irlandais dénoncées par *Amnesty International*, bavures à l'origine de plusieurs des émeutes qui ont secoué les *inner cities*, concurrence entre services, brutalité des services spécialisés armés, comme les brigades anti-drogue, fabrication de preuves pour condamner des Irlandais… Les réformes introduites par Margaret Thatcher ont accentué le malaise : 10 % des effectifs sont désormais armés, ce qui est contraire à la tradition d'une police débonnaire. La police obtient le pouvoir d'interdire certains rassemblements et des prérogatives accrues dans les affaires terroristes. Les sondages montrent le désir d'une police locale et non d'État et le refus de l'armement des policiers. Le discours sécuritaire de Mme Thatcher prend difficilement.

Au terme de cette partie consacrée aux acteurs socio-institutionnels, le bilan est net : la société est en pleine révolution; ni les structures familiales, ni les groupements de classes n'ont pu survivre à trente ans de prospérité. Ils ne conviennent plus aux nouvelles caractéristiques de l'économie : disparition des grandes unités productives, des croissances fortes basées sur la grande série et la concentration. La secousse des vingt dernières années a su les détruire sans parvenir à les remplacer. Seul le système institutionnel, comme c'est d'ailleurs sa fonction, montre la stabilité qui lui a permis de survivre à trois siècles de bouleversements.

Mme Thatcher a voulu insuffler goût de l'entreprise et esprit de responsabilité par le retour aux valeurs morales traditionnelles et la chasse aux protections. Il en sort un désarroi manifeste, ce choc mène-t-il au renouveau?

L'ère Thatcher est-elle une refondation à partir d'un idéal radicalisé ou une simple pause après quarante ans d'étatisme? Une fois le pendule social ramené du côté des possédants et de l'entreprise, les « assistés » renvoyés à leur responsabilité, l'État amaigri, le corps social redynamisé, un retour à la tendance socialisatrice ne paraît pas impossible.

Troisième partie
Au fond de la crise, le renouveau?

La troisième partie de cet ouvrage adopte un point de vue chronologique, nous y présentons les vingt dernières années. Les années 1960 étaient marquées par les tentatives, notamment du *Labour* à travers la mise en place d'une économie concertée à la française, pour enrayer le déclin. Les années 1970 sont dominées par l'urgence : les Cabinets des deux bords tentent de surmonter la stagflation — explosion de l'inflation (jusqu'à 24 %) et montée irrésistible du chômage —, par les méthodes keynésiennes traditionnelles mais durcies à l'extrême car, à faible dose, elles ne paraissent plus efficaces. En 1978, une grande partie du travail de rétablissement des équilibres est accompli quand le deuxième choc pétrolier remet tout en cause. C'est la fragilité sociale (exaspération contre les grèves de « l'hiver du mécontentement ») et politique (le cabinet Callaghan est minoritaire aux Communes) qui donnent l'occasion à Margaret Thatcher de lancer le pays dans l'expérience libérale la plus poussée du monde occidental. Les années 1980 seront celles du marché et de la responsabilité individuelle. On y rencontre à la fois le meilleur : la prospérité, le recul du chômage, la confiance et le dynamisme retrouvés; et le pire : des clivages sociaux exacerbés, une économie ballottée par la volatilité des marchés, les scandales financiers, les flambées du chômage ou l'effondrement du marché immobilier avec son cortège de faillites.

6 *Années 1970 : L'homme malade de l'Europe*

En 1970, l'Angleterre engrange les bienfaits de la « société d'abondance » à laquelle elle accède malgré une croissance très inférieure à celle des autres pays avancés. Elle doit également faire le compte de ses handicaps spécifiques : déclin industriel précoce, freinage chronique dû au *stop and go*, contrainte extérieure accrue par la fragilité de la livre menacée par les *balances sterling*. Les travaillistes étaient au pouvoir depuis 1964 quand le *tory* Edward Heath l'emporte en 1970, mais il est balayé par la crise sociale de 1974. Wilson et Callaghan dirigent alors des cabinets travaillistes, eux-mêmes balayés par la crise sociale de 1979 qui amène la victoire de Margaret Thatcher.

Malgré le renversement de majorité de 1974, cette période présente une étonnante unité. Edward Heath, qui avait entamé sa législature sur un programme libéral, opère dès 1972 un virage à 180 degrés qui le ramène au bustkellisme. Au milieu des chocs pétroliers, face à la stagflation, les cabinets se rejoignent sur tout : Europe, décentralisation, Ulster, politique des revenus, politique industrielle, tentative de contrôler les syndicats, et même la chute dans des conflits sociaux incontrôlables. Ils gèrent avec les recettes classiques du dirigisme keynésien en vigueur depuis la guerre. Mais l'Angleterre, plus fragile au départ, subit la crise plus fortement que les autres pays, cela conduit à durcir les moyens d'intervention : contrôle des prix et des salaires, restrictions budgétaires, contrôle des changes et du crédit. Heath paraît moins éloigné de Wilson que de Thatcher, nous choisissons donc d'étudier les années 1970-1979 comme un tout.

LES FRUITS DE L'ABONDANCE (*AFFLUENT SOCIETY*)

• *Le niveau de vie atteint un point inimaginable vingt ans auparavant* : 11,5 millions de véhicules en 1970 contre 1,5 en 1945, 70 % des ménages partent en vacances, 65 % ont une machine à laver, 75 % un réfrigérateur, 90 % un aspirateur, 80 % un téléviseur. Mais, signe essentiel de la hausse des bas revenus, 0,5 % seulement disposent d'un personnel domestique. La construction de logements (400 000 par an sous Wilson, 7 millions de 1953 à 1972) dont près de 60 % par les *Council Houses* (équivalent des HLM) fait disparaître le spectre des taudis qui touchait des millions de Britanniques. En 1972, la moitié des familles possède son logement (un quart en 1938), un tiers le loue à une collectivité (10 % en 1938), un sixième seulement est en location privée (65 % en 1938). Le confort s'est amélioré de façon spectaculaire : 88 % ont une salle de bains, 96 % un W.-C. intérieur, 34 % le chauffage central.

• *La protection sociale apporte la sécurité du revenu.* L'égalisation des chances par l'école unique, bien que contestée, est vécue comme un progrès par les familles. La création de nouvelles universités et la multiplication des *Polytechnics* ouvrent l'enseignement supérieur qui augmente son effectif de 50 % entre 1963 et 1968. L'attachement exceptionnel des Britanniques à « leur » *Welfare State* doit être rapporté au souvenir vivace des années 1930. Moins de 2 % de chômeurs jusqu'au milieu des années 1960, le plein emploi, qui était le premier objectif de Beveridge, est atteint.

• *La modernisation sociale.* Avec les travaillistes, le Royaume-Uni réalise précocément une série de réformes de société. En 1967, une loi autorise l'interruption de grossesse et sa prise en charge par le NHS ; la contraception est légalisée, ce qui est facilité par l'approbation des Églises anglicane et réformées. Le divorce par consentement mutuel, après une séparation de corps d'au moins deux ans, est introduit en 1968, là aussi, l'appui de l'Église est utile. La peine de mort est suspendue pour cinq ans en 1965, et supprimée en 1969 après un bilan positif (pas d'incidence sur la criminalité), soit 16 ans avant la France. Deux lois (1965 et 1968) interdisent les discriminations raciales. Le *Race Relation Board* est créé pour les faire appliquer (la loi française de 1972 est plus vague et ne prévoit aucun dispositif d'application). En 1965, Wilson crée le *Greater London Council* qui renforce la démocratie locale. En 1966 la commission Radcliffe-Maud propose une réforme du gouvernement local qui inspirera Heath pour sa loi de 1972.

Mais les difficultés s'accumulent

La marche à l'abondance est beaucoup moins rapide qu'ailleurs. De 1950 à 1970, la croissance du PIB est supérieure des deux tiers dans les autres pays industrialisés, la productivité y augmente 3 à 4 fois plus vite.

L'inégalité fondamentale demeure, le vrai pouvoir ne se partage pas ; il est distribué sur les bancs des *Public Schools* et d'*Oxbridge*, dont les réformes ont légitimé le monopole en multipliant les difficultés du secteur public d'éducation.

La question des minorités ethniques devient un problème aigu. Bien que le nombre des immigrés soit modeste (3 %), les incidents se multiplient. Le gouvernement s'engage dans une restriction de l'accès au territoire britannique : 8 500 autorisations seulement en 1968. Puis il fait adopter le *Commonwealth Immigrants Act* qui aggrave la discrimination introduite en 1962 par les *Tories*.

Le *Labour* laisse béant le dossier des régions celtiques où les mouvements nationalistes se renforcent. La question irlandaise renaît en 1968 avec la création du *Northern Irish Civil Rights Association* qui organise des manifestations. En 1969, l'IRA provisoire commence les attentats, Wilson doit envoyer un contingent.

La prospérité mise en cause par la récurrence des déséquilibres

• *Compétitivité insuffisante, inflation, stop and go.* L'ensemble statistique qui suit permet de se faire une idée des problèmes du Royaume-Uni : le manque d'investissement implique une faible croissance à la fois de la productivité (production par tête) et de la croissance (hausse annuelle moyenne du PIB). Les deux impliquent une offre insuffisante pour satisfaire la demande intérieure ou internationale, une forte inflation et un manque de compétitivité qui détermine le recul des parts de marché.

Investissement manufacturier (base 100 : 1960)

	R.-Uni	RFA	É.-Unis	France	Japon
1972	125,4	137,2	174,6	280,7	284,4

Croisance du PIB (% par an)

	R.-Uni	OCDE
1950-78	2,6	3,5 à 8,2

Source : OCDE, *in* Y. Barou,*op. cité*, Hastier, 81, p. 40.

Productivité : évolution (base 100 : 1913)

	R.-Uni	RFA	France	É.-Unis
1913	100	100	100	100
1938	143	122	125	136
1950	159	124	146	159
1970	247	321	352	271

Niveau (100 : R.-Uni)

	1970
R.-Uni	100
France	146
É.-Unis	251
Allemagne	142

Source : A. Maddison, *Economic Growth in the West.*

Indice des prix (base 100 : 1950)

	É.-Unis	Japon	RFA	France	R.-Uni
1970	174	273	189	291	224

Source : OCDE, d'après Y. Barou, B. Keizer, *Les Grandes Économies*, Seuil, 1988, p. 210.

Parts de marché du Royaume-Uni (en %)

	1963	1973		1963	1973
Vers la CEE	8,8	6,2	Vers les pays de l'Est	11,7	5,7
Vers la RFA	7,4	4,9	Vers les États-Unis	11,9	7,9

• *L'économie britannique subit une terrible contrainte externe :*

– Contrainte monétaire et financière : l'importance des activités financières de la *City* oblige à protéger la livre en maintenant un cours trop élevé par rapport à la compétitivité des industries nationales. Les *balances sterling* (avoirs en livres détenus par l'étranger, notamment comme réserves des Banques centrales du *Commonwealth*) font peser une menace permanente car elles seront présentées à conversion à la moindre inquiétude sur sa stabilité.

– Contrainte commerciale : les échanges montrent une extrême sensibilité aux variations de la demande, toute relance se traduit par un boom des importations.

• *Pourquoi une croissance aussi heurtée ?* Chaque cycle de croissance épuise les stocks des industriels, ils recourent donc à l'importation, le déséquilibre des paiements s'accentue avec l'accélération de la croissance, le gouvernement décide une déflation pour empêcher l'effondrement de la livre, le cycle se retourne.

• *Pourquoi une croissance aussi faible?* Il faut interrompre chaque accélération avant qu'elle n'ait produit son plein effet, les phases de haute conjoncture sont trop brèves et trop molles. C'est pourquoi Keynes avait proposé à Bretton Woods, en 1944, un système de compensation international. Faute de l'avoir obtenu, N. Kaldor déclare en 1974 : « seul le protectionnisme peut sauver l'Angleterre ».

L'échec des tentatives de rénovation

De retour au pouvoir (1964) après 13 ans de conservatisme, le *Labour* est porté par l'espoir populaire de voir reprise et approfondie l'œuvre de la Libération. Mais, rapidement, les gouvernants prennent de la distance à l'égard des motions votées en congrès sous la pression des syndicats et de la gauche.

• *Marché commun : aggiornamento travailliste et blocage français.* Wilson tire le bilan du succès des pays de la CEE en comparaison de la médiocre croissance anglaise et des difficultés du *Commonwealth*. En 1967, il prend de front l'opinion travailliste et populaire en formulant une seconde demande d'adhésion à la CEE. Une nouvelle fois, de Gaulle fait capoter l'opération en exprimant un refus catégorique. Selon lui, l'appartenance au *Commonwealth* est incompatible avec la CEE, l'économie britannique est trop éloignée de celle des Six (sources d'approvisionnement extra-européennes), des subventions agricoles trop fortes et des achats à bon marché au *Commonwealth* menaceraient la politique agricole commune, la position internationale du sterling exclurait son adhésion à la « Société libre et solidaire » des monnaies européennes. Harold Wilson répond dans un discours resté célébre que le Royaume-Uni a beaucoup à offrir par son « extraordinaire capacité d'invention ».

• *Relations industrielles, la fragilité des trêves avec les Trade Unions.* Wilson fait du consensus le pilier de sa politique des revenus. L'alignement de la hausse des salaires sur celle de la productivité est en effet considéré dans l'optique keynésienne comme la condition d'une croissance équilibrée, c'est-à-dire sans inflation. Le climat social serait donc la solution du « mal britannique » et le *Labour* en détiendrait seul la clé par sa relation organique avec le TUC. Un accord est conclu en 1964. En 1965, le *National Board of Prices and Incomes* (NBPI) est créé pour planifier les hausses de salaires et de prix, une norme d'augmentation salariale est publiée.

Mais l'idylle prend fin car, avec les premières difficultés, le gouvernement évolue vers la défense de la livre et tente de rendre obligatoires les normes du NBPI, ce qui réduit la liberté de négocier; le TUC refuse, plusieurs conflits s'ensuivent quand le Cabinet prétend geler les prix et les salaires en juillet 1966. Après la dévaluation de 1967, la politique restrictive se durcit. Des ministres proches du TUC sont remplacés par des personnalités de la droite du parti, comme Roy Jenkins qui succède à James Callaghan, ou Barbara Castle qui mènera le parti au bord de l'explosion avec un *Livre Blanc* inacceptable pour les *Trade Unions* : arbitrage obligatoire, sursis de 28 jours pour une grève irrégulière, vote obligatoire en cas de grève dans un secteur d'intérêt national, reconnaissance d'un seul syndicat par entreprise, sanctions pénales pour les contrevenants. L'année 1969 s'achève par un dérapage salarial (+10 %). Le *Labour* échoue donc aussi face aux syndicats.

LE *STOP AND GO*

Phase 1	1953-55	Go	+4,0 %
	1956-58	Stop	+0.9 %
Phase 2	1959-61 1962	Go Stop	+4,2 % +1.0 %

Phase 3	1963-64	Go	+4,9 %
	1964-66	Stop	+2,0 %
Phase 4	1967-71	Go modéré	+2,5 %
Phase 5	1972-73	Go	+4,2 %
	1974-79	Stop	+0,5 %

« De 1950 à 1970, la croissance atteindra 2,8 %, soit la moitié de celle de la zone OCDE Malgré sa lenteur, la croissance a aussi été très irrégulière. À tel point que, pour la décrire, on a inventé le qualificatif de *stop and go*. Se sont en effet succédé des phases de reprise de l'économie et des phases de freinage (...) Le scénario est en général le suivant : les périodes d'expansion entraînent une forte croissance des achats à l'étranger et donc une dégradation de la situation extérieure et une baisse de la livre ; ces mauvais résultats entraînent des mesures de freinage de l'activité — accroissement des impôts, renchérissement du crédit, réduction de dépenses publiques, restriction des dépenses des touristes anglais à l'étranger — qui limitent les débouchés intérieurs. (...) La stagnation renforce alors les difficultés des entreprises. Cumulative, elle rend nécessaire au bout d'un certain temps une relance qui, en l'absence d'assainissement réel de l'économie, est inflationniste et se traduit par un nouveau déficit extérieur. »

Y. Barou, B. Keizer, *Les Grandes Économies*, Seuil, 1988, p. 148-149.

• *Retard industriel et tentative de politique industrielle planifiée*. La croissance butant chroniquement sur la surchauffe, on atteint déjà les limites de la « croissance fordiste », alors que l'Angleterre en avait peu profité. Cette expression due au communiste italien Antonio Gramsci dans les années 1920 et popularisée par l'école de la régulation (M. Aglietta, R. Boyer...) désigne le cercle vertueux qui expliquerait la prospérité de 1945-1973 : gains de productivité, investissement, hausse des revenus et consommation de masse, chaque terme renforçant les autres. Faute d'avoir investi, les entreprises ne peuvent répondre à la demande. Pour faire face, Wilson suit le modèle volontariste de la « concertation à la française » avec des organismes comme le *National Economic Development Council* (NEDC, créé par Mac Millan en 1961). L'État renationalise les 14 sociétés sidérurgiques pour créer *British Steel Corporation* et fusionne les grandes firmes électroniques dans la Société Internationale des Ordinateurs (ICL). Onze régions de planification sont définies. En 1965 est publié un plan de cinq ans (1966-1970). Des subsides sont versés aux firmes qui s'installent dans les zones en crise (l'aide aux zones pauvres décuplée de 1964 à 1967). Sur proposition du professeur Kaldor est créée en 1966 une *Selective Employment Tax* qui incite à limiter l'embauche dans le tertiaire et à l'augmenter dans le secondaire.

• *Échec ultime et symbole accablant, la livre est dévaluée en 1967*. De 1964 à 1967, le déficit extérieur est important. Wilson et Callaghan rejettent pourtant l'idée d'une dévaluation qui assimilerait travaillisme et échec monétaire (ce serait la 3e fois depuis 1931), ils craignent de mettre la *City* en danger (800 millions de revenus financiers reçus, le double des revenus versés). Le Cabinet opte, sous la pression syndicale, pour la relance. La fuite des capitaux se déclenche (une relance mène normalement au déficit, ce qui affaiblit la livre) au pire moment (guerre des Six Jours, boycott arabe à l'encontre du Royaume-Uni). Il faut d'urgence inverser la vapeur, le taux d'escompte est relevé à 8 %, un emprunt humiliant est demandé au FMI (1,4 milliard $), cela ne suffit pas : le 18 novembre 1967, il faut dévaluer (– 14,3 %). C'est une véritable tempête sur le Système monétaire où la livre joue le rôle d'une monnaie de réserve de seconde ligne. Roy Jenkins décide un plan de rigueur, le rétablissement est rapide, mais le ministère de la Planification est supprimé, c'est en bien fini des ambitions rénovatrices.

FACE À LA CRISE, LES GOUVERNEMENTS PARALYSÉS PAR LES RELATIONS INDUSTRIELLES

L'ALTERNANCE

1970-1974 : la tactique de l'affrontement échoue

• *En juin 1970, Wilson provoque une élection avec 9 mois d'avance*. Mal lui en a pris, ce fut un échec pour les sondeurs, les conservateurs l'emportent (46,4 % contre 43 %) et, avec 330 députés, obtiennent une courte majorité absolue (14 sièges). Les conservateurs proposent déjà le programme des années 1980 : virage libéral supprimant l'économie dirigée, restriction du pouvoir syndical, vente des *Council Houses*, TVA. Le Cabinet comprend d'ailleurs Mme Thatcher à l'Éducation.

• *Un nouveau style de gouvernement*. Edward Heath est, avec Margaret Thatcher, un des rares Premiers ministres à ne pas être issu de l'*Establishment*; il va personnaliser le pouvoir en multipliant les cabinets restreints et en réactivant le *Central Policy Review Staff*, surnommé *Think Tank* (réservoir à idées) dont un universitaire réputé, lord Rothschild, prend la direction. On lui reprochera son autoritarisme.

• *Des réformes importantes…* : décentralisation et modernisation de l'État, adhésion à l'Europe, restriction du pouvoir syndical…

• *Mais une gestion incohérente dans une conjoncture secouée*. Heath applique au pas de charge son programme libéral, mais en 1972, face aux premières difficultés, il revient au dirigisme et s'engage dans un bras de fer avec les syndicats. Le conflit atteint son paroxysme à l'automne 1973 en pleine crise du pétrole, Heath choisit l'affrontement (semaine de 3 jours, état d'urgence). Rassuré par des sondages favorables, Heath dissout les Communes, et mène une campagne anti-syndicale sur le thème *Who rules Britain?* (Qui gouverne l'Angleterre?), puis il perd les élections.

1974-1979, le *Labour* obtient une trêve et chute sur sa rupture

• *Pas de majorité*. Avec 230 000 voix de moins que les conservateurs (0,6 %), Wilson enlève 4 sièges d'avance et manque la majorité absolue de 17 sièges. C'est un exécutif ligoté qui aborde la tourmente de l'année 1974, chaque vote doit être négocié avec les petits partis (*Plaid Cymru*, *Scottish National Party*, libéraux, unionistes d'Ulster). Wilson cherche l'unité du *Labour*, car il ne peut perdre une seule voix, tous les courants travaillistes sont appelés au Cabinet : le centre avec James Callaghan (Affaires étrangères) et D. Healey (Échiquier), la droite avec R. Jenkins (Intérieur), A. Crosland et S. Williams (Prix & Consommation), la gauche avec M. Foot (Emploi) et l'extrême gauche avec A. Benn (Industrie).

• *Rétablir l'ordre et ramener l'Angleterre au travail* : 25% d'augmentation pour les mineurs, levée du contrôle des salaires. Les lois anti-syndicales de Heath sont abrogées, le *Closed Shop* et le *Picketting* rétablis et étendus. On prépare un *Contrat Social* qui échangerait la modération salariale contre une économie concertée et le maintien de la liberté de négociation (ce qui avait échoué en 1968-1970).

• *Wilson se sent alors prêt à affronter de nouveau les urnes*. L'atout maître est la bonne relation avec le TUC dont l'électeur attend qu'elle calme la tension sociale. En octobre 1974, après 184 jours seulement, le *Labour* gagne 1 million de voix et 18 sièges, mais son avance est trop courte pour une vie parlementaire tranquille (1 voix de majorité absolue). Les dissensions internes, notamment sur l'Europe (référendum de 1975), vont miner Harold Wilson, il démissionne en mars 1976 avec une explication peu convaincante. Selon Roland Marx, il aurait été excédé d'avoir à cautionner les initiatives des ministres de gauche comme Foot et Benn.

• *James Callaghan va réussir là où tous avaient échoué* : le *Contrat Social* tient près de quatre ans, ce qui permet de rétablir progressivement les équilibres à l'aide de la politique des revenus et d'une extension supplémentaire du secteur public. Mais la crise industrielle est sans précédent, aucun redressement véritable n'est tenté.

• *L'opposition conservatrice devient irréconciliable*. Heath écarté en 1975, l'exaspération anti-syndicale amène Margaret Thatcher au *leadership* conservateur. Le ton change avec ce nouveau *Leader* dont la pugnacité surprend d'autant plus que, pour la première fois, une femme dirige le *Shadow Cabinet*. « La règle qui impose un minimum de collaboration entre le gouvernement et l'opposition semblait oubliée, écrit Max Tacel. Les syndicats étaient dénoncés comme des despotes liberticides qui écrasaient les individus sous la tyrannie d'un néo-nazisme. » Edward Heath se trouve si rejeté qu'il va soutenir discrètement les initiatives travaillistes.

• *Des difficultés politiques inextricables*. Des élections partielles et la désignation d'un *Speaker* travailliste font perdre la courte avance du Cabinet et le contraignent à négocier avec les petits partis. En 1977, un pacte *Lib-Lab* est conclu; en échange, les libéraux demandent une réforme électorale introduisant la proportionnelle. Comme il ne parvient pas à l'imposer à son parti, le pacte sera rompu. Il tente alors, pour quelques voix nationalistes, la difficile réforme de la *devolution* en Écosse et au pays de Galles, mais les référendums de 1979 sont des échecs.

• *La rupture conjointe du pacte Lib-Lab et du Contrat Social précipite la chute du Labour*. Après quatre ans d'une « austérité » acceptée grâce à l'aval des syndicats, la crise sociale éclate en 1978-1979, c'est « l'hiver du mécontentement », une vague de grèves (28 millions de journées perdues) touchant tous les secteurs. Pour la première fois, l'exaspération de l'opinion contre des syndicats incapables de respecter leur signature se transforme en soutien aux conservateurs. Après la défection des libéraux, le gouvernement ne tient plus que grâce aux voix nationalistes, mais elles disparaissent quand on voit au référendum écossais des dirigeants travaillistes comme Neil Kinnock mener campagne pour le NON. Callaghan, fait rarissime, est mis en minorité le 28 mars 1979, il est contraint de dissoudre les Communes.

LES TENTATIVES DE MODERNISATION

• *Identité de vues des travaillistes et des conservateurs.* Wilson, *Labour* modéré, et Heath, conservateur dur, se rejoignent sur des questions qui font pourtant l'opposition traditionnelle entre les deux partis : décentralisation, relations industrielles, Europe, libéralisation des mœurs, école. Heath va appliquer le programme que Wilson avait élaboré sans pouvoir le mener à bien faute de temps (décentralisation), à cause de l'opposition française (Europe) ou des syndicats (relations industrielles). Wilson tombe car l'appui que les syndicats ne lui avaient pas mesuré s'évanouit avec la rigueur qui suit la dévaluation de 1967. Heath, qui ne peut compter sur de semblables amitiés, choisit une épreuve de force qui se termine par sa défaite. Callaghan bénéficie d'une trêve de trois ans, mais chute aussi sur la question sociale. Le débat ne porte donc pas sur les objectifs, mais sur les soutiens et les tactiques. Ce n'est qu'avec Mme Thatcher que des divergences de fond vont apparaître.

Modernisation de l'État : Heath applique les réformes Wilson

• *La commission Fulton réunie en 1968 avait critiqué le recrutement et la formation des hauts fonctionnaires (Top civil servants)*, surnommés *Whitehall*, car les ministères sont concentrés dans ce quartier de Londres proche de Westminster. La domination des *Public Schools* et d'*Oxbridge* est écrasante, avec ce que cela implique comme style (amateurisme) et comme ségrégation. Il s'agit de démocratiser le recrutement et de le rendre plus rigoureux. La sélection comprendra un véritable examen, un collège d'administration est créé en 1970 dans trois centres (Sunningdale, Londres, Édimbourg), mais on est loin de la formation lourde de l'ENA française.

• *La décentralisation préconisée par la commission Radcliffe-Maud* est appliquée en 1974 en Angleterre et 1975 en Écosse. Il s'agit de découper des unités moins disparates et de diminuer le nombre des autorités locales pour les renforcer. Le royaume se dote donc d'une structure étatique permettant une efficacité accrue par la taille des collectivités (les comtés regroupent de 250 000 à 1 million d'habitants). Au même moment, la France crée 16 régions mais elles se surajoutent aux structures existantes : 36 000 communes et 100 départements plus les syndicats intercommunaux rendus indispensables par ce saucissonnage du pouvoir. Les réformes de 1965 et 1972 signées Wilson et Heath seront balayées par Mme Thatcher en 1985…

Le *Labour* condamné par la contradiction entre l'opinion de ses cadres et celle de sa base

On voit ici la raison du rejet subi par les travaillistes aux quatre scrutins suivants (1979, 1983, 1987, 1992). Les ministres sont en symbiose avec l'opinion, les milieux économiques et les conservateurs modérés, mais en opposition totale avec la majorité du parti contrôlée par les syndicats. Cette contradiction reflète le désespoir d'une classe ouvrière condamnée par la désindustrialisation. Ses militants se crispent sur le modèle traditionnel qui a obtenu les acquis aujourd'hui menacés (droits syndicaux, *Welfare*). Mais les militants ne reflètent plus la base, la sociologie a parlé, la classe moyenne et les *cols blancs* sont désormais majoritaires. Au sein de ce qui reste de *cols bleus*, la hausse du niveau de vie se retourne contre ceux qui l'ont obtenue. Une fois installé, ayant acquis logement et voiture, l'ouvrier qualifié maintient son adhésion syndicale (le *Closed Shop* l'y contraint souvent), mais il prend ses distances avec le discours resté radical des *Shop Stewards* (les sommets syndicaux ont toujours été modérés comme le prouve la vogue des grèves sauvages). Mais ce rejet des positions radicales ne peut être mobilisé car les structures des syndicats et du parti laissent la place libre aux activistes du fait de l'absentéisme des simples adhérents. La fréquence des conflits durs n'est pas contradictoire avec des positions modérées au sein du *Labour* ou dans le secret de l'isoloir. Par contre, face aux fermetures, au désespoir des friches industrielles, la rage prend l'ouvrier, il a le sentiment d'être acculé et peut suivre les réactions violentes.

Europe, après le départ de De Gaulle, l'Angleterre touche enfin au but

• *Heath va mener à terme ce que Wilson avait entamé*. Mais les obstacles internes s'accroissent : du côté de l'opinion, les sondages sont de plus en plus défavorables. Jusqu'à la mi-1971, le OUI ne l'emporte que chez les cadres supérieurs et professions libérales; même les électeurs du parti conservateur y sont majoritairement hostiles. Quant à l'électorat travailliste, son rejet est massif. Le congrès du *Labour* de Blackpool en 1972 annonce qu'un Cabinet travailliste renégocierait le traité et confierait la décision au peuple soit par élection générale soit par référendum. La liste des exigences est considérable : libre accès du *Commonwealth* au marché britannique, extension de l'aide à l'ensemble du tiers-monde, rejet d'une harmonisation étendant la TVA aux produits de première nécessité, réforme de la politique agricole commune pour une baisse des prix, révision du calcul de la contribution.

L'accord est signé le 22 juin 1971. Il prévoit une phase intermédiaire de cinq ans pour la suppression des droits de douane et l'adoption du tarif douanier communautaire, les importations de sucre antillais et de beurre néo-zélandais bénéficient d'un accès priviliégié, la contribution britannique passera progressivement de 8,6 à 18,9 %. Grâce au soutien d'une presse gagnée aux thèses conservatrices, l'opinion se retourne à la mi-1971. La répartition sociale (cadres, professions libérales), professionnelle (les *farmers* attendent une hausse des prix agricoles) et géographique (Midlands et Sud) des partisans du OUI, en dit long sur sa signification. Les catégories qui ne souffrent pas du déclin industriel n'ont pas peur de l'Europe, les classes populaires craignent pour leur niveau de vie et redoutent les effets sur l'emploi d'une concurrence accrue. Malgré le courant pro-européen de Roy Jenkins, l'opposition travailliste et syndicale se renforce, attisée par les critiques de Wilson qui reproche à Heath de ne pas avoir assez obtenu de Bruxelles. Le congrès de Brighton, réuni avant le vote de ratification du Parlement, se prononce contre aux 5/6e.

• *Vote historique du 18 octobre 1971* (plus de 500 présents à la chambre des Lords, un record). Malgré la défection de 39 conservateurs, les Communes ratifient le traité sans problème car le Cabinet bénéficie de la désobéissance de 89 travaillistes.

• *Les travaillistes confirment la signature par le référendum de 1975.* Aussitôt élus, ils renégocient l'adhésion et… se déchirent entre pro et anti-européens. Après avoir obtenu quelques aménagements, le Cabinet vote la confirmation (mais 7 ministres s'y opposent) et décide un référendum. La campagne donne lieu à des trajectoires éclatées, la question européenne divise chaque parti : les ministres ont repris leur liberté de parole et s'opposent violemment; un front anti-CEE va d'Enoch Powell à la gauche travailliste, un front pro-CEE allie la droite travailliste et les libéraux, les industriels du CBI et les agriculteurs sont pour le OUI, les syndicats pour le NON. Le Cabinet obtient la majorité grâce à 261 *tories* et seulement 235 travaillistes! Le congrès extraordinaire du *Labour* refuse à une majorité des 2/3.

• *64,5 % de OUI au scrutin du 5 juin 1975.* Seuls deux petits comtés (des îles) se prononcent pour le NON. Énorme succès pour Wilson, mais il mesure le décalage de son parti avec l'opinion publique et avec le Parlement, le partage des voix est symétrique : opinion et Parlement aux 2/3 favorables, *Labour* aux 2/3 défavorable.

• *Enfin arrimée au continent, l'Angleterre entre pourtant dans la Communauté à reculons.* De 1973 à 1978, durant la phase intermédiaire, les divergences demeurent profondes (mouton néo-zélandais par ex.). Le montant de la contribution sera l'objet d'une véritable guérilla de la part de Margaret Thatcher. L'essentiel des dépenses va aux agriculteurs au détriment des consommateurs. Peu agricole, l'Angleterre paye cher car elle importe beaucoup mais elle reçoit peu car sa production demeure limitée. La question monétaire oppose deux philosophies symboliques : l'une reste attachée à la *City*, l'autre privilégie l'intégration européenne. En 1979, le royaume est le seul pays à refuser d'adhérer au Système monétaire européen (changes fixes, avec une marge de ± 2,25 % par rapport à l'écu qui représente la moyenne des devises européennes). La livre reste isolée, elle flotte comme le dollar et le yen.

Irlande : le bourbier sanglant

• *Une tension inmaîtrisable.* Les protestants constituent l'essentiel des classes moyennes, tiennent les leviers économiques et ont toujours gouverné la province. Les catholiques constituent le gros de la *Working Class*, subissent le poids du chômage et du retard économique. La religion trace les limites de groupes irréconciliables. Il faudrait des institutions impartiales pour contenir ressentiment et flambées de violence. Or, l'État n'est pas neutre : la *Royal Ulster Constabulory* (RUC), seule police armée du royaume, recrute principalement chez les protestants; elle est doublée d'une milice officielle uniquement protestante, les *B. Specials* (B pour *boarder*, frontière, officiellement chargée des frontières) dont la brutalité à l'égard des catholiques est bien connue. Les protestants du parti Unioniste disposent de 65 % des sièges au *Stormont*, les catholiques du parti nationaliste de 15 %, Brian Faulkner fait bien peu pour égaliser les communautés.

• *Échec de la solution militaire*. La situation des troupes envoyées par Wilson est de plus en plus délicate. Après l'incident de Falls Road à Belfast en 1970 (5 morts catholiques à la suite d'une intervention militaire), l'IRA intensifie les attentats : 213 en 1970, 1 756 en 1971, 10 628 en 1972. Le premier soldat britannique est tué le 5 février 1971. À la fin 1972, l'armée compte déjà 102 morts et le total des victimes s'élève à 676. Le contingent est augmenté jusqu'au chiffre énorme de 21 000 soldats en 1972. En août 1971, à la demande de Faulkner, Heath réduit les droits des suspects rassemblés dans des camps d'internement administratif. Le 30 janvier 1972, un *Bloody Sunday* fait 15 victimes catholiques à Belfast, l'ambassade britannique à Dublin est saccagée (sans réaction de la part du gouvernement irlandais, ce qui est interprété comme un soutien aux catholiques). Brian Faulkner comprend enfin la gravité du problème et tente la conciliation, mais le sang a déjà trop coulé. En mars 1972, Heath suspend le *Stormont* et place l'Ulster sous administration directe.

• *Échec de la solution politique*. Le 8 mars 1973, Heath organise un référendum. Boycotté par l'IRA, c'est un succès unioniste : 98 % de votants, 58 % des inscrits, sont favorables au maintien dans le royaume. Ce vote engage l'Angleterre dans un piège mortel, le retrait est désormais impossible. Cependant les élections de 1973 portent une majorité de modérés, cela donne un espoir de conciliation.

Une négociation s'ouvre à Sunningdale (près de Londres) en vue d'une représentation égale des deux communautés dans un Cabinet présidé par Faulkner qui comprendrait 6 protestants et 5 catholiques (deux fois plus que leur proportion dans la population) sous le contrôle des gouvernements britannique et irlandais. L'accord déchaîne les passions, les attentats gagnent l'Angleterre (1 mort à Whitehall, 7 à Birmingham). Les élections générales de 1974 balayent tout espoir : 11 des 12 sièges de l'Ulster sont emportés par les unionistes extrémistes du révérend Paisley. Une grève est déclenchée par l'*Ulster Worker's Council* pour l'abrogation des accords. Londres rétablit le *direct rule*, les unionistes organisent unilatéralement une élection et exigent le pouvoir, ce que Callaghan refuse.

• *L'impasse*. L'escalade touche l'État britannique au cœur : en 1976, l'ambassadeur britannique à Dublin est abattu; en 1979 c'est lord Mountbatten, oncle de la reine, ex-vice roi des Indes. Une série de lois d'exception prises depuis 1972 limite les droits des suspects et augmente la liberté de manœuvre des forces de répression. Engluée, l'armée se déshonore : brutalité dans les camps d'internement, comme le terrible Long Kesh; torture, notamment dans le centre de tri de Castlereagh. Le rapport 1978 d'*Amnesty International* dénonce ces violations des droits de l'homme. On en vient à ériger des barbelés pour isoler les quartiers chauds des deux bords, un phénomène de ghettos se produit, les familles isolées dans un quartier adverse sont contraintes au déménagement. Les initiatives de paix du *North Ireland Peace Movement* de Mairead Corrigan et Betty Williams (prix Nobel de la Paix 1977) ou du pape Jean-Paul II lors de sa visite de 1979, vont également échouer.

À l'arrivée de Margaret Thatcher, rien n'est réglé, l'Angleterre se trouve aux prises avec une guerre civile de type colonial à 30 kilomètres de ses côtes.

RELATIONS INDUSTRIELLES, L'ÉTERNEL CHANTIER

1970-1974 : échec de l'affrontement

• *Avec 9,4 millions d'adhérents sur 11 millions de syndiqués, le* TUC *est en pleine puissance*, il enregistre l'adhésion du syndicat des fonctionnaires locaux et de celui des enseignants. Les « barons » à la tête des grandes *Unions* ont un pouvoir considérable : puissance financière et capacité de mobilisation. Certaines, comme la TGWU (transports), ou la AUEFW (métallurgie), dépassent le million d'adhérents.

• *Heath est mandaté pour régler en priorité le problème syndical.* Il dépose donc en 1971 un *Industrial Relations Act* qui prévoit notamment : le caractère obligatoire des accords avec sanction pénale pour les responsables incapables de faire respecter leur signature, la suppression du *closed shop* (ce qui contredit le désir de voir le syndicat contrôler sa base), l'interdiction des grèves de solidarité, la possibilité de suspendre un mouvement contraire à l'intérêt de la collectivité nationale. Pour faire bonne mesure, on ajoute une populaire protection contre les licenciements abusifs. Reçue comme une provocation, la loi déclenche un conflit frontal, le mot d'ordre syndical est *Kill the Bill* (Tuez la loi). C'est la plus forte vague de grèves depuis 1926 (24 millions de journées perdues en 1972).

• *Politique salariale, un dirigisme absolu qui aggrave la tension.* Après avoir recouru plusieurs fois à la loi sur l'état d'urgence face à des grèves (docks, mines, services publics), Heath doit tenir compte d'une opinion publique qui se retourne en faveur des syndicats. En mars 1972, il tente d'ouvrir une négociation sur les prix et les salaires, mais le TUC pose le préalable du retrait de la loi. Il durcit alors sa position, un *Livre Blanc* annonce le blocage des prix et des salaires, le *Pay Board*, un office des salaires, est créé, les conventions des firmes supérieures à 1 000 salariés doivent lui être soumises. À partir de fin 1972, les salaires sont soit bloqués soit soumis à des hausses plafonnées. Ce dirigisme total est en contradiction aussi bien avec le libéralisme affiché qu'avec la tradition de libre négociation.

• *Le dérapage de 1973.* Le point culminant des conflits est atteint en septembre 1973, les mineurs réclament 40 % d'augmentation (la direction propose 16,5 %). Les syndicats déclenchent un mouvement qui désorganise l'économie en plein choc pétrolier : refus des heures supplémentaires et du travail de week-end à partir du 12 octobre alors que l'embargo pétrolier augmente le besoin en charbon. Le 13, le Cabinet déclare l'état d'urgence et limite l'usage de l'électricité. En novembre, les électriciens puis les mécaniciens de locomotive rejoignent les mineurs. Faute de charbon, la circulation ferroviaire est impossible le week-end, perturbée en semaine. Le 13 décembre, le gouvernement annonce une semaine de travail réduite à trois jours à partir de janvier (ce conflit montre l'infinie souplesse du travail humain : avec un horaire réduit de 40 %, la production ne baisse que de 10 %). Parallèlement, il accepte une augmentation pour les mineurs si les autres *Unions* n'en profitent pas pour réclamer la parité. Le TUC hésite, mais l'opération capote quand le ministre de l'Énergie laisse entendre que le pétrole ne fait pas autant défaut qu'on le dit. Le 4 février, les mineurs se prononcent à 81 % pour la grève totale à partir du 10.

L'hostilité envers le pouvoir syndical, parfois même chez les syndiqués, s'explique par des particularités comme le *closed shop* qui implique parfois adhésion sous contrainte, le *picketting* qui conduit à des pressions exagérées sur les non grévistes ou étend la grève à des firmes non concernées (piquet secondaire installé chez les fournisseurs), le non-respect des conventions à cause des grèves sauvages (95 % dans les années 1960-1970) et de la surenchère entre des syndicats trop nombreux, et autonomes à l'égard du TUC.

À l'origine, c'est-à-dire après la Première Guerre, les négociations relevaient de conseils industriels paritaires, l'État n'intervenait qu'en cas d'échec pour fixer des règles minimales. Mais l'essor des *shops stewards* conduit à multiplier les niveaux de la négociation, qui est doublée par une multitude d'accords d'entreprise. Elle se trouve compliquée par la multiplicité des syndicats, et sujette aux revendications d'alignement : quand une entreprise (en meilleure situation financière ou craignant plus la grève) cède un avantage, les syndicats des autres firmes élèvent la barre de leurs revendications. Méfiance réciproque des industriels (groupés dans le CBI, *Council of Business*) et des syndicats, concurrence entre syndicats, manque d'autorité des *Leaders* sur leur base, tout cela conduit à un même résultat : le non-respect des accords, la paralysie de la négociation collective. Chaque tentative gouvernementale de mettre de l'ordre par une politique des revenus se heurte à la tradition du *free bargaining* défendue avec acharnement par le TUC.

L'industrie automobile présente une situation caricaturale, British Leyland comprend 17 syndicats, on y signe chaque année 200 accords différents, la valse des managers (mandat moyen : un an et demi) est telle que leur autorité est faible face à des dirigeants syndicaux très stables, qui sont eux-mêmes mis en porte-à-faux par les mouvements sauvages.

Nombre de journées de grève (1971-1990)

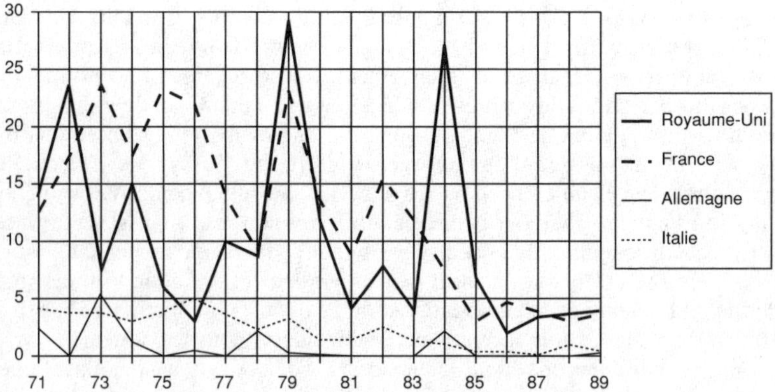

Source : INSEE, *TEF*, années considérées.

Croyant les syndicats isolés, Heath dissout l'assemblée. Aux électeurs de trancher : lui ou les *Trade Unions* présentées comme des usurpateurs du pouvoir.

1974-1979 : Malgré un pacte de 4 ans avec le TUC, les travaillistes échouent aussi

• *Le Cabinet donne des gages aux syndicats pour en obtenir un soutien efficace*, la conjoncture paraît assez dramatique pour que les salariés acceptent une pause sociale. L'extension du *Closed Shop* permet au syndicalisme d'atteindre son apogée en 1979 : 13,5 millions d'affiliés dont 12 au TUC. L'*Employment Protection Act* de 1975 améliore la sécurité de l'emploi, renforce la protection des délégués et prévoit le maintien du salaire en cas de licenciement économique (*redundancy*), chômage technique, maladie ou maternité. En 1977, le rapport Bullock (lord Bullock est un historien renommé) préconise des conseils d'administration bipartites pour les entreprises dépassant 2 000 salariés (modèle de la cogestion allemande) : autant de représentants des salariés que des actionnaires et désignation par commun accord de quelques arbitres (système 2x+y). Selon R. Marx : « Le gouvernement Attlee avait fondé la démocratie sociale : l'heure de la démocratie économique était arrivée ». Un projet de loi est déposé en 1978, mais ne put être adopté avant la chute du Cabinet en 1979. Des mesures sont prises en parallèle : suppression des lits privés à l'hôpital, obligation de fondre les établissements dans les *Comprehensive Schools*.

• *Le Contrat Social*. Le gouvernement rétablit le *free bargaining*. Puis il conclut avec le TUC un accord qui préconise un délai de 12 mois avant la mise en cause d'une convention et accepte le principe de l'évolution parallèle de la productivité et des salaires (recommandée par le rapport Mac Cracken de l'OCDE en 1977). Cependant, les grèves sauvages se multiplient : 14,7 millions de journées de grèves en 1974, moins qu'en 1972, mais beaucoup plus que dans les autres pays. L'inflation devient alors incontrôlable : 23,9 % en 1974, 32,1 % de juillet à juillet en 1974-1975, maximum de 36 % en juin 1975.

– En juillet 1975, la hausse de l'année complète est limitée à 6 £ par semaine (zéro pour les salaires supérieurs à 8 500 £).

– En juillet 1976 : 4,5 % et plafonnement à 4 £.

– En juillet 1977 : 10 % (pas de plafond, la conjoncture s'est améliorée).

Un allégement des impôts sur les bas revenus et une augmentation des prestations sociales viennent adoucir quelque peu la dureté des mesures acceptées par les syndicats. La peur du chômage, l'urgence manifeste de la situation, la collaboration sans faille des chefs syndicaux (notamment le sectrétaire général du TUC, Len Murray et celui de la TGWU, Tom Jones) feront le reste. Ce sont d'ailleurs des employeurs qui vont briser le pacte par des hausses supérieures aux normes. Callaghan prend des sanctions contre Tate & Lyle ou Ford. Le succès est indiscutable, la décélération de l'inflation se produit, la reprise est nette.

• *Le Contrat Social éclate avec le second choc pétrolier de 1978-1979*. Ses fruits sont finalement amers : au moment où la situation permettait de l'assouplir, le second choc remet tout en cause. Au congrès du TUC de 1978, Callaghan demande un nouvel effort (5 % sur un an), il compte sur le pétrole pour tirer enfin l'Angleterre de la crise. Mais les salariés en ont assez de faire les frais de la crise. L'hiver

	1972	1973	1974	1975	1976	1977	1978	1979
Croissance	3,5	7,2	-1,7	-0,8	2,8	2,3	3,6	2,8
Chômage (% des actifs)	3,0	2,0	2,2	3,6	4,8	5,1	4,9	4,5
Inflation	6,5	8,5	16,9	23,7	15,8	14,8	9,0	13,6
Balance courante (% du PIB)	0,3	-1,3	-3,8	-1,4	-0,8	-0,1	0,6	-0,3

Source : OCDE et Comptes nationaux.

connaît une vague de grèves (*Winter of discontent*) plus forte que celle de 1972 : camions, autobus, hôpitaux, British Leyland, docks, marine marchande, fonctionnaires, toutes les catégories s'y mettent, la hausse des salaires de 1978 dérape à nouveau avec 24 %. L'exaspération anti-syndicale atteint alors son maximum.

CONJONCTURE : LE PAROXYSME DU *STOP AND GO*

1970-1974 : échec du tournant libéral et escalade dirigiste

• *Le tournant libéral de Heath mis en échec.* Parvenu aux affaires sur un programme anti-étatique, Edward Heath prend des mesures de dérégulation : suppression de l'*Industrial Development Council* et du *Prices and Incomes Board* (Office des prix et des revenus). Mais, face à une récession : 4,4 % en 1968, 2,5 % en 1969 et 2 % en 1970, le budget 1970-1971 tente une relance; cela ne suffit pas, la récession se poursuit avec 1,7 % en 1971, le chômage inquiète (1 million en 1972).

• *1972 : U-turn (virage à 180°). Heath abandonne son libéralisme et donne une impression d'incohérence.* Le gouvernement revient au dirigisme avec le *Livre Blanc* de novembre 1972 qui instaure le *Pay Board* et une politique des revenus et des prix rigide. Il nationalise Rolls Royce et les chantiers navals de la Clyde pour éviter leur faillite. L'excédent extérieur de 1971 l'incite à accélérer la relance avec le budget voté en mars 1972. Mme Thatcher, alors ministre, se tait mais on devine l'importance de cette expérience : « La dame ne fait pas demi-tour ! » sera l'une de ses expressions favorites. Cependant le succès est exceptionnel, la croissance bondit à 3,5 % en 1972 et 7,4 % en 1973 (record historique), mais une fois encore elle s'accompagne d'un dérapage inflationniste. Salaires et prix s'emballent (15 % pour les salaires, 8,5 % pour les prix en 1973), et la balance courante revient au rouge : +0,3 % du PIB en 1972 et -1,3 % en 1973.

• *Flottement de la livre.* L'envol du cours des matières premières (1972-1973 : +115 % sur le cuivre, 127 % sur le coton, 307 % sur le zinc), la fin de la convertibilité-or du dollar et le déficit britannique ont placé la livre au cœur d'une spirale spéculative. Le 23 juin 1972, Heath décide le flottement. Entre 1971 et 1973, la livre chute de 24 % par rapport au mark, 19 % par rapport au franc. Elle ne sera pas défendue, rien ne doit interrompre la relance et la réforme des relations industrielles, les intérêts de la *City* sont pour une fois sacrifiés. Le désarroi se lit dans un discours du Premier ministre tenu en 1973 devant des chefs d'entreprise :

> « Quand nous sommes arrivés, on nous a dit qu'il n'y avait pas assez d'incitations à investir. Aussi avons-nous procuré ces incitations. Ensuite, on nous a dit que les gens avaient peur que les difficultés de balance des paie-

La politique des revenus, pierre de touche de la conjoncture britannique des années 1970

Depuis 1945, chaque phase de *go* se heurte à l'inflation et au déficit extérieur. Dans une optique keynésienne, cela s'explique par un « gap inflationniste ». Si les salaires montent trop vite par rapport aux profits, l'investissement (lié aux bénéfices) fait défaut alors que la demande (dynamisée par les gains salariaux) augmente vite. Se heurtant à une offre insuffisante, la demande se porte vers l'importation et provoque une tension sur les prix. La solution se trouve dans le repartage du revenu national, les salariés ne doivent pas obtenir d'augmentation supérieure à la somme des gains de productivité et de l'inflation prévue. Le dérapage du début des années 1970 s'expliquerait par les conflits ayant abouti à la hausse de la part des salaires de 64 à 72 % du PNB entre 1970 et 1975, la politique travailliste se concentre alors sur la modification de ce partage au profit des entreprises par la modération des salaires. Le retour à une croissance équilibrée repose sur la politique des revenus. Les gouvernements s'y « cassent les dents » pour une raison évidente : il est aisé de contrôler l'évolution des salaires, impossible de maîtriser celle des prix. Les salariés refusent donc d'en faire seuls les frais car ils savent qu'on ne peut demander le même effort aux autres. Cela conduit les Cabinets des deux bords à une préoccupation commune : mettre au pas les syndicats. Il ne reste qu'une différence de style : les conservateurs, n'ayant pas l'oreille du TUC, concluent à la nécessité de les briser; les travaillistes, à celle de les amadouer. Jusqu'en 1979, les deux méthodes échouent.

	Salaires	Prix
11/72 à 3/73	Blocage	Blocage sauf pour aliments frais, fruits, légumes, poissons, viandes
31/3 73 au 31/10 73	Limites d'augmentation. Salaires : 1 £ + 4% (plafond 250 £), dividendes : 5%, loyers commerciaux bloqués, loyers privés : hausses prévues par le *Housing Finance Act*. Création d'un Office des salaires (*Pay board*), communication obligatoire des contrats de salaires (E. >1000 salariés).	Augmentations admises dans certains cas : prix de revient accrus, préservation d'une marge sauvegardant l'investissement, exclusions diverses. Création d'une commission des prix, communication obligatoire des tarifs pour les industries dépassant 50 millions de £ de CA, et services dépassant 20 millions.
11/73 à 10/74	Limites d'augmentation des salaires : 7% (plafond 350-400 £) + suppléments (productivité, travaux pénibles ou prolongés) + échelle mobile (au-delà de 7% d'augmentation des prix, 40 pence par semaine et par point d'inflation).	Contrôles maintenus.

Source : d'après J. Leruez, *Revue française de sciences politiques*, octobre 1975.

Le « RAS-LE BOL » ANTI-SYNDICAL QUI RAMÈNE LES CONSERVATEURS AUX AFFAIRES

La question syndicale couve depuis longtemps, mais jusqu'en 1978-1979, aucun gouvernement n'avait réussi à isoler suffisamment les *Unions* pour faire passer des mesures restrictives. Edward Heath mit la question au centre des élections de 1974, mais l'opinion ne l'a pas suivi. Durant « l'hiver du mécontentement » (*Winter of discontent*) un véritable déchaînement d'articles et de déclarations anti-*Trade Unions* se produit, il semble que cette fois-ci le message soit passé, la campagne des conservateurs est basée sur ce thème qu'elle exploite avec une rare violence.
« Combien de temps encore avant que les *Unions* ne soient sauvées de leurs *Leaders*? »

P. Johnson, *The Times*, 23 mars 1978.

« Les *Trade Unions* sont la principale cause de pauvreté dans les îles britanniques. Les grèves et les hauts salaires ruinent le pays. »

Sunday Times, 15 février 1978.

ments ne ramènent le *stop and go*. Aussi avons-nous laissé flotter la livre. Ensuite on nous a parlé de peur face à l'inflation, aussi nous nous en occupons. Mais vous n'investissez toujours pas. »

• *1973 : de la surchauffe à la dépression.* La croissance atteint son sommet en 1973. En 1974, le retournement est d'une rare brutalité : -1,5 %. Il surprend le gouvernement alors qu'il est engagé dans une épreuve de force pour imposer la désinflation tant aux syndicats qui n'admettent pas la réduction de leurs prérogatives, qu'aux industriels réticents devant des mesures brutales.

• *Choc pétrolier, l'Angleterre est, avec l'Italie, le pays le plus secoué.*

– Effet inflationniste. L'indice des prix bondit de 8,5 % en 1973 à 16,9 et 23,7 en 1974-1975. Le quadruplement du prix du brut à la fin 1973 gonfle ce prix essentiel, cela se répercute mécaniquement dans tous les autres prix, notamment ceux de domaines clés : matériaux de construction (verre, ciment, produits métalliques...), transport, chauffage, plastiques, tissus synthétiques...

– Effet extérieur. En 1974, le déficit courant triple (de 1,3 à 3,8 % du PIB), deux fois et demi celui de la France, la livre perd plus de 40 % entre 1972 et 1976.

– Effet déflationniste. Tous les agents réévaluent brutalement ce poste de leurs dépenses, ils vont donc réduire leurs autres achats. Cet appauvrissement provoque un retournement des anticipations. Les firmes, prévoyant une récession, vont la favoriser en réduisant investissement et embauche. La croissance est stoppée net : –1,7 % en 1974, -0,8 % en 1975. Le chômage bondit de 2 % en 1973 à 4,8 % en 1976 (+110 %). Une nette dépression touche l'Angleterre, alors que l'OCDE subit une simple récession (+0,6 %) en 1974 et une stagnation en 1975 (–0,2 %).

Cela explique l'hésitation des gouvernements qui ont d'abord privilégié la lutte contre l'aspect inflationniste par un *stop*, puis, devant l'explosion du chômage de la fin 1974, se sont retournés contre la déflation par une relance massive (fin 1975) qui aboutit à la forte reprise de 1976-1978.

• *Le gouvernement Heath refuse de se laisser perturber dans son épreuve de force pour imposer la politique salariale.* L'événement est saisi au bond par les protagonistes pour atteindre leurs objectifs respectifs. Les syndicats de mineurs en profitent pour lancer un mouvement de refus des heures supplémentaires. La réaction du gouvernement est de la même veine : prétextant la pénurie d'énergie, il décide la semaine de trois jours, une occasion saisie de mettre les syndicats au pied du mur en les conduisant à se heurter à l'opinion.

1974-1979, dérapage et tentative de relance équilibrée

• *Le débat de politique économique devient radical.*

– Les libéraux accusent le fardeau fiscal qui décourage l'initiative et l'excès d'État qui sclérose la production, ils préconisent une politique monétariste pour rétablir les équilibres et la mise au pas des syndicats. Ces thèses constituent désormais le programme conservateur. Leur manifeste de 1977, *The Right Approach to the Economy*, est inspiré par le courant ultra-libéral : von Hayek pour sa philosophie de la responsabilité individuelle et son rejet de l'État, Milton Friedman pour la thérapeutique monétariste qui consiste à lutter contre l'inflation par le seul biais d'une contraction monétaire. Cette approche rejette la politique industrielle accusée de soutenir à grands frais les firmes inefficientes au lieu de laisser la concurrence dégager les meilleures et favoriser l'entreprise par des mesures fiscales et sociales. Les aides régionales ne permettraient qu'une déformation du tissu industriel.

– Les keynésiens ne croient pas aux causes monétaires de l'inflation, ils désignent le conflit entre les groupes sociaux pour le partage du revenu. Trop favorable aux salariés dans les années 1970, il expliquerait le recul de la rentabilité, de l'investissement et la fuite des capitaux qui affaiblit la livre. Il faut donc trouver un accord salarial pour briser la spirale inflationniste qui est pure anticipation. Sous le titre *Seul le protectionnisme peut sauver l'Angleterre*, lord Kaldor déclare en 1978 : « L'industrie a besoin de protection dans deux cas : quand elle est dans son enfance et quand elle est dans sa vieillesse. (...) Le libre échange n'assure pas le développement harmonieux de tous les pays qui y prennent part. L'Angleterre par exemple a entièrement ruiné des pays comme l'Inde ou l'Irlande (...) La vérité est qu'il faut que chaque pays développe la liberté des échanges jusqu'à un point optimal et pas au-delà. » À la gauche du *Labour*, on mise sur la politique industrielle, « *The Enterprise State* » (l'État entreprise) dit Andrew Gamble, pour promouvoir une industrie plus dynamique par un soutien de l'État.

• *Le* Livre Blanc *de 1974 dresse un bilan sans appel de la situation industrielle.* Il implique des mesures radicales, mais Wilson et Callaghan se contentent des vieux réflexes travaillistes : nationalisations, politique des revenus. Contrairement aux vœux de lord Kaldor, conseiller de Callaghan comme il l'avait été sous Wilson dans les années 1960, aucune mesure protectionniste d'ampleur ne sera prise.

• *Une tentative de planification industrielle.* L'*Industry Act* de 1975 propose une stratégie volontariste de revitalisation industrielle. 1) Le *National Economic Development Council* (NEDC), qui réunit des représentants du patronat, des syndicats, du gouvernement, des firmes nationalisées et certaines personnalités, est réactivé pour promouvoir une économie concertée. 2) La propriété foncière est pour la première fois visée : les autorités locales pourront acquérir les terres peu exploitées. 3) Un *National Enterprise Board* est créé pour, en échange d'une participation, injecter des capitaux publics dans les firmes en difficulté (modèle de l'IDI français). 4) Cette politique n'aura d'effet qu'à long terme : en attendant, l'État assume les déficits. Au contraire, le Japon, la RFA et la France entament une restructuration industrielle pour éliminer les « canards boiteux ». 5) Le programme est financé par une hausse des impôts et la réorientation vers l'industrie des ressources des investisseurs institutionnels. 6) Le soutien des salariés et des *Trade Unions* est recherché par le biais de contrats de planification tripartites.

Cette politique va de pair avec une tendance protectionniste. La ressemblance est frappante avec le programme que la gauche française appliquera en 1981 avant de revenir à une orthodoxie de marché. L'inspiration se trouve à l'extrême gauche du *Labour*, notamment chez Tony Benn; en France, elle provient du PCF et des chevénementistes inspirés par l'école régulationniste.

Une série d'entreprises passe sous contrôle d'État : Ferranti (matériel électrique), Harland & Wolff, Dunford & Elliot (chantiers navals), Alf & Herbert (machines-outils), British Leyland et Chrysler (revendue à Peugeot en 1978); dans l'automobile, plusieurs firmes électroniques sont fusionnées sous l'égide de la holding Imnos (semi-conducteurs). Mais le gouvernement ne se laisse pas entraîner par sa gauche qui réclame l'extension du programme aux industries aéronautiques et à la construction navale, 17 % des actions BP sont vendues pour unifier les pourcentages de contrôle dans le secteur des hydrocarbures.

• *La manne pétrolière ramène l'équilibre et rétablit la livre.* Toute la politique économique de cette deuxième moitié de décennie est suspendue à cette aubaine. Il y a là une certaine irresponsabilité. Sachant que les revenus pétroliers doivent décliner dès 1985, on aurait dû utiliser ce sursis pour accélérer les ajustements.

– Contrôle public : les firmes doivent céder 51 % de leur capital à la British National Oil Corporation (BNOC) qui, de plus, exploite en propre 8% des gisements.

– L'État prélève 41 % de la recette (1979) : *Petroleum Revenue Tax* de 45 %, royalty de 12,5 %, et *Corporation Tax* ordinaire de 17,5 %.

– Dirigisme : une loi de 1976 permet de réglementer la production pour l'étaler.

– Redressement de la production de houille qui bénéficie d'un regain de compétitivité avec la hausse du prix de la ressource concurrente.

Effet du pétrole sur la balance courante (en millions de £)

	1975	1976	1977	1978	1979	1980	1985
Production	40	1 090	2 250	3 400	5 150	6 600	4 130
Incidence sur la balance	-610	+90	+1 050	+2 450	+3 950	+5 400	+1 590

Source : d'après *Economic Progress Report*, 1986.

• *Janvier 1977 : humiliation de l'emprunt au FMI.* Le redressement se produit en effet : en 1979, l'essentiel des comptes est soldé, mais il faut solliciter un crédit de 4 milliards de dollars, le plus important dans l'histoire de cette institution. Ce concours est assorti de conditions draconiennes : coupes budgétaires, baisse du déficit public, hausse du taux d'intérêt et baisse du taux de change.

« Une approche de la stratégie industrielle »

Livre Blanc du chancelier de l'Échiquier (1974).

Investissement : taux insuffisant, utilisation du capital peu efficace (faible rentabilité des nouveaux équipements), mauvais choix.
Force de travail : manque de formation, la main-d'œuvre qualifiée fait défaut au plan sectoriel ou régional, faible productivité du travail du fait d'une direction inefficace, d'un appel insuffisant à la participation du personnel, des pratiques syndicales restrictives, des conflits sociaux et du maintien de sureffectifs.
Gouvernement : fréquents changements de politique économique causés par la contradiction entre besoins sociaux et impératifs industriels, priorité au secteur public au détriment des exportations et des investissements de l'industrie, ingérence trop étroite du gouvernement dans la politique des firmes nationalisées (prix, investissements, relations salariales).
Finances : recul de la rentabilité industrielle, mauvais fonctionnement des marchés financiers, absence de priorité pour l'industrie.

Cours de la livre (1971-1980)

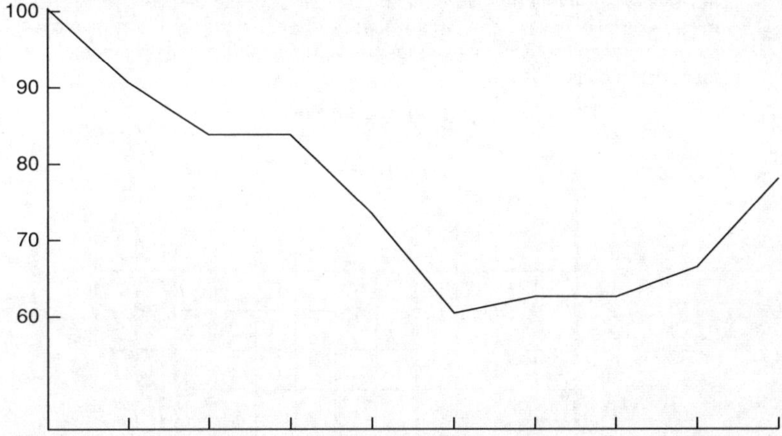

Sterling effective exchange rate, 1971-1980 (1971 = 100)
Source : *Economic Trends Annual Supplement, 1981.*

• *La spirale inflationniste est contenue par des moyens dirigistes renforcés :*

– L'infléchissement du partage salaire-profit en faveur des entreprises est obtenu grâce au Contrat Social. L'accord passé avec le TUC est renouvelé trois fois, et il porte ses fruits. Après avoir augmenté de 64 à 72 % entre 1970 et 1975, la part des salaires revient à 64 % du PIB en 1979.

– La politique monétaire utilise, comme en France, le contrôle des changes et un strict encadrement du crédit. C'est le « corset » instauré par Heath en 1973 : toute banque qui dépasse le rythme mensuel autorisé d'augmentation des crédits distribués se voit imposer un dépôt non rémunéré auprès de l'institut d'émission,

Courbe de Phillips. La *courbe*, élaborée en 1958 par le néo-zélandais FW Phillips pour le Royaume-Uni sur la période 1858-1957, porte en ordonnée la variation annuelle du taux de salaire, en abcisse le taux de chômage. Elle met en évidence une corrélation inverse : quand les salaires augmentent vite, le chômage baisse, et vice versa. Cela confirme une observation simple : une croissance forte induit des embauches et une tension sur le marché du travail (pénurie de certaines qualifications) : les salaires augmentent, le chômage baisse. Une croissance lente (récession) ou négative (dépression) a l'effet inverse. Le keynésien O. Lipsey va modifier la *courbe de Phillips* en remplaçant la variation des salaires par celle des prix, la corrélation est identique, ce qui paraît logique : les prix sont fortement liés aux salaires, principal coût des entreprises, ils montent toujours en période de prospérité (car la demande est forte) et baissent (ou ralentissent leur hausse) en période de crise, ce qui vérifie la relation inverse avec le chômage. Cette nouvelle présentation a un but évident : faire apparaître l'inflation comme un moindre mal par rapport au chômage, ce qui sera utilisé pour justifier les politiques de relance, en général inflationnistes (dépenses budgétaires et facilité du crédit, abondance monétaire). Depuis lors, la *courbe de Phillips* est un sujet de polémique entre keynésiens, qui y voient une confirmation de leur politique de pilotage macro-économique entre l'écueil du chômage (récession) et celui de l'inflation (surchauffe), et monétaristes qui soulignent le danger des manipulations de la conjoncture, notamment par le biais monétaire.

Courbe de Phillips

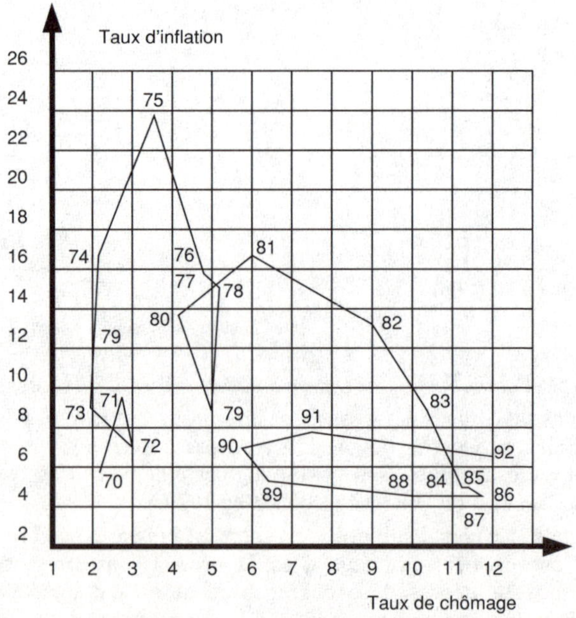

NAIRU (*Non Inflation Accelerating Rate of Unemployment*) : les services statistiques calculent le NAIRU, (taux de chômage non accélérateur d'inflation) afin de repérer jusqu'à quel point on peut diminuer le chômage sans provoquer une flambée des salaires et des prix. Un chômage nul n'est ni possible (chacun doit être libre de changer d'emploi et de prendre son temps pour en trouver un plus intéressant, mieux payé ou mieux situé), ni souhaitable car la situation ne pouvant être uniforme, il entraînerait de fortes pénuries régionales ou sectorielles de main-d'œuvre, donc des goulots d'étranglement et des importations excessives.
Les politiques de *stop and go* reposent sur l'idée, somme toute rassurante, qu'inflation et chômage se contredisent. C'est la faiblesse et la brièveté des *go* et la dureté des *stop* qui font le *mal anglais*, non leur alternance qui est parfaitement conforme à la doctrine keynésienne alors dominante en matière de politique économique.
Stagflation, quand la courbe refuse de rejoindre l'origine la politique économique est paralysée. Ce barbarisme (en anglais *slumpflation*) désigne un phénomène nouveau survenu dans les années 1970 : la conjonction d'une faible croissance (stagnation), donc d'un fort chômage, et d'une forte inflation. Il n'est donc plus possible de relancer car la hausse des prix est déjà très forte avec une inflation à deux chiffres dans la plupart des pays (jusqu'à 20-30 % en Angleterre, en Italie, ou au Japon). Le déficit extérieur lié à la facture pétrolière constitue un deuxième blocage paralysant l'action gouvernementale. La *courbe de Phillips* représente graphiquement ce *dérapage* : elle se déplace vers le haut et la droite, ce qui signifie qu'il faut de plus en plus d'inflation pour diminuer de moins en moins le chômage.
Avec l'Italie, le Royaume-Uni est le pays le plus touché. De 1974 à 1976, l'inflation varie entre 9 et 23,7 %, la croissance de -1,7 à +3,6 % (+9 % en 6 ans), le chômage passe de 500 000 en 1973 (2 %) à 1,45 million en 1978 (5,1 %). L'effet budgétaire est immédiat : accélération des dépenses, notamment sociales et industrielles, ralentissement des recettes car les revenus, la consommation, et les profits imposables diminuent. La dépense publique bondit de 43,5 % du PIB en 1973-1974 à 49,2 % en 1975-1976, le déficit de 4,3 milliards de livres à 10 milliards. Le sterling perd 28 % entre 1973 et 1976.
Un choc secoue alors la science économique. Les keynésiens se seraient donc trompés ! Les avertissements de Milton Friedman, le monétariste de Chicago que personne n'écoutait car il annonçait de mauvaises nouvelles, seraient donc justifiés. Nobélisé en 1976, il voit ses thèses gagner les décideurs, notamment à la tête des Banques centrales. C'est l'origine du grand tournant des politiques économiques survenu en 1979 (arrivée de Paul Volcker à la Réserve fédérale américaine et des monétaristes britanniques au cabinet Thatcher). Les priorités sont inversées : briser d'abord l'inflation sans se préoccuper du chômage, objectif atteint dans la dépression mondiale de 1981-1982.

le *Supplemenary Special Deposit* dont le montant croît fortement en proportion du dépassement. Cette méthode complète le système des réserves obligatoires sur les dépôts. Comme toutes les mesures très dirigistes, il est cependant en partie contourné.

Cette politique remporte un indéniable succès : l'inflation baisse de 23,7 % en 1975 à 8 % en 1979. La *courbe de Phillips* se rapproche lentement de l'abscisse, ce qui signifie une réduction de l'inflation sans hausse du chômage.

Le marasme britannique étant très ancien, on ne voit pas le contraste, si marqué partout ailleurs, entre les années de crise et la prospérité. La décennie 1980 n'est pas meilleure que la précédente, elle contient à la fois le meilleur cycle depuis la guerre (1984-1988) et le pire (1980-1983). Pour l'étude de pic à pic, on ne peut dépasser cette date car en 1992 nous sommes au creux du cycle. Le découpage par gestion politique n'apporte aucune lumière, les dates coïncident mal avec la conjoncture.

Croissance et gestion politique

Conservateurs 1952-64	Travaillistes 1964-70	Conservateurs 1970-74	Travaillistes 1974-79	Conservateurs 1979-92
3,0%	2,7%	2,6%	2,0%	1,9%

Taux de croissance annuel du PIB (données OCDE, graphes de l'auteur)

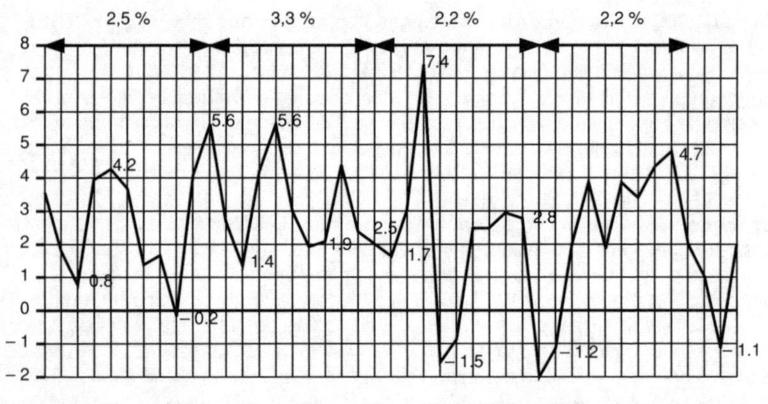

La croissance cycle par cycle (de pic à pic)

51-54	55-60	61-64	65-68	69-73	74-79	80-83	84-88
2,7%	2,7%	3,4%	2,9%	3,3%	1,4%	0,6%	3,7%

Sources : *Blue Book*, 1990, tableaux 1.1, 16.9.

Deux chocs survenus en 1978-1979 vont faire basculer et la conjoncture et le Cabinet :

– La trêve sociale est rompue dans l'« hiver du mécontentement ».

– Le deuxième choc pétrolier vient casser une reprise mondiale très forte avec le même double effet qu'en 1973. Mais, cette fois, les gouvernements réunis au sommet de Tokyo, en 1979, décident de récuser toute politique de relance, on n'essaiera pas de gagner un nouveau sursis face aux chômage. Le monétarisme l'a emporté, une dépression commence, l'Angleterre va la subir plus durement que les autres.

En conclusion, ces années 1970 laissent l'impression d'un « déficit d'imagination ». Compter sur le pétrole pour l'équilibre extérieur, subventionner les firmes en difficulté et obtenir la modération salariale à force de tractations ne peut suffire à rétablir la compétitivité. En 1978, la position conjoncturelle est meilleure, mais rien n'est réglé; avec le choc de 1979, tout est à refaire. Tout autres sont les années 1980, l'Angleterre y tient en effet le rôle d'un véritable laboratoire pour l'expérience libérale.

7 *Années 1980 : Renaissance ou nouveau cycle ?*

Margaret Thatcher invite les Britanniques à une renaissance morale et économique : responsabilité individuelle, propriété, retour au marché. Ce programme, prudemment entamé en 1979 est appliqué au pas de charge après 1983, la reprise économique et le succès électoral ayant donné des ailes à son initiatrice. Le triomphe apparaît total quand la courbe du chômage s'inverse en 1986, mais l'euphorie de la fin des années 1980 ramène au syndrome du *stop and go* : inflation, dérapage salarial, déficit extérieur, chute de la livre, il faut se rendre à l'évidence la révolution libérale accouche en fait d'un nouveau cycle. La dépression de 1991-1992, l'effondrement monétaire, la sortie du SME, le retour des troubles sociaux (manifestation de 1990 contre la *poll tax* et de 1992 contre les licenciements dans les mines) confirment cette impression de retour à la case départ.

NOUVEAU CONSERVATISME, LA FIN DU BUTSKELLISME

La victoire de 1979

• *Jamais les programmes n'avaient été aussi opposés.* La droite annonce un vrai tournant libéral : privatiser, réduire l'impôt direct, s'attaquer au pouvoir syndical, vendre les logements sociaux, renforcer l'armée; la gauche un programme étatiste : faire payer les riches, planifier, nationaliser, collectiviser le sol, achever l'école unique, diminuer les dépenses militaires.

• *Une victoire sans ambiguité.* Forte participation (76 %), nette avance (44 %, 339 sièges), recul des petits partis, cela ne laisse aucun doute sur le mandat du pays, qui, une fois de plus, est coupé en deux. L'Angleterre prospère du Sud vote *Tory*, le Nord vote *Labour.* Cela confirme la vocation ouvrière du *Labour*, mais la classe ouvrière perd ses effectifs, faute de l'aggiornamento travailliste qui lui permettrait de grignoter sur les catégories montantes, le *Labour* perd le pouvoir pour longtemps.

Margaret Thatcher et le thatchérisme

• *Pur produit de la* Lower Middle Class, *femme déterminée et cassante, Margaret Thatcher détonne dans un* Establishment *masculin accoutumé au compromis.* L'Angleterre est donc le premier grand pays occidental gouverné par une femme. Destin peu commun dans un pays où les hommes ne tolèrent pas de femme dans leurs clubs. Fille d'un épicier méthodiste de Grantham, dans le Lincolnshire, elle affiche fièrement ses origines modestes, contrairement à Edward Heath qui cherchait à les faire oublier, probablement parce qu'elle a surmonté ce handicap, notamment en matière d'accent. Elle fréquente l'école privée de filles de sa ville puis fait des études de chimie à Oxford. Mais elle bifurque vers la profession d'avocat, puis entame une carrière politique fulgurante. Député de Finchley dès 1959, elle saisit la chance, rarissime pour un simple MP, de se faire remarquer quand elle est tirée au sort pour déposer un projet de loi sur les collectivités locales. En 1961 sous Mac Millan, elle est déjà secrétaire parlementaire (donc membre du Cabinet). Dans l'opposition, porte-parole du *Shadow Cabinet*, elle se montre un brillant défenseur des méthodes de marché, notamment en 1965 contre le projet de loi sur l'expropriation des terres, et en 1966, contre la taxe sélective sur l'emploi inventée par lord Kaldor.

Ministre de l'Éducation sous Heath en 1970, elle défend avec succès son budget, mais se forge une mauvaise réputation en supprimant la distribution de lait aux enfants (*milk snatcher,* dit-on, celle qui arrache le lait aux enfants). Elle fait l'amère expérience de l'impuissance d'un ministre car elle ne parvient pas à freiner la machine administrative qui applique la réforme des *Comprehensive Schools* lancée par son prédécesseur travailliste. Elle y apprend, tout en restant loyale à l'égard du Premier ministre, à mener quoi qu'il arrive sa politique jusqu'au bout. Le *U-Turn* d'Edward Heath en 1972 lui paraît un acte funeste, il la conduit à peaufiner une réputation d'inflexibilité avec des formules comme : « La dame ne fait pas demi-tour ! ».

Après la défaite de 1974, les jours de Heath sont comptés, il a mené trois fois le parti à l'échec (1966, avril 1974, octobre 1974) et une seule à la victoire (1970). Ses chances de rester *Leader* diminuent, la multiplicité des candidatures permet le succès inattendu d'une femme, dont les thèmes (presque powellistes) diffusés depuis le poste-clé de porte-parole du *Shadow Cabinet* plaisent aux *backbenchers* en rébellion contre la mollesse de Heath. Son inflexibilité lui gagne, surtout après les Malouines, une stature d'exceptionnel « homme » d'État. Dans un séjour de 11 ans au 10, Downing Street, elle redynamise le parti, le mène trois fois à la victoire en 1979, 1983 et 1987, et imprime au pays ce que d'aucuns considèrent comme une véritable renaissance. Mais, entre inflexibilité et obstination il n'y a qu'un pas, qui l'amène à démissionner le 22 novembre 1990 après s'être coupée de l'opinion et de ses meilleurs soutiens. En 1992, elle est élevée à la pairie.

Son destin symbolise à la fois le désir d'ascension typique de la classe moyenne et les valeurs de l'Angleterre victorienne oubliées par des classes supérieures habituées à la vie facile et au pouvoir héréditaire : religion, rigueur morale, goût de l'ordre et du *self help* (s'aider soi-même). Sir Keith Joseph, le mentor des débuts de Margaret Thatcher, se coupe d'un destin national plus élevé quand il se laisse aller à souligner la responsabilité des familles trop nombreuses dans leur propre pauvreté et préconise des mesures anti-natalistes autoritaires.

• *Un conservatisme aux antipodes de celui de l'Establishment tory.* Rompant avec la modération, qui interdit de remuer les « bas » instincts de l'électorat populaire, et le *fair play*, qui exige de respecter l'adversaire travailliste, le thatchérisme est populiste. Loi et ordre, nationalisme (affaire des Malouines, obstruction à Bruxelles), propriété (vente des logements sociaux, privatisations), religion, rejet du féminisme et du « laxisme » en matière de mœurs…, ces thèmes sont ceux d'Enoch Powell. Après la défaite de Heath, Margaret Thatcher reprend la fronde que Powell avait déclenchée avant d'être éliminé pour imprudence de langage. Cela lui permet de surmonter les clivages de classe et d'âge et d'élargir l'audience *tory*, notamment chez les jeunes (on a parlé de « génération Thatcher ») dont le vote était d'ordinaire plus à gauche, et dans la classe ouvrière où se produit une percée conservatrice, y compris chez les syndiqués. Monica Charlot rapproche le charisme de Margaret Thatcher de celui du général de Gaulle qui sut obtenir un soutien populaire. Mais, selon Roland Marx, les fortes fluctuations conjoncturelles de sa cote montrent les limites de cette aura personnelle : 25 % en 1981 (creux de la dépression), 53 % en 1983 (effet Malouines), 28 % en 1985 (maximum du chômage, mesures impopulaires…), redressement en 1987 (boom, inflexion du chômage), minimum en 1990 (*poll tax*).

• *Un pouvoir très personnel.* Au début, Margaret Thatcher réunit des personnalités diverses car elle doit fédérer les tendances du parti. Mais après ses succès, surtout de 1983 (Malouines, reprise économique), elle manifeste une autorité croissante, notamment quand il s'agit d'écarter des collaborateurs jugés trop mous (*wet*). Plusieurs brouilles spectaculaires l'ont opposée à des ministres de tout premier plan : Francis Pym, Geoffrey Howe, son premier chancelier de l'Échiquier, Nigel Lawson la quitte quand elle refuse de se séparer de son conseiller particulier, l'économiste Alan Walters. Ce style autoritaire et son obstination sur certains dossiers jugés mal engagés par ses conseillers, comme la *poll tax*, aboutissent à des conflits. Un Lord conservateur l'accusera de gouverner non en « monarque élu » comme le veut la pratique institutionnelle, mais en « dictateur élu ».

Des convictions fortes, une inspiration ultra-libérale

La doctrine thatchérienne repose sur un ensemble de préceptes moraux, la préférence systématique pour les solutions de marché, le rejet du socialisme et de l'interventionnisme. Ses inspirateurs proviennent du libéralisme radical.

• *L'économiste philosophe autrichien Friedrich von Hayek*, prix Nobel 1974, qui a été réfugié en Angleterre avant de s'installer aux États-Unis. *La Route de la servitude*, ouvrage de 1945, rejette toute intervention publique comme menant inéluctablement au totalitarisme. À Keynes, qui affirme la responsabilité de la collectivité à l'égard des faibles, il oppose celle de l'individu. Son libéralisme revient aux origines, il puise plus chez Mandeville, Smith ou Say que chez Walras dont la théorie, formalisée mathématiquement, lui paraît mécaniste. Il ne croit ni à la concurrence pure et parfaite, ni aux actions rationnelles d'un *homo-œconomicus* désincarné.

En matière d'inégalité sociale, la collectivité doit rejeter toute responsabilité.

> Le jeu social « se déroule comme tous les jeux, suivant des règles régissant les actions des individus participants, dont les buts, les talents et les connaissances sont différents; ce qui a pour conséquence que le résultat sera imprévisible et qu'il y aura régulièrement des gagnants et des perdants (…). Il serait absurde de demander que les résultats pour chaque joueur soient justes. (…) seule la conduite des joueurs mais non le résultat peut être juste. »
>
> Friedrich von Hayek, *Droit, législation et liberté*, PUF, 1973-1979

Hayek est plus libertarien que libéral : la liberté est une fin en soi, elle ne supporte aucune limitation à l'autonomie individuelle. Le régime libéral est donc préférable par principe et non pour sa seule efficience. La société est fondée sur un ordre naturel qui doit être réglé par la *Common Law*, l'État se cantonnant à édicter des règles de « juste conduite » à travers le droit privé et le droit pénal.

> « La clause fondamentale qu'une telle constitution aurait à formuler serait qu'en temps normal (…) les hommes ne pourraient être empêchés de faire ce qu'ils veulent, ou obligés de faire certaines choses, qu'en conformité avec les règles reconnues de juste conduite, conçues de manière à définir et protéger le domaine personnel de chacun d'eux. »
>
> Friedrich von Hayek, *Droit, législation et liberté*, PUF, 1973-1979.

En 1975, Margaret Thatcher faisait une déclaration de la même veine :

> « Un homme a le droit de travailler comme il veut, de dépenser ce qu'il gagne, de posséder sa propriété, d'avoir l'État pour serviteur et non pour maître. Ce sont là des héritages britanniques. Ils sont l'essentiel d'une économie libre et de cette liberté dépendent toutes les autres. »

Selon von Hayek (*Syndicats, inflation et profits*, 1959), les syndicats sont en eux-mêmes une entrave au marché, l'indexation des salaires et leur nivellement entre secteurs de productivité différente conduisent à une mauvaise allocation des ressources, capitaux et travailleurs n'étant pas attirés vers les branches porteuses.

• *Le monétarisme de Milton Friedman considère la monnaie comme le seul domaine où l'intervention publique est légitime.*

– Au plan interne, cette intervention doit se faire selon une méthode libérale : fournir aux banques une quantité de monnaie centrale (billets et pièces) déterminée par la seule croissance de long terme du PIB, de façon à ce qu'elles décident une création monétaire proportionnée (volume des crédits octroyés), le taux d'intérêt restant libre de fluctuer, alors que les keynésiens en font le principal levier d'action monétaire.

– Au plan externe, le taux de change doit flotter librement de façon à permettre l'équilibrage de la balance courante sans modification de la politique monétaire intérieure. En cas de déficit, au lieu de défendre le cours de la monnaie en haussant les taux d'intérêt, on doit laisser chuter le cours, ce qui devrait ramener à l'équilibre en baissant le prix des exportations et en augmentant celui des importations.

• *La théorie de l'offre (Supply-Side Economics)* repose sur la *loi des débouchés* de Jean-Baptiste Say (économiste français du début XIXe siècle). L'offre crée sa propre demande car l'entrepreneur distribue aux participants à la production un pouvoir d'achat équivalent à la valeur totale du produit, cela donne par agrégation un revenu égal au produit national. La crise ne vient pas du manque de débouchés, comme le pense Keynes, mais au contraire du manque d'offre. La responsabilité en incombe à l'État qui sclérose par la réglementation, démotive par l'impôt et déresponsabilise par l'assistanat. La thèse est popularisée par le succès médiatique de deux jeunes universitaires américains, Arthur Laffer et George Gilder, qui fournissent ses thèmes de campagne à Reagan en 1980 et conseillent la Maison-Blanche.

– La *courbe de Laffer* dénonce le cercle vicieux d'une fiscalité excessive (notamment directe et progressive). Au-delà d'un certain seuil, plus les taux d'imposition sont élevés, moins les impôts rentrent, plus il faut monter les taux. En effet, l'impôt pousse les contribuables à réduire leur offre, à choisir l'économie souterraine ou l'exil (délocalisation des firmes, fuite des cerveaux). En termes néo-classiques, il diminue l'utilité marginale du travail et de l'effort. En 1978, l'impôt marginal anglais atteignait 83 % sur les revenus du travail, 98 % sur ceux du capital.

– L'assistanat (protection des chômeurs, des familles, subventions aux entreprises peu performantes…) garantit une existence sans effort. La désutilité marginale du loisir est réduite. Si l'on accoutume individus et entreprises à ne pas subir entièrement le coût de leur paresse ou de leur inefficacité, on maintient artificiellement des activités peu utiles et peu efficaces.

– L'extension du secteur public (29,3 % de la population active britannique en 1979) augmente les coûts et réduit l'efficacité car, à l'abri de la faillite et soutenues à coups de subventions, les firmes publiques ne sont pas contraintes à l'efficience.

– Les régulations sociale, technique, de sécurité, anti-pollution, provoquent un recul du niveau de satisfaction et un alourdissement des coûts. Ainsi, la réglementation des dessertes aériennes (partage des lignes et des horaires, fixation administrative des tarifs) maintient des compagnies non rentables et des prix élevés.

> « La politique économique du nouveau conservatisme repose sur deux principes. Au niveau macro-économique, notre approche est celle connue sous le nom de monétarisme… Au niveau micro-économique, l'accent est mis sur le libre marché en opposition à l'intervention de l'État et à la planification centralisée. Ces deux principes se combinent si harmonieusement qu'ils sont fréquemment confondus, alors qu'ils sont en réalité distincts. Il est tout à fait possible d'être à la fois monétariste et planificateur. »
>
> Nigel Lawson (chancelier de l'Échiquier 1983-1990),
> conférence du *Bow Group*, août 1980.

Rupture avec les politiques antérieures des deux bords

Mme Thatcher considère ses prédécesseurs comme responsables du déclin britannique dont la cause est le butskellisme, l'entente de la classe politique sur des principes keynésiens. Selon Nigel Lawson, il faut inverser les moyens d'action : l'inflation sera combattue par la politique monétaire (macro-économie) et non par la négociation sociale (micro-économie), la croissance sera soutenue en libérant l'initiative et en favorisant l'entreprise (micro-économie) et non par des politiques budgétaire et monétaire expansionnistes (macro-économie).

> « Dans l'après-guerre, on croyait généralement que le chômage résultait d'une croissance économique insuffisante, et que la croissance économique pouvait être garantie par la politique macro-économique, le stimulant d'un large déficit budgétaire… Au contraire, l'inflation était considérée comme une question relevant de la politique micro-économique : une panoplie de contrôles et de subventions associée à une politique des revenus… Il y a en effet une distinction à faire entre les objectifs des politiques macro et micro économiques… Mais leurs rôles respectifs sont précisé-

ment opposés à ceux que leur attribuait le consensus d'après-guerre... C'est la lutte contre l'inflation, et non la croissance et l'emploi, qui sont, ou devraient être, des objectifs de politique macro-économique... Ce renversement des rôles est très important, il implique un changement majeur dans la nature des politiques micro et macro économiques elles-mêmes... Au lieu d'une politique monétaire se contentant de couvrir des déficits budgétaires croissants...il faut une politique fiscale alignée sur le ralentissement de la croissance monétaire... Quant à la politique micro-économique, au lieu de multiplier les formes d'intervention et d'ingérence dans les forces du marché, elle devrait supprimer ces contrôles pour permettre aux marchés d'améliorer leur fonctionnement... »

Nigel Lawson, *Mais lecture*, juin 1984

Le manifeste électoral de 1979 déclare :

« Ce contrôle gouvernemental des prix n'a rien fait pour empêcher l'inflation... Tous les contrôles ont abouti à des pertes d'emplois et une réduction du choix des consommateurs. »

UNE ŒUVRE ÉNORME

Centralisation et renforcement de l'État

• *Efficacité de la fonction publique.* Persuadé de l'inefficience inhérente au statut de service public, le Cabinet va chercher à le rendre moins coûteux. Le nombre de fonctionnaires d'État est réduit de 3,5 % (84 000 personnes), de 12,5 % (153 000) si l'on comptabilise à part le NHS qui, lui, a dû embaucher (+6 %). Le recrutement à *Oxbridge* recule au profit d'autres formations et surtout des managers issus du privé. À cet effet, le traitement de certains hauts fonctionnaires va être déconnecté des grilles ordinaires. En s'appuyant sur les « enquêtes Rayner » chargées de vérifier la productivité des services, on vante à toute occasion le modèle du secteur concurrentiel. John Major ira jusqu'à concéder des services administratifs.

• *Bras de fer avec les autorités locales.* Les deux priorités sont la lutte contre l'inflation et le désengagement de l'État. Dans l'optique thatchérienne, il s'agit d'une seule et même action car la principale cause de l'inflation serait l'excès des dépenses publiques. Il est donc impératif d'empêcher les autorités locales d'anéantir cette politique en compensant les économies décidées à Londres (James Callaghan avait la même préoccupation). On utilise le *rate-capping* (plafonnement des impôts locaux) et l'obligation de vendre les logements sociaux. La contrainte s'appuie sur des mesures de rétorsion légales (poursuites judiciaires contre les élus récalcitrants) et financières (subventions supprimées). Le conflit va jusqu'à la mise hors-la-loi des autorités les plus acharnées comme le conseil de Manchester dirigé par un trotskiste, qui a été contraint de licencier 10 000 employés municipaux faute de pouvoir les payer. Cette bataille aboutit à la décision radicale (1985) de supprimer les six comtés métropolitains et le *Greater London Council* qui avaient défié le pouvoir central. La réforme de l'Éducation de 1988 réduit la marge de liberté des autorités locales.

• *Irlande, enlisement et escalade de la violence.* L'Ulster « dévore manifestement les hommes » dit Roland Marx, cinq ministres se succèdent sans succès. Dès 1983 il faut renoncer, faute de quorum, à faire siéger l'assemblée élue en 1982. L'escalade des attentats paraît sans limite. L'amiral Mountbatten, oncle de la reine et organisateur de l'indépendance indienne est tué en 1979; au congrès conservateur de Brighton (1984) une bombe blesse grièvement plusieurs députés, le ministre Norman Tebitt et épargne de justesse Mme Thatcher. Le 10, Downing Street subit des attaques au mortier en 1990. On cherche aussi à multiplier les victimes en frappant des foules anonymes : Hyde Park et Regent Street (23 morts, 1982), le grand magasin Harrods (9 morts, 1983), Enniskillen en Irlande (11 morts protestants, 1987). La fermeté exceptionnelle de Londres accroît la tension. En 1980, des prisonniers, dont le député Bobby Sands, font la grève de la faim pour obtenir le statut politique. Une terrible émotion gagne le monde entier quand les prisonniers en viendront à mettre leur vie en danger, mais rien ne fera plier Mme Thatcher, pas même la mort de Bobby Sands (66e jour) puis celle de dix autres détenus. Elle accordera le statut plus tard afin de ne pas perdre la face, elle gagne ici une réputation qui confirme le surnom de *Dame de fer*, attribué à l'origine par un commentateur soviétique en 1976.

Cependant, la fermeté n'exclut pas la recherche d'une solution politique. Une ouverture est obtenue en 1985 avec les accords de Hillsborough entre les gouvernements irlandais et britannique. Ils donnent des garanties aux deux parties : Dublin obtient un pouvoir de proposition concernant les catholiques d'Ulster et la règle majoritaire est réaffirmée pour toute décision concernant l'avenir de la province. Une conférence intergouvernementale (secrétariat à Belfast) est chargée d'observer et de faire évoluer la situation, un accord de surveillance commune des frontières est passé. Des gages spectaculaires sont ici donnés aux pacifistes. Londres accepte l'ingérence de Dublin, ce qui revient à admettre l'hypothèse de la réunification, et consacre un défenseur *a priori* favorable et indépendant de Londres. Dublin reconnaît aux protestants une voix prépondérante sur l'avenir de la province. Ces accords seront ratifiés à une large majorité, y compris chez les travaillistes, pourtant très critiques à l'égard de la politique irlandaise du Cabinet. Mais ils font bondir les ultras des deux bords qui y voient soit la consécration de la partition, soit l'esquisse d'un retrait britannique. Les unionistes, se méfiant désormais de Londres, exigent un référendum et, devant le refus, provoquent une consultation générale en Ulster par la démission de leurs 15 députés; 14 retrouvent leur siège. Les attentats continuent de plus belle. Un nouvel essai de conférence, incluant des unionistes rigides comme le révérend Paisley ou James Molyneaux, est tenté en 1991. C'est un nouvel échec.

• *Extérieur, renforcer l'Occident.* Mme Thatcher suit une politique qui ressemble fort à celle de Reagan : redonner à l'Occident l'éclat perdu par la faute de dirigeants trop mous, et reprendre l'initiative contre Moscou (d'où son surnom). Avant la détente à l'Est, le budget de la défense est renforcé (+21,3 % sur 1979-1985, contre 11,4 % pour le budget global). Par tête d'habitant, il est un des plus élevés de l'OTAN. La loyauté à l'égard de Washington est réaffirmée en toutes occasions; ainsi, la présence des missiles américains Cruise est maintenue malgré le succès des campagnes anti-nucléaires; les fusées Polaris sont remplacées par des Trident américains; quand Reagan envoie ses chasseurs bombarder la Lybie, seule l'Angleterre leur accorde une autorisation de survol; quand Bush envahit la Grenade, une nation membre du *Commonwealth*, la protestation britannique est limitée; et durant la guerre du Golfe, le contingent anglais est le premier opérationnel, le plus important et le plus touché au combat. Au sein des 48 États du *Commonwealth*, les tendances centrifuges sont croissantes : le Canada coupe les ponts avec Londres en 1982, en 1987 la décision est prise de restituer Hong Kong à la Chine populaire en 1997. Mais le *leadership* britannique est renforcé quand, en 1980, le Foreign Office réussit à ménager une solution pacifique en Rhodésie avec la création du Zimbabwe, un État indépendant gouverné par la majorité noire avec l'agrément des Blancs qui avaient fait sécession en 1965. Cependant, son soutien appuyé à l'Afrique du Sud, qui fait l'objet d'une réprobation sans précédent (boycott généralisé), l'isole dans le *Commonwealth* Mme Thatcher est donc acculée (1988) à se rallier aux sanctions. Mais Frederik de Klerk, en entamant l'apartheid, lui permet de les suspendre dès 1990.

• *Falklands, réaffirmer l'Angleterre impériale*. L'épisode est un symbole à la fois de cette affirmation internationale et de son côté dérisoire (mais tragique). C'est pour quelques îlots au large des côtes argentines (12 000 km^2, un millier d'habitants), à 20 000 kilomètres de la métropole, que des milliers de jeunes Argentins et 254 Britanniques vont perdre la vie. En 1982, le gouvernement argentin, dans une bravade à usage médiatique interne, s'empare des îles Falklands dont la propriété est contestée depuis plus d'un siècle. Après une résolution favorable de l'ONU, surprenant la planète entière, Londres envoie une escadre de 70 navires qui, après trois semaines de route, engage un combat très violent (un destroyer britannique est coulé par un missile Exocet, le nombre de victimes émeut l'opinion). L'Argentine capitule, le régime militaire affaibli sombre quelque temps plus tard. Le Premier ministre en tire un grand prestige populaire mais il effraye de plus en plus. L'*Establishment* est partagé entre un groupe ravi d'avoir enfin trouvé un *leader* capable de laver le pays des humiliations impériales et ceux qui regrettent des positions plus souples. Sa cote de popularité au zénith, Margaret Thatcher avance les élections d'octobre 1984 à juin 1983, ce qui lui vaut la plus large majorité de l'histoire avec 397 sièges, (mais 42,4 % de voix, ce qui n'est pas exceptionnel).

RETOUR AU MARCHÉ

En juin 1979, sir Geoffrey Howe, le nouveau chancelier de l'Échiquier, annonce un programme clair : le gouvernement ne se considère plus responsable de la conjoncture, il doit seulement promouvoir un environnement favorable au marché.

> « En tant que politiciens, notre capacité d'influencer la situation est très limitée… Les notions de « management » de la demande, de déficit public expansionniste et de « pilotage fin » de la conjoncture ont été essayées pratiquement jusqu'à destruction ».

Les piliers : déréglementation, recul de la fiscalité, privatisations

• *Déréglementation : abolition immédiate des contrôles*. Le gouvernement libère les prix et les salaires, supprime la commission des prix, lève le contrôle des changes.

• *Fiscalité,* tax-cuts *(réductions d'impôts) la* courbe de Laffer *en actes.* Le système fiscal est original par la part énorme (33 %) et le taux marginal exceptionnel (98 %) de l'impôt direct progressif. L'idée maîtresse du programme est de remplacer cette fiscalité « spoliatrice » par une hausse de la TVA, jugée économiquement neutre (mais non socialement, car elle pèse plus sur les bas revenus qui, en proportion, dépensent plus et épargnent moins).

> « Des taux marginaux à 83 % sur les revenus du travail et 98 % sur ceux du capital sont le comble de l'absurdité fiscale... Ces taux d'imposition ont des conséquences catastrophiques. Ils obligent à payer aux dirigeants des salaires qui paraissent énormes sur le papier — ce qui provoque un ressentiment injustifié et de la propagande politique — alors que les revenus après impôt sont très bas au regard de ceux pratiqués dans les autres pays. Ils encouragent la croissance des stimulants basés sur le statut, le loisir et les avantages en nature. »
>
> Programme conservateur, *Right Approach to the Economy*, 1977.

> « Nous allons réduire toutes les tranches de l'impôt sur le revenu... ; nous attaquer aux trappes de pauvreté ; encourager l'épargne et la propriété ; simplifier les taxes comme la TVA ; et réduire la bureaucratie du fisc. Il est particulièrement important de supprimer les taux marginaux absurdes, aussi bien en haut de l'échelle des revenus qu'en bas. Cela doit rapporter significativement plus d'être au travail que de ne pas y être. Relever le seuil minimum d'imposition permettra d'exonérer les bas salaires, mais les allocations chômage et les indemnités journalières de congé maladie devront être intégrées au calcul du revenu annuel. Le taux marginal supérieur de l'impôt sur le revenu devrait être ramené à la moyenne européenne, et les tranches supérieures élargies. Pour encourager l'épargne, nous réduirons le fardeau de la surtaxe sur les revenus du capital. »
>
> Manifeste conservateur de 1979.

Application, les quatre principes :

– Inciter à l'activité et à l'épargne. Dès 1979, le taux marginal de l'impôt sur le revenu est ramené de 83 à 60 %, en 1988 à 40 %. Les taux inférieurs (33 et 25 %) sont unifiés à 30 %, puis ramenés à 25 % en 1986-1988. La surtaxe sur les revenus du capital est abolie, ce qui abaisse le taux marginal de 98 à 75, puis 55 %. Le relèvement annuel des tranches (pour compenser l'inflation) est calculé pour abaisser la part des revenus subissant les taux élevés. L'impôt sur les bénéfices (*Corporation Tax*) baisse de 52 à 35 % entre 1983 et 1986 (38 à 27 % pour les petites entreprises). La *National Insurance Surtax* (NIS), un impôt sur les salaires payés par les entreprises, est abaissée puis supprimée en 1984. En 1984, le taux marginal des droits de succession est abaissé de 75 à 60 %.

– Augmenter l'impôt sur la consommation. La TVA passe de 8 % (taux normal) et 12,5 % (taux de luxe) au taux unique de 15 %. Mais les biens et services de première nécessité, comme la nourriture, le fioul, le logement et le transport, sont exonérés.

– Inciter au travail en supprimant les « trappes de pauvreté et de chômage ». En 1979, l'Institut d'études fiscales, dirigé par le grand économiste James Meade, établit qu'un salarié gagnant moins de 70 livres par semaine a un revenu disponible (après impôts et prestations) supérieur à celui situé dans la fourchette 70-130 livres. Le manifeste conservateur de 1979 propose une solution : au-dessous du seuil de pauvreté, l'impôt serait remplacé par une aide, le cumul d'un impôt et d'une prestation deviendrait impossible (système inspiré de « l'impôt négatif » de Milton Friedman qui consiste à ne prélever d'impôt qu'au-dessus du seuil de pauvreté, et à verser une prestation, un impôt négatif, au-dessous). Plus facile à dire qu'à faire ! Le gouvernement se contente donc, outre quelques mesures concernant les aides et les cotisations sociales, d'augmenter les seuils inférieurs d'imposition, ce qui exonère 2 millions de ménages supplémentaires, et porte à environ un sur quatre le nombre de ceux qui ne paient pas l'impôt direct.

TAUX DES PRINCIPAUX IMPÔTS ET TAXES

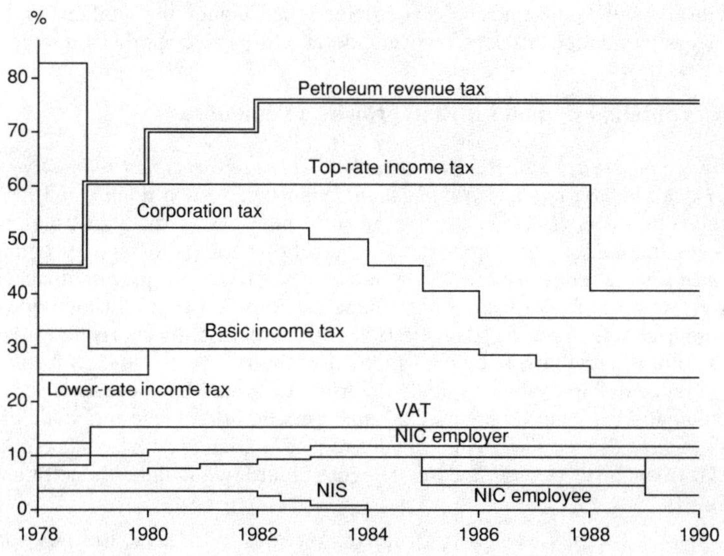

Source : *Financial Statement and Budget Report*, various years.

– Relever les cotisations sociales (NICs) des employeurs (10 à 12 %) et des salariés (6,5 à 9 %). Pour lever les « trappes de pauvreté », les taux ont été diversifiés selon le salaire, il est donc très difficile de mesurer l'effet global.

Succès des incitations, échec du « moins d'État », ouverture des écarts sociaux.

– Toutes les catégories ont réalisé des économies d'impôts : énormes pour les hauts revenus, très modestes à la base. Mais si l'on inclut l'effet de la TVA, seuls les hauts revenus conservent un gain net.

– Le dynamisme des années 1980 a été favorisé par les économies d'impôts. Les secteurs financiers et bancaires, les industries de pointe ont vu proliférer ces *yuppies* (*young urban professionnals*) qui symbolisent le nouvel individualisme des

Économies d'impôts et de contribution sociale (NIC) pour un homme marié

Revenu 1990-91 (£ par semaine)		202 £	304 £	608 £	1519 £	3038 £
Pourcentage du revenu moyen		66	100	200	500	1000
Charge fiscale (% du revenu brut)	1978-79	21,9 %	27,8 %	31,4 %	50,5 %	66,5 %
	1990-91	21,2 %	25,5 %	28,8 %	35,5 %	37,8 %
Économie d'impôts et de NIC	en livres	−1,4 £	−7,0 £	−16 £	−228 £	−872 £
	en %	−0,7 %	−2,3 %	−2,6 %	−15,0 %	−28,7 %
Hausse du revenu net d'impôts (%)		+35 %	+38 %	+39 %	+74 %	+148 %

Source : Hansard, 3 avril 1990.

cadres de haut vol, tandis que capitaux étrangers, spéculation immobilière, entreprises et riches particuliers affluent vers cet eldorado fiscal au cœur de l'Europe.

Dépenses publiques : moins d'État, priorité à l'équilibre

• *Contre le conseil des monétaristes américains, le gouvernement refuse tout déficit quel que soit son mode de financement.* Sir Keith Joseph donne en 1976 une conférence intitulée « Le monétarisme ne suffit pas ». Les Américains prétendent baisser les impôts tout en augmentant les recettes publiques grâce au regain de croissance résultant des *tax-cuts*. Le miracle ne se produisant pas, ils financent le déficit par l'émission de titres. La méthode est refusée par les Britanniques qui considèrent le déficit comme dangereux en lui-même. Le thatchérisme est rigoureux (du moins au début), le reaganisme laxiste. Mais il faut peut-être y voir plus une différence de circonstance que de doctrine. Les États-Unis prennent le risque du recours aux capitaux étrangers car, émetteurs de la monnaie mondiale et peu ouverts (échanges : 10 % du PIB, Angleterre : 25 %), ils ne se préoccupent guère du dollar (mais le service de la dette devient si lourd que le déficit s'entretient de lui-même !).

• *Réduction des dépenses non prioritaires, privatisations.* Les priorités sont la défense, la loi et l'ordre. La santé et la sécurité sociale sont des dépenses peu maîtrisables qui augmentent sous l'effet de phénomènes indépendants de la volonté gouvernementale (vieillissement, progrès médicaux coûteux, chômage), comme on le voit en 1979-1985 avec un dérapage de 29,7 % à cause des allocations chômage. On cherche à en infléchir la courbe en limitant la hausse des allocations, et en rendant le NHS plus efficient. Les autres secteurs subissent des coupes sombres : administration centrale (suppression de 153 000 emplois, −12,4 %), éducation (−6,4 % des emplois), énergie, secteur nationalisé, emploi et formation professionnelle (−11 % avant 1985, mais +33 % après), subventions à l'industrie (−38 %). Ils sont soit jugés dangereux (aides et subventions incitent à l'inefficacité), soit destinés à la privatisation (78,1 milliards de £ sur 1980-1989 : entreprises, logements et terres).

• *Échec sur les deux tableaux.* Le financement des *tax cuts* a été facilité par des recettes exceptionnelles (pétrole, gaz, privatisations, ventes de logements), mais le coup de fouet sur les recettes ne se produit pas. Il a donc fallu maintenir des

Effet d'éviction : pour les banques, l'État est la meilleure *signature*, le risque de non remboursement étant nul, elles préfèrent les emprunts publics et leur accordent des taux préférentiels, ils font concurrence aux emprunts privés ce qui pousse les taux d'intérêt vers le haut.
Effet inflationniste : pour financer le déficit, l'État recourt à des emprunts dont une partie sera couverte par le crédit bancaire ou l'achat de titres d'État par les banques, ce qui implique une création monétaire supplémentaire. On oppose en général un financement sain — l'achat de titres par les ménages et les entreprises non financières retire de la circulation une monnaie préexistante — et le financement malsain que serait le recours aux banques. En réalité, la distinction paraît mal fondée : si les agents privés financent le Trésor à l'aide de leur épargne, elle est moins disponible pour leurs investissements, ce qui augmente leur propre besoin d'emprunt dont le financement par le système bancaire conduit à créer une monnaie nouvelle. Un emprunteur se substitue à l'autre. Le recours aux capitaux extérieurs est une solution mais il implique un taux d'intérêt élevé, ce qui déprime l'activité, et un taux de change en hausse, ce qui gêne l'exportation.
Effet cumulatif : le déficit augmente le poids du service de la dette dans le budget et doit donc être épongé par la suite, sans quoi il finit par augmenter de lui-même.

Variation des dépenses publiques et du PIB de 1979-80 à 1980-89 (en %)

Séc. Soc.	Armée	Éduc.	Santé	Log.	Transp.	Envir.	Loi et ordre	Comm. Ind.	Empl. Form.	Total	PIB
+31,8	+9,2	+13,7	+31,8	−67	−5,8	+7,9	+53,3	−38,2	+33,3	+12,9	+23,3

	Budget central	Budget coll locales
1970-78	+18,3	+24,4
1979-89	+15,1	+4,8

Emploi central		Emploi local		Emploi total
NHS	Autres	Éducation	Autres	
+6 %	−12,4 %	−6,4 %	+2,5 %	−2,7 %

Source : *The Government's Expenditure Plans*, 1990.

économies budgétaires drastiques. C'est la conjoncture qui prend les commandes, le contrôle du budget échappe au gouvernement : montée du chômage (3 millions de contribuables en moins) et baisse des revenus réduisent les recettes fiscales et augmentent les dépenses.

– Les prélèvements obligatoires (impôts, taxes et cotisations) augmentent jusqu'en 1985, puis diminuent, mais les dépenses publiques paraissent incompressibles.

– Huit ans pour contenir le PSBR (*Public Sector Borrowing Requirement*), le besoin de financement des administrations, qui indique le solde des budgets publics. Sa réduction constitue le principal objectif de Geoffrey Howe. Nigel Lawson réalise un excédent durant trois ans, mais le dérapage reprend dès 1989-1990.

Besoin de financement du secteur public (PSBR)

79-80	80-81	81-82	82-83	83-84	84-85	85-86	**86-87**	**87-88**	**88-89**	89-90	90-91	1992
−5,0	−5,7	−3,5	−3,2	−3,2	−1,5	−1,0	**+0,75**	**+3,0**	**+1,2**	−1,0	−2,0	−4,9*

* changement de source (*Ramsès 1993*, p. 402)

Source : *Financial Statement and Budget Report 1991.*

Taux de prélèvement obligatoire et dépenses publiques (en % du PIB)

	61-73		74-80		81-90		1991		1992	
	Fran.	R.-U.	Fran.	R.-U.	Fran.	R.-U.	Fran.	R.-U.	Fran.	R.-U.
Prélèvements	34,6	29,0	38,3	34,4	43,2	36,7	42,8	34,4	42,5	33,4
Dépenses	34,0	31,2	40,1	38,6	47,3	40,0	47,0	37,7	47,3	38,8

Source : IFRI, *Ramsès 1993*, Dunod, 1992, p. 401-402.

PRIVATISATIONS, LA GRANDE IDÉE QUI S'EXPORTE

« Le gouvernement des affaires n'est pas l'affaire du gouvernement. »

Nigel Lawson (1982).

En % du total national	Dses Publiques		Gouvernement		Coll. locales		Total	
	1979	1989	1979	1989	1979	1989	1979	1989
Stock de capital	17,1	7,7	6,6	6,7	19,8	16,2	44,1	3,6
Investissement	15,3	4,8	4,2	5,0	9,7	4,0	29,2	13,8
Produit brut	10,5	4,7	7,3	7,2	9,4	8,4	27,2	20,3
Emploi	8,1	3,2	9,4	8,7	11,8	11,2	29,3	23,1

Source : *Blue Book, Economic Trends*, 1989.

• *Cette partie du programme thatchérien semble ne comporter que des avantages : popularité, rendement financier, simplification économique*. Son succès médiatique est tel que les gouvernements du monde entier vont y recourir. Le programme britannique, de loin le plus poussé, comporte quatre volets, soit par ordre d'urgence :

– Revente des logements sociaux à leurs occupants.

– Mise en concession de services publics (eau, ramassage des ordures, entretien des voies, gestion des cantines…), ou administratifs (depuis 1992).

– Vente des firmes du secteur public marchand.

– Introduction d'une offre privée (lentement et à faible dose) dans des domaines destinés à demeurer publics (enseignement, santé). Le gouvernement ne souhaite pas privatiser ces domaines — ce serait un suicide politique quand on sait l'attachement des Britanniques à ces deux pièces maîtresses de l'État-Providence — mais simplement faire pression sur les personnels. La comparaison avec les sociétés privées est utilisée pour piquer au vif les gestionnaires afin qu'ils adoptent une mentalité de manager. *Business Efficiency*, c'est le maître-mot de la nouvelle doctrine.

• *Selon C. Johnson, il y aurait sept motivations* : 1) réduire le rôle de l'État et restaurer le pouvoir de décison des individus; 2) promouvoir une démocratie de propriétaires; 3) améliorer l'efficience à travers un meilleur management; 4) introduire une efficacité allocative (meilleure répartition des activités) en substituant des prix de marché aux prix administrés; 5) financer le PSBR; 6) promouvoir l'actionnariat afin de répartir la fortune et de placer les managers sous un contrôle démocratique; 7) encourager l'actionnariat du personnel afin d'améliorer les relations industrielles.

Un programme inédit de vente des logements sociaux

• *Un vieux projet conservateur : transformer chaque citoyen en propriétaire afin de multiplier les piliers de l'ordre social.* Avantages annexes : cela soulage les budgets publics, gêne les politiciens locaux (en majorité travaillistes), et favorise la réhabilitation des logements car le propriétaire entretient avec amour ce que, bien souvent, le locataire dégradait (surtout quand il était pauvre et chargé d'enfants). Ce programme repose sur trois principes : 1) *The right to buy*, tout locataire a le droit d'exiger le rachat de son logement; 2) un crédit hypothécaire bon marché; 3) prix du marché avec des abattements tenant compte de l'état des lieux. Au total, 1,5 million de logements sont vendus à leur occupant de 1980 à 1989.

Effet sur la structure du stock de logements

en milliers	Déc. 79	Déc. 89	Variation *
Propriétaire-occupant	11 605 (55 %)	15 413 (67 %)	+3 808 (+22 %)
Locataire Sect. privé	2 496 (12 %)	1 686 (7 %)	–810 (–17 %)
Sect. associatif (*Housing associations*)	419 (2 %)	642 (3 %)	+223 (+50 %)
Sect. public (*Council* ou *New towns*)	6 713 (32 %)	5 438 (24 %)	–1 275 (–25 %)
Total	21 233 (100 %)	23 178 (100 %)	+1 045 (+5 %)

* Le pourcentage de variation concerne la proportion et non la valeur absolue.

Source : *Housing and Construction Statistics*, 1979-1989.

• *Années 1990 : après l'euphorie, le poids des hypothèques.* La reprise des années 1983-1988 repose sur la Bourse et l'immobilier, le prix des logements explose, ce qui transforme l'opération en *jackpot*. Mais la hausse des taux, utilisée en 1990 pour briser inflation et déficit extérieur, retourne brutalement le marché. Le crédit à taux variable étant une pratique courante, sa hausse alourdit de plus de 40 % la charge des intérêts entre 1988 et 1990. Les prix s'effondrent, 1 million de ménages voient la valeur de leur logement chuter 10 à 20 % au-dessous du prix d'acquisition. Le poids des dettes devient insupportable avec un intérêt réel de 6 à 10 %. À mi-1992, 350 000 ménages n'ont pas payé leurs traites depuis six mois, 35 000 familles ont vu leur logement mis aux enchères, faute d'avoir pu payer les échéances.

Les principales privatisations (£ millions)

British Petroleum	6 082	British Steel	1 138
Britoil	1 053	Inmos	95
British Gas	6 983	Yarrow Shipbuilders	34
Enterprise Oil	384	Vickers Shipbuilders	60
Wytch Farm	82	Total industrie	4 700
Total Energie	14 584	National Bus Company	250
Ferranti	54	National Freight Corp.	7
British Aerospace	390	Sealink	66
Cable and Wireless	758	Water Plcs	3 480
Jaguar	297	Telecom	4 701
Rolls Royce	1 028	BAA (British Airports)	1 223
Royal Ordnance	201	British Airways	854
Rover	150	Total services	10 258
Unipart	30	Autres sociétés	1 368
NEB-BTG	142	Total général (79-80/80-89)	30 910

Source : *The Government's Expenditure Plans 1990-91*, 01/90.

La plus vaste cession de sociétés d'État de l'histoire

• *L'opération ne tenait qu'une place modeste dans le programme de 1979*. Malgré son hostilité à l'économie mixte et son désir d'affaiblir *Labour* et syndicats (très implantés dans le secteur public), Mme Thatcher est d'abord pragmatique, elle craint une forte résistance. Durant son premier mandat, le total des cessions est limité (£ 1, 6 milliard). La popularité de la vente des logements, la faiblesse de la résistance syndicale et l'urgence financière l'incitent à passer la vitesse supérieure : 10,9 au cours du second, 16,7 au cours du troisième. Le total frise 31 milliards sur 1979-1989. Dans le tableau ci-dessus ne figurent pas les ventes de 1990-1992 dont l'ampleur est énorme, compagnies d'électricité : 27 milliards, 8 dès la première tranche de décembre 1990. Figurant au programme électoral de 1987, l'opération a tardé : le secteur a été découpé en 12 firmes, les centrales nucléaires ont dû être séparées car elles sont invendables (les anciennes approchent de la retraite et les nouvelles dépassent les coûts prévus, la pression écologiste fait planer une incertitude). Le secteur public industriel et commercial recule de 11 à 7 % du PIB, de 7 à 4 % de l'emploi.

– Une part des actions est réservée à l'actionnariat populaire. Le nombre d'actionnaires bondit ainsi de 3 à 20 % de la population adulte entre 1979 et 1986 (les 3/4 ne possédant que des titres de privatisées). Symboliquement, ce chiffre dépasse celui des syndiqués. Mais il faut relativiser : d'une part la majorité des petits porteurs a revendu très vite pour prendre un bénéfice garanti par des prix de cession fixés assez bas pour assurer le succès (150 000 souscripteurs à la vente de British Aerospace, 27 000 un an plus tard). 11 % seulement des travailleurs manuels sont touchés, contre 40 % des cadres et professions libérales.

– Une place est laissée au personnel qui bénéficie d'un prix privilégié, ce qui est supposé modifier les relations industrielles.

– Afin de préserver l'intérêt national, le gouvernement se réserve une *golden share* (action en or) qui lui permet d'interdire certaines opérations. Ainsi, il plafonne à 15 % pour 5 ans la part du capital que peut acquérir un même actionnaire, et restreint les participations étrangères. Par exemple, le rachat de Rolls Royce et British Airways par des étrangers a été refusé, mais Ford a pu acquérir Jaguar (ce qui a déclenché un tollé) et BP racheter Britoil.

• *L'impact de l'opération dépasse la question de la propriété.* Pour vendre, il faut d'abord rentabiliser : fermeture des sites non rentables, licenciements, cession en priorité des « meilleurs morceaux ». Il s'agit, en brisant la résistance syndicale, d'extirper les préoccupations sociales qui entravent la gestion. En 1992, l'annonce de 30 000 licenciements et 31 fermetures de puits avant la privatisation de British Coal déclenche un tel tollé (le TUC relève la tête dans d'énormes manifestations et retrouve sa popularité) que John Major doit reculer. Le secteur public sert ici d'exemple, les firmes privées hésitant à affronter des *Unions* jugées utiles pour amortir les conflits. La question de la propriété sert de choc externe pour secouer le management. Mais l'intérêt de privatiser les firmes à monopole (gaz, électricité…) n'est pas évident, cela ne modifie en rien leur gestion.

	Firmes privatisées			Firmes non privatisées			Ensemble
en %	B. Gas	B. Steel	Telec.	B. Coal	B. Rail	P.O.	Ind. Man.
Rentabilité en 1979	20,3	< 0	4,8	7,9	< 0	7,6	8,8
à la vente	16,9	13,0	16,7	—	—	—	—
en 1989	5,8	16,8	21,8	8,6	5,2	4,7	9,2
Act. productivité 80-83	–0,2	+7,5	+1,9	+0,6	–0,4	+3,4	+1,2
84-89	+4,4	+8,2	+3,2	+5,6	+4,2	+3,0	+4,4

Source : London Business School, cité par C. Johnson, *op. cité.*

• *Mise en concurrence des services publics.* Le *contracting out* s'est généralisé pour l'entretien, le nettoyage, la surveillance, la voirie, le ramassage des ordures, les cantines… Environ 90 000 suppressions d'emplois publics en ont découlé sur la décennie. En 1988, la réforme Griffiths du NHS prévoit d'étendre la concession au nettoyage et à la restauration des hôpitaux. Mais l'on veut surtout introduire des éléments privés pour aiguiser la concurrence. Dans l'éducation, cela passe par le libre choix de l'école. À l'université, les restrictions budgétaires poussent à chercher des financements auprès des entreprises (contrats de recherche, formation). De 1971 à 1987, le NHS passe de 526 000 à 392 000 lits, le privé de 25 000 à 65 000, les actes privés au sein de l'hôpital se développent. 10 % des Britanniques souscrivent une assurance personnelle pour profiter du meilleur service et éviter l'attente.

Cependant, privatiser pour faire apparaître un recul du secteur public peut être aberrant quand l'offre privée fait défaut. Ainsi, le gouvernement pousse les autorités locales à céder la gestion des logements sociaux (5,1 millions d'unités,

2 milliards de livres, 30 000 employés). *The Economist* (6/6/92) constate un effet pervers : faute de firmes compétentes, les souscripteurs sont en général des *Housing Associations* (il y en a 2 300) qui dépendent de mouvements caritatifs. Leurs responsables non professionnels sont souvent incapables de contrôler les managers salariés qui, faute de pouvoir réaliser des profits, avantagent le personnel : hauts salaires (un directeur de 1 000 logements à la *Women's Pioneer Housing* reçoit 40 000£, contre 16 000 pour diriger 1 800 logements publics) et faible productivité (72 logements par employé, 128 dans le public)...

Globalement, les privatisations sont un succès pour les recettes qu'elles apportent et le dynamisme qu'elles insufflent au capitalisme britannique, mais la démonstration n'est pas faite quant à la supériorité de leur gestion. Privé ou public, tout est rentabilisable, et un monopole reste un monopole (British Telecom ou British Gas, à l'abri de toute concurrence, ont augmenté leurs tarifs après la privatisation). Quel que soit son statut, une firme vivant des commandes publiques est contrôlée par l'État (British Aerospace privatisée, Aérospatiale nationalisée). Les contraintes du service public doivent être reconnues, on ne concède que certaines lignes de British Rail, car il faut maintenir des lignes non rentables et donc invendables.

Prix, monétarisme ou pragmatisme?

• *1979-1980 : échec du contrôle monétariste*. Après avoir ramené l'inflation de 24 à 8 % en 1974-1978, les travaillistes, face au second choc pétrolier et aux revendications de « l'hiver du mécontentement », n'ont pu éviter le dérapage; le nouveau Cabinet trouve un rythme annuel de 11,4 % (juin 1979). Respectueux des préceptes monétaristes, il cherche à contrôler la masse monétaire. Les autorités monétaires classent les actifs selon leur degré de liquidité : M0 représente la monnaie manuelle (billets et pièces), M1 ajoute la monnaie scripturale (M0 + dépôts sur compte-chèques), M2 ajoute les avoirs aisément transformables en monnaie (ex. dépôt sur un livret d'épargne), M3 ajoute des avoirs moins liquides (ex. certificats de dépôt). Une fourchette de 7-11 % est fixée pour la variation de sterling M3 (£M3). Mais la hausse de la TVA fait monter l'inflation à 15,6 % en juillet. Le gouvernement réagit d'une façon keynésienne en élevant le taux d'intérêt à 14 %. La levée du contrôle des changes fait bondir la livre désormais très recherchée (pétromonnaie, taux d'intérêt élevé). La concurrence pour obtenir des livres tend encore les taux jusqu'à 17 %, ce qui renforce l'afflux de capitaux étrangers. La création monétaire ne se ralentit pas : 16,2 % en 1979-1980, 18,4 % en 1980-1981. L'inflation culmine à 21,9 % en mai 1980.

• *Le gouvernement change alors de méthode*. Le second budget Howe (1980-1981) propose une *Medium-Term Financial Strategy* (MTFS) qui fixe des objectifs de PNB nominal (inflation non déduite) en décélération progressive sur des périodes glissantes de 4 ans, et choisit le levier fiscal (réduction du PSBR) comme principale arme anti-inflationniste. Cette politique n'a plus rien de monétariste. À la lecture du rapport « Contrôle monétaire » de février 1981, Milton Friedman déclare : « Je ne pouvais en croire mes yeux quand j'ai lu : “la politique fiscale doit être le principal moyen pour contrôler la croissance de l'offre de monnaie”. (...) Seul un Rip Van Winkle, qui n'aurait pas lu le flot de littérature publié sur l'offre de monnaie durant la dernière décennie, pouvait écrire une telle phrase. » C'est la rupture entre les conseillers dogmatiques comme Alan Walters qui explique le dérapage par la technique (choix de £M3 jugé trop large et volatil) et les responsables de la Banque d'Angleterre ou du Trésor, comme Wren-Lewis qui déclare (sacrilège) : « La monnaie semble importante, mais elle n'est certainement pas la seule variable à avoir un effet important sur le niveau des prix ». Selon la *loi de Goodhart*, si une demande de crédit existe, les banques contourneront les restrictions, ce qui rend le contrôle inutile.

• *L'inflation enfin maîtrisée, mais au prix de la classique dépression.* Selon un schéma typique du *stop and go*, l'inflation recule avec la dépression, reflux favorisé par la chute du cours des matières premières et le cours élevé de la livre qui réduit le prix des importations. La réduction du déficit public aide le mouvement, mais elle est lente et sa corrélation avec la désinflation paraît hasardeuse au regard de la suite : le budget sera excédentaire de 1987-1988 à 1989-1990, en plein dérapage inflationniste (4,3 à 9,4 %), par contre la relance budgétaire de John Major en 1990-1991 n'empêche pas de ramener la hausse des prix à 4,1 % en 1992.

	79	80	81	82	83	84	85	86	87	88	89	90	91	92
Livre (indice)	107	118	119	114	105	101	100	92	90	96	93	93	93	93**
Inflation	13,4	16,3	11,2	8,7	4,8	5,1	5,4	4,4	4,3	4,9	7,8	9,5	5,8	4,1
£M3 obj. 80*	7-11	7-11	6-10	5-9	4-8	6-10	5-9	4-8						
£M3* réalisé*	16,2	18,4	12,8	11,1	9,5	11,9	16,3	18,7	15,9	17,3	19,0	12,2	5,8	6,0
Taux d'intérêt	13,7	16,3	13,3	11,9	9,8	9,7	12,2	10,9	9,7	10,1	13,9	14,8	11,5	10,2
Croissance du PIB	2,8	-2,0	-1,2	1,7	3,8	1,8	3,8	3,6	4,4	4,7	2,1	1,0	-2,2	+0,3

* Année fiscale sur 2 années civiles (79-80) ** Octobre 92 : 80

Source : C. Johnson, *op. cité*, p. 274, & Ramsès 93, p. 402.

• *D'une priorité à l'autre.* La désinflation réussie, le chômage devient, avec plus de 13 % en 1985, la préoccupation du deuxième mandat. Une relance par le crédit (c'est-à-dire keynésienne...) est alors décidée pour soutenir la reprise qui pointe dès 1983, cela provoque l'euphorie : l'immobilier entre dans une vague spéculative et la consommation, avec une forte hausse des salaires, devient euphorique, d'où les déséquilibres accompagnant la croissance en fin de décennie avec l'épuisement des recettes pétrolières : déficit des paiements courants, inflation, et ... comme au temps banni de l'État-Providence, l'obligation de revenir au *stop*.

Europe, la fin de l'insularité

• *Mme Thatcher, véritable successeur du général de Gaulle.* La politique européenne est le seul domaine où les *Tories* reprennent la politique du *Labour*. En 1975, ils permettent le succès du OUI au référendum organisé par Wilson, mais Mme Thatcher, pourtant *Leader* du *Shadow Cabinet*, laisse à Heath l'honneur de mener la campagne, et montre une remarquable discrétion. Par la suite, ses raisons apparaîtront clairement : adversaire de toute idée fédérative, elle soutient l'Europe comme zone de libre échange, mais refuse tout empiètement de souveraineté et défend avant tout les intérêts britanniques. La position anglaise comprend trois originalités :

1) Allégement des dépenses agricoles car la PAC augmente les prix et génère des surplus coûteux. Le Royaume-Uni n'obtient pas gain de cause, mais la CE évolue vers une baisse des aides (à partir de 1983 et les quotas laitiers), et, sous la pression américaine, réforme la PAC en 1992 pour se rapprocher du système américain (et britannique d'avant l'adhésion) : soutien du revenu de l'agriculteur et non des prix.

2) Réduction de la contribution. En 1986, le Royaume-Uni paye 37 % de plus qu'il ne reçoit, l'Allemagne 26 %, la France gagne 19 %. Comme la PAC, qui vise avant tout à soutenir les agriculteurs, est la seule politique conséquente (70 % du budget à l'époque), c'est le bilan agricole qui détermine le solde de chacun : les gros consommateurs subventionnent les gros producteurs. De 1980 à 1984, pour obtenir une remise, Mme Thatcher mène une stratégie de la tension semblable à celle suivie par de Gaulle en 1965, et, en bloquant le fonctionnement de la Communauté, finit par obtenir gain de cause sous la forme d'un mécanisme correcteur. Après la « crise de la chaise vide » durant laquelle de Gaulle avait paralysé l'Europe, le « compromis de Luxembourg » (1967) instaure la règle de l'unanimité qui donne un droit de veto à chaque État membre. Avec le grand marché et Maastricht, on se rapproche d'un certain fédéralisme en élargissant le domaine des décisions prises à la majorité.

3) Refus d'adhérer au Système monétaire européen (SME). La livre est jugée indispensable à la position de Londres dans la finance mondiale. C'est pourquoi l'Angleterre ne s'intègre pas au SME dominé par le mark. Face à l'écu, les libéraux de Londres défendent l'idée hayékienne d'une monnaie commune, qui concurrencerait les autres devises au lieu de les remplacer. Avec Mme Thatcher, le royaume poursuit la politique du « grand large », dont la livre est l'instrument financier. Comme le dollar et le yen, la livre flotte. Mais le SME à permis de réduire les différentiels d'inflation, de modérer les mouvements de parité, et de hisser l'écu au rang d'une référence financière internationale (surtout comme support d'euro-obligations). Tant qu'elle était une pétro-devise, la livre put se maintenir. Mais lorsque les déficits extérieur et budgétaire réapparaissent, la politique monétaire perd toute crédibilité. À partir de 1988, les anticipations deviennent irrésistibles, elles amènent une inflation de 10,9 % en octobre 1990, les attaques contre la livre se multiplient.

Cet isolement devait prendre fin avec l'intégration de l'économie anglaise au pôle européen. Mais Mme Thatcher et son conseiller personnel, Alan Walters, résistent. Ils ne jettent le gant qu'en octobre 1990, la livre entre dans le système de change (avec une marge de ±6 % contre ±2,25 pour les autres devises). L'inflation provient en grande partie des anticipations. Les entrepreneurs augmentent leurs propres prix en fonction du taux d'inflation pronostiqué car ils craignent de voir leurs coûts déraper du même montant, les revendications syndicales s'alignent aussi sur de tels pronostics. Les marchés saluent l'entrée dans le SME en soutenant la livre, les agents anticipent une désinflation qui s'appuie désormais sur la crédibilité du SME. En deux ans, la hausse des prix est ramenée de 10 à 5 %, la livre se redresse. Mais on sait aujourd'hui (manuscrit achevé en octobre 1992) que ce succès ne résistera pas au choc monétaire de septembre 1992 (chute du dollar, taux d'intérêt allemands trop élevés), la livre quitte le SME en catastrophe ce qui amène le triomphe de Margaret Thatcher et des euro-sceptiques elle perd 19 % en moins d'un mois.

4) Marché unique. Le Cabinet britannique se montre ici un des plus convaincus, la démarche lui convient en effet parfaitement. Il s'agit, dans l'idée de son promoteur, le social-démocrate Delors, d'imposer, par la voie libérale, une avancée décisive de l'intégration. Il veut contraindre les pays membres, par le choc concurrentiel résultant de la suppression des frontières, à faire en quelques années ce qu'ils n'ont pu réaliser en trente ans de laborieuses négociations d'harmonisation. La marche accélérée à la déréglementation (notamment dans la finance, la banque, les transports routiers et aériens) ravit les négociateurs britanniques. Durant son mandat de commissaire européen à la concurrence, sir Leon Brittan en rajoute même dans la voie libérale, y compris au profit des compétiteurs extra-européens (ex. : interdiction opposée au franco-italien ATR de racheter le canadien de Havilland afin d'empêcher une position mondiale dominante). Le Royaume-Uni devient la tête de pont privilégiée de l'automobile japonaise vers le continent. John Major signe le traité de Maastricht car il souhaite aller plus loin encore en matière de libre marché tout en refusant les atteintes à la souveraineté (réticence sur la citoyenneté européenne, la monnaie, la sécurité et l'armée commune).

Last but not least, avec le tunnel sous la Manche, Margaret Thatcher rompt symboliquement, et physiquement, l'insularité britannique.

• *Le virage européen de Major remis en cause par l'impopularité de Maastricht*. Après le départ de Margaret Thatcher, une nette inflexion se produit. Le Premier ministre britannique accède à la présidence tournante de la Communauté en 1992; conforté par son succès électoral inattendu, il se montre un des plus ardents partisans du renforcement de la Communauté. En pleine procédure de ratification, le *non peut-être* danois (50,2 % de NON) et surtout, le *oui-mais* français (50,8 % de OUI) renforcent les anti-Maastricht de tous bords. En Angleterre, un groupe de 75 députés conservateurs, les *euro-sceptiques*, dynamisé par les prises de position fracassantes d'une Margaret Thatcher, élevée au rang de statue du commandeur (de plus en plus proche de De Gaulle, comme le montrent les 65 % d'anti-Maastricht au sein du RPR français) exerce une pression croissante pour un référendum, tandis que les sondages révèlent l'hostilité des deux tiers des Britanniques.

Social : marché du travail flexibilisé, syndicats affaiblis, mais *Welfare* maintenu

• *La réforme sociale est imposée par le chômage*. Si l'on additionne chômeurs, *self employed* et stagiaires, on obtient un indicateur qui passe de 3 à 6,3 millions entre 1979 et 1987, descend à 5,4 en 1990, et bondit à nouveau à 6 millions en 1992. Les avantages acquis (la pause thé), le cloisonnement des métiers, la protection statutaire de l'emploi, sont entamés. Il n'est pas rare de voir les salaires baisser de 10 ou 20 % quand l'entreprise a des difficultés, la polyvalence est imposée aux spécialistes. Une partie des *self employed* sont en réalité des salariés pré-caires : ils travaillent à la tâche, et n'ont plus d'employeur mais louent leurs services sur contrat commercial. Le travail à temps partiel touche 31 % des femmes actives. Le stage de formation est un statut à mi-chemin de l'emploi et du chômage. L'individualisation des salaires devient la règle chez les cadres.

	Salariés	*Self employed* (1)	Stagiaires (2)	Chômeurs (3)	(3) en %	Total (4) 1+2+3	(4) en % des actifs
1979	23 145	1 906	0	1089	4,2	2 995	11,5 %
1987	21 575	2 860	311	3115	11,2	6 286	22,7 %
1990	23 238	3 380	424	1612	5,6	5 416	18,9 %
12.92				2980	11,6		

Source : *Employment Gazette*, avril 1990 & OSCE, sep. 1992 *in Le Monde*, 12/10/92.

En 1979-1982 et 1991-1992, le gouvernement refuse de lutter contre la dépression par les méthodes contra-cycliques traditionnelles, il profite au contraire du chômage pour faire avancer son programme de flexibilisation. Sa politique est pro-cyclique : réduction des dépenses publiques, suppressions d'emplois, blocage des allocations, durcissement des conditions requises pour être secouru. Le licenciement est facilité, la priorité est à la rentabilisation, les statuts précaires sont utilisés pour ajuster au plus vite effectif et carnet de commandes, les atteintes au pouvoir syndical permettent d'obtenir de meilleures conventions (polyvalence des qualifiés, désindexation et individualisation du salaire, déréglementation des horaires…).

Le droit à l'éducation et son caractère essentiellement public et gratuit ne sont pas remis en cause, mais des économies drastiques sont imposées aux collectivités locales (perte d'environ 100 000 emplois).

La sécurité sociale et le NHS sont maintenus. Des mesures d'économie et de rentabilisation sont prises, mais pas plus que dans d'autres pays, comme la France.

• *Margaret Thatcher affronte directement le pouvoir syndical.* Elle affirme défendre les travailleurs contre les syndicats présentés comme des fiefs aux mains de quelques barons. Elle réussit là où tous ont échoué. Une confirmation en est donnée en 1983 et 1987 quand la moitié des syndiqués déserte le vote travailliste :

– 1980 : James Prior présente une réforme mesurée (critiquée en douce par Mme Thatcher) : limitation du *closed shop*, interdiction des grèves de solidarité et des piquets *secondaires.*

– 1982 : avec Norman Tebitt, un thatchérien convaincu, les mesures sont plus radicales. Le *closed shop* est limité à cinq ans et doit être approuvé par 80 % du personnel, la notion de conflit du travail est définie strictement de façon à permettre des poursuites contre le syndicat qui organise ou couvre des infractions, les amendes pouvant aller jusqu'à 250 000 livres.

– 1984 : Tom King aborde la démocratie interne. Toute grève illimitée doit être décidée par un référendum des adhérents, les responsables nationaux doivent se soumettre à réélection tous les cinq ans, un vote tous les dix ans doit être organisé pour renouveler l'affiliation d'un syndicat au *Labour.*

La résistance est limitée car la crise fait rage, le nombre de journées de grève passe de 13 millions par an en 1971-1979 à 7,5 millions en 1980-1989. Certaines

Unions estiment qu'il faut vaincre Thatcher sous peine de perdre toute crédibilité, mais elles essuient plusieurs échecs cuisants, ce qui précipite la désyndicalisation : 13,7 millions en 1979 à 10 millions en 1990.

En 1983, la *National Graphics Association* (NGA) soutient une grève contre Eddie Shah, propriétaire d'un obscur journal de province, elle échoue.

En 1984, invoquant la sécurité nationale, Mme Thatcher retire le droit syndical aux 7 000 fonctionnaires du centre d'écoute de Cheltenham. Refusant de négocier, elle s'adresse directement aux salariés en leur proposant une prime de 1 000 livres, la majorité accepte.

En 1984-1985, une grève des mineurs contre la fermeture de 20 puits et la perte de 20 000 emplois dure près d'un an, elle est dirigée par Arthur Scargill, secrétaire de la *National Union of Mineworkers* (NUM). L'affrontement avec la police est très violent car le gouvernement veut imposer le droit des non grévistes à passer outre les piquets. On déplore la mort d'un chauffeur de taxi qui transportait des non grévistes. En vertu de la nouvelle législation, la Haute Cour condamne la NUM à 240 000 livres d'amende. Pressée de lâcher du lest, Mme Thatcher demeure imperturbable et finit par l'emporter, aidée d'ailleurs par l'impopularité croissante de Scargill, qui n'a pas organisé de vote secret pour la grève, a refusé tout compromis, et à qui l'on reproche d'avoir demandé un soutien financier en URSS et en Lybie. Un syndicat dissident naît alors : le Syndicat des Mineurs Démocrates de Roy Lynk, implanté dans le Nottinghamshire, bassin qui n'a jamais suivi la grève.

En 1986, Rupert Murdoch transfère à Wapping l'imprimerie du *Times* et licencie la totalité du personnel, une grève s'ensuit. Mais elle échoue grâce à la « trahison » du EETPU (électriciens, électroniciens, et plombiers...), qui signe un accord avec Murdoch et recrute les travailleurs à son compte. Cela lui permet de se dégager de l'emprise des tout-puissants syndicats de Fleet Street (quartier de la presse), sans interrompre la parution d'un seul de ses titres.

BILAN : LE *STOP AND GO* N'EST PAS VAINCU. UNE SOCIÉTÉ PLUS EFFICACE MAIS PLUS INÉGALE

• *Les libéraux attribuent au thatchérisme le mérite d'avoir restauré une société de responsabilité* où l'État n'offre pas d'assistance générale mais un simple filet de sécurité et incite l'individu à se surpasser en lui laissant le fruit de ses efforts et de son talent.

• *Mais le poids de l'État ne recule que très tardivement* : les dépenses publiques poursuivent leur hausse, le *Welfare* n'a pu être entamé.

• *Désindustrialisation accélérée : la productivité se redresse vivement mais quarante ans de sous-investissement ne sont pas effacés.* Malgré un rythme de croissance de 3 à 7 % durant les années 1980, la productivité industrielle, grâce aux restructurations et aux licenciements, opère un rattrapage, mais elle demeure inférieure de 20 % à celle de la France, de 50 % à celle de l'Allemagne.

• *Une économie libérée des entraves étatiques devait éliminer le stop and go* en abandonnant les politiques de relance et en ramenant la compétitivité par la *business efficiency.* Au lieu de cela, le cycle est plus brutal que jamais et se heurte aux mêmes insuffisances : sous-compétitivité, sous-investissement, financiarisation et internationalisation excessives. Restaurer les mécanismes de marché ramène à la brutalité des cycles du XIXe siècle, mais non à l'efficacité industrielle qui permettait de supporter une dépendance exceptionnelle. Le *short-termism*, une conduite chaotique de l'économie au gré d'un marché dérégulé, caractérise le secteur financier des années 1980, il est vanté par les libéraux comme un modèle. Consommation, immobilier et finance tirent la reprise, mais, faute de compétitivité, ils n'amènent qu'emballement des prix et boom des importations.

Stop and go

• *1979-1982 : la dépression ne sera pas amortie.* De 1979 à 1983, l'Angleterre plonge dans un gouffre : le PIB baisse de 3 % quand la moyenne de l'OCDE réalisait +3 %. Refusant d'écouter ceux qui s'affolent devant la rapidité de la désindustrialisation et le drame du chômage, Mme Thatcher est surnommée *lady TINA* car elle répète inlassablement : « *There Is No Alternative* » (il n'y a pas d'alternative) et poursuit son programme : coupes budgétaires, pas de soutien aux entreprises en difficulté, pas de faux emplois (stages jeunes ...) qui masqueraient le chômage, libre entrée des capitaux qui augmentent le taux de change et paralysent l'exportation.

• *La dépression aggravée.* Selon Christopher Johnson : « Tous les gouvernements sont contre l'inflation en principe. (...) Le prix à payer pour réduire la hausse des prix consiste à sacrifier les autres objectifs au moins à court terme... Le gouvernement Thatcher ne faisait pas exception à cette règle générale, mais il y avait une importante différence. Le gouvernement se persuadait lui-même qu'il n'y avait pas de conflit entre une faible inflation et un taux de croissance élevé, l'une entraînerait l'autre, avec l'aide de mesures favorables à l'offre pour améliorer le fonctionnement de l'économie. » On voit ici la présomption commune à tous les dogmatismes, ils se contentent d'une analyse mono-facteur.

• *1983-1988 : et pourtant ça marche ! Relance et priorité à l'emploi.* La reprise est très vive, l'inflation calmée et la balance excédentaire, mais le chômage augmente jusqu'en 1986. Mme Thatcher est obstinée mais pragmatique : une fois l'inflation contrôlée, elle s'oriente vers une relance par le crédit, d'autant que la déréglementation financière et le boom des marchés boursiers attirent des flots de capitaux. La guerre des Malouines donne l'occasion d'avancer les élections. Oubliant la réduction du déficit, elle relâche la contrainte budgétaire et monétaire (notamment le crédit hypothécaire pour la vente des logements sociaux), ce qui accélère la reprise, installe le Royaume-Uni dans le sillage des États-Unis, et amène à Westminster la plus forte majorité conservatrice de l'histoire. Avec +24 % en six ans, soit exactement la moyenne OCDE, la reprise n'a rien de miraculeux, mais pour la première fois depuis les années 1920, le royaume n'est plus à la traîne. Mme Thatcher peut se targuer d'avoir enrayé le syndrome du déclin, ce qui amène un effet énorme dans l'opinion.

– Pour la première fois depuis 1945, la reprise semble saine : inflation au-dessous de 5 % (plus que la moyenne OCDE, mais supportable), monnaie solide (mais dès 1986, elle recule avec le prix du pétrole), et balance courante positive (jusqu'en 1986 : pétrole), budget en amélioration (la reprise est un gros pourvoyeur fiscal, économies et privatisations font le reste), Nigel Lawson se fait une gloire de l'excédent des années 1987 à 1989 (mais, hors privatisations, ce serait un déficit).

DOUZE ANNÉES DE GESTION DES *TORIES*, LA RIGUEUR PUIS LA SURCHAUFFE

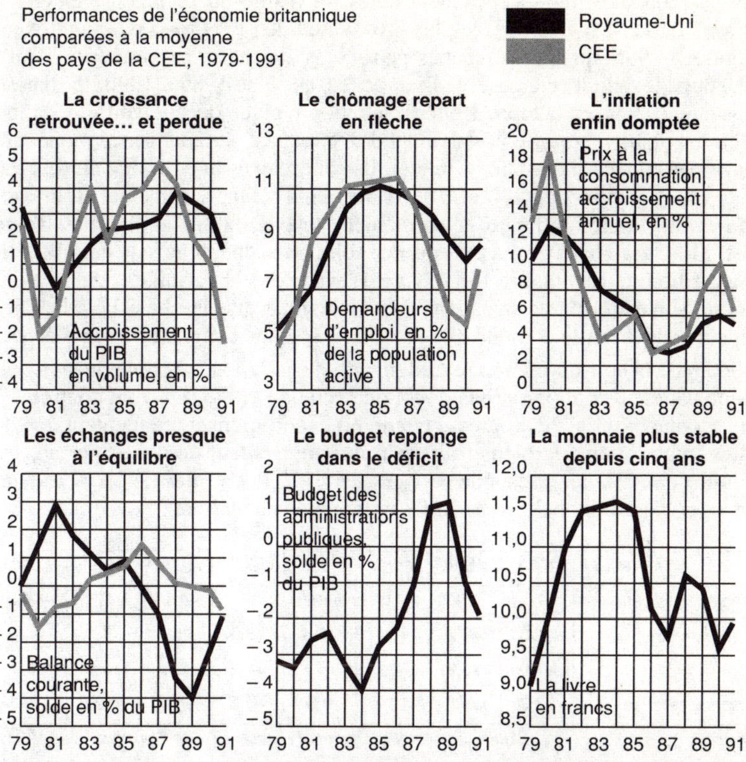

Source : CSO, OCDE, INSEE, *L'Expansion*, 2/4/1992, p. 132.

– Chômage : ultime triomphe de *lady* TINA. Face à une hausse irrésistible : 1 million en 1979 soit 4,5 % des actifs (OCDE : 5,2 %), 3,1 millions en 1986, soit 11,7 % (OCDE : 7,6 %), Mme Thatcher se laisse convaincre d'agir, l'emploi est la priorité du second mandat : les zones franches et les zones d'entreprise ressemblent aux politiques industrielles si décriées, et les stages de formation (où l'on n'apprend rien, dit l'*Economist*) à du traitement social (16 000 en 1984, 462 000 en 1989). La courbe cède après 1986, puis chute au-dessous de la moyenne OCDE : 1,6 million (6 %) en 1990.

• *1988-1990, le dérapage : retour de l'inflation et des déficits, rechute de la livre.* Pas de forte croissance sans surchauffe : les deux secteurs moteurs de la reprise sont la consommation des ménages, qui — faute d'offre nationale compétitive —, entraîne un boom des importations, et l'immobilier qui, dopé par de faibles taux hypothécaires et l'afflux des capitaux étrangers, provoque un boom spéculatif très inflationniste. Après le krach de 1987, Nigel Lawson ouvre les vannes du crédit et prépare des budgets en déficit. « L'économie casino » atteint alors son apogée, les scandales financiers jettent de l'ombre sur une économie dérégulée.

– Avec la réduction des recettes pétrolières, la réalité du commerce extérieur apparaît sans fard : -4 % en 1991, le plus gros déficit de l'histoire. Le dernier excédent remonte à 1985, quand les recettes pétrolières étaient au maximum (8,1 milliards). Depuis, le déficit se creuse, la livre perd 10,9 % de 1989 à 1990, l'inflation bondit jusqu'à 10,9 % en octobre 1990. À situation typique de surchauffe, réaction keynésienne typique : on passe brutalement d'une relance par abondance monétaire au freinage par la hausse des taux d'intérêt. Ils sont relevés une dizaine de fois (de 7,5 à 15 %) entre janvier et octobre 1988. Mais rien n'y fait, le principal atout contre l'inflation est la crédibilité du gouvernement, or elle tombe au plus bas. Toute honte bue, Margaret Thatcher n'a plus qu'une solution : adhérer au SME pour bénéficier de sa crédibilité. En octobre 1989, Nigel Lawson, fidèle parmi les fidèles, avait démissionné sur cette même question. Il était logique que la chute de Margaret Thatcher suive de près (deux mois) une décision qui sonne comme un aveu d'échec.

– Le boom de la consommation se traduit, comme à l'époque bannie du *stop and go*, par une hausse des importations double de celle du PIB (5,1 % / an contre 2,2) alors que la compétitivité ne progresse guère, les exportations n'augmentant que de 2,9 %. Les importations de biens (hors pétrole) augmentent de 6,4 % par an, les exportations de 3,7 %, les achats de services de 5,1 %, les ventes de 1,2 %, ce qui met en danger la traditionnelle supériorité britannique en matière d'invisibles.

milliards £	1983	1984	1985	1986	1987	1988	1989	1990
Marchandises hors pétrole	–7,5	–10,7	–11,8	–12,3	–14,4	–15,9	–17,5	–19,3
Services (invisibles)	+5,3	+7,2	+6,1	+9,4	+6,9	+5,5	+4,1	+4,1
Pétrole	+7,0	+6,9	+8,1	+4,1	+4,2	+2,8	+1,3	+1,6
Balance courante	+3,8	+1,8	+2,7	0,0	–4,3	–15,5	–19,9	–13,8

Source : *Monthly Digest of External Trade Statistics*, avril 1991.

• *1991-1992 : la dépression qui condamne. Plus dure sera la chute*. La reprise avait été forte, mais la dépression est terrible : 2,2 % de croissance en 1989, 1 % en 1990, –2,2 % en 1991, – 0,6 % en 1992. Le chômage double presque en deux ans : de 1,6 million à 3 millions (décembre 1992). Le déficit courant devient insupportable (entre £ 5 et 20 milliards de 1986 à 1992), le déficit budgétaire, dont la suppression était l'honneur du gouvernement précédent, se creuse jusqu'à 30 milliards de livres en 1992 (4,9 % du PIB, 5,75 % hors privatisations). La brutalité des réactions du marché est frappante : le chômage avait chuté jusqu'à 5,7 % au début 1990, il est déjà à 8,9 % en avril 1991 et 11,6 % en décembre 1992 (donnée OSCE), frisant à nouveau la barre des 3 millions. Le thatchérisme a su redonner sa flexibilité au marché du travail, mais à quel prix !

> « Pour mieux contrôler vos coûts dans un système de changes fixes, quand vous ne pouvez pas jouer avec l'inflation, il n'y a qu'une solution : réduire drastiquement vos frais généraux, à commencer par les effectifs. »
>
> Michael Hugues, analyste de la banque Barclays-De Zœte-Wedd, *Le Monde* (25/8/92)

La brutalité de la crise tient à la situation particulière du royaume qui est en plein freinage au moment où survient la récession mondiale. Pour arrimer la livre aux devises européennes, il a fallu briser le boom. C'est un succès : l'inflation tombe de 10,9 % en octobre 1990 à 3,7 % en novembre 1991, la livre se redresse dès son entrée dans le SME. Mais intervient alors la récession mondiale qui débute aux États-Unis en 1990, puis s'aggrave avec la guerre du Golfe. Le Royaume-Uni plonge. En entrant dans le SME, la livre bénéficie de la crédibilité de ses partenaires, mais au prix de taux élevés et d'une forte dépression. Cependant, la sous-compétitivité est telle qu'elle ne peut tenir un cours surévalué longtemps. Quand la lire dévalue le 16 septembre 1992 (–7 % additionnée à la réévaluation du mark), la livre se trouve logiquement en première ligne face aux spéculateurs qui anticipent sa dévaluation, un violent épisode s'ensuit, le gouvernement choisit de quitter le SME 23 mois après l'avoir rejoint, la dépréciation est rapide : – 19 % en un mois.

• *Finance et immobilier contre industrie, profits immédiats contre accumulation du savoir-faire*. La seule méthode qui ait jamais réussi à forger des « champions commerciaux » consiste à former pas à pas des équipes capables de fabriquer et commercialiser des produits correspondant aux tendances de la demande, compétitifs en prix, en qualité, en diversité, en service après-vente. Cela représente des années d'acharnement (la France met ainsi dix ans pour restaurer son équilibre extérieur). Exception faite de quelques domaines comme la pharmacie, l'aéronautique, la chimie, la pétrochimie et l'agro-alimentaire qui sont fortement exportateurs, le capitalisme anglo-saxon refuse cette rigueur, il préfère la finance, l'OPA, et la dictature du résultat trimestriel qui oblige à déplacer constamment le capital, le personnel vite licencié au professionnel patiemment entraîné. Les *golden boys*, qui achetaient manoirs et Ferrari sont ruinés à la première semonce (krach de 1987). Le boom immobilier de 1984-1990 se transforme en déroute quand les hypothèques à 12 % l'emportent sur des actifs dépréciés de 20 % en deux ans, ce qui ruine des promoteurs dont les immeubles se revendent aux enchères et met en danger les banques qui leur avaient prêté (le Chili de Pinochet avait fait la même expérience sur les conseils des mêmes monétaristes).

Répartition de l'investissement par destinations

	Fusions et acquisitions	Formation de capital fixe	Invest. à l'étranger	Invest. total
1979	8,6 %	72,8 %	18,6 %	29,6 mds £
1989	30,4 %	51,3 %	18,3 %	72,3 mds £

Source : *Financial Statistics*, cité *in* C. Johnson, *op. cité*, p. 303.

Profits : taux de croissance annuel moyen : 1979-89 (en %)

Énergie Eau	Industrie manuf.	Construction	Distribution	Transports communica.	Services financiers	Autres services	Total
– 3,4	0,0	+ 7,3	+ 1,5	+ 2,8	+ 7,4	+ 5,5	+ 2,4

Source : d'après *Blue Book.*

« Le problème est qu'on a mis trop d'œufs dans le panier de l'immobilier et pas suffisamment dans celui de l'industrie. Le déséquilibre doit être redressé par l'octroi d'aides gouvernementales à l'investissement afin de recréer rapidement une capacité industrielle solide, tremplin nécessaire pour une relance durable. »

Michael Hugues, *Le Monde.*

Un tissu social déchiré, retour de la prospérité… et de la misère

• *De 1981 à 1990, le revenu disponible moyen par ménage gagne 39 %* : il passe de 267 à 372 livres par semaine (aux prix de 1990). Ce mouvement a l'ampleur d'une renaissance, on parle d'une nouvelle ère de prospérité.

• *Le chômage ramène aux angoisses des années 1930.* La *Managed* (ou *mixed*) *Economy* avait peut-être du bon. Orwell estimait à 10 millions le nombre de sans-emplois des années 1930, un actif sur deux. Malgré la *dole*, il était alors synonyme de disette. Durant les 30 ans qui suivent, il se maintient au-dessous de 2 %. Une indemnisation convenable et une durée en général limitée permit de dissocier chômage et pauvreté. Il augmente jusqu'à 5,1 % en 1977 après le premier choc pétrolier, puis à 13 % après le second. Il paraissait vaincu en 1990, mais un incroyable revirement se produit en 1991-1992 : en une vingtaine de mois, le chômage rejoint le niveau qu'il avait mis 12 ans à atteindre entre 1974 et 1986.

L'*Economist* du 25 avril 1992 compare les récessions de 1979-1981 et de 1991-1992. Après la première, il a fallu attendre six ans pour voir la courbe du chômage s'inverser, ce qui laisse craindre pour la dépression actuelle une crise de l'emploi jusqu'en 1997, avec un maximum de 4 millions. Cela paraît impensable, mais qui imaginait en 1979 qu'on allait passer de 1 à 3 millions ? Cependant, les conditions sont différentes : l'arrivée à l'âge adulte des générations nombreuses nées durant le *baby boom* est terminée, l'arrivée au travail des femmes adultes devrait se ralentir car elle approche d'un sommet. Le marché du travail s'étant flexibilisé, il réagit plus vite dans les deux sens, la reprise de l'emploi pourrait donc suivre de plus près celle de l'activité (le décalage était de trois ans : de 1983 à 1986).

• *Une société à deux vitesses.* La philosophie de l'État-Providence était égalisatrice (niveleuse accusent les libéraux), la philosophie thatchérienne considère (implicitement) l'inégalité comme créatrice. Le syndrome particulier des années 1980 naît de ce contraste : au moment où, du fait de la conjoncture, la pauvreté réapparaît, le gouvernement se vante de supprimer les soutiens et de favoriser les hauts revenus.

Part du revenu après impôts

	20 % les plus riches	20 % les plus pauvres
1979	38	7,1
1987	42	6,2

Revenus-type 1990-91 (£ par semaine)	202 £	304 £	608 £	1 519 £	3 038 £
En % du revenu moyen	66	100	200	500	1 000
Accroissement de 1978-79 à 1990-91	+ 35 %	+ 38 %	+ 38 %	+ 74 %	+ 148 %

Source : *Social Trends 1992.*

OFFRES ET DEMANDES D'EMPLOIS (1979-1991)

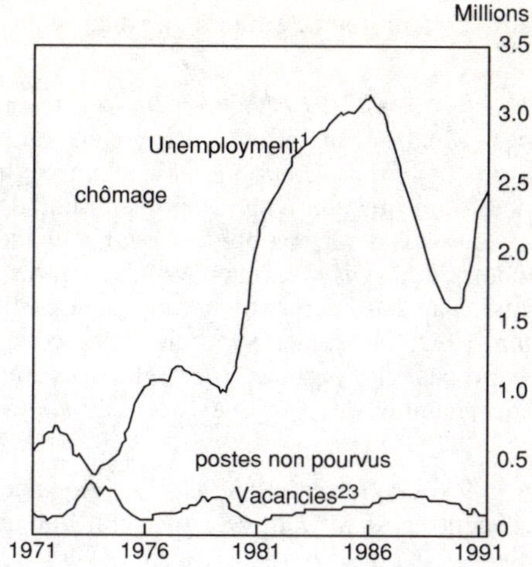

Source : HMSO, *Social Trends*, 1992, p. 80.

– L'immense majorité (personnes gagnant de 66 à 200 % de la moyenne) a vu son revenu augmenter, à peu près comme le PIB, de 34-38 %. Une infime minorité, celle qui gagne de 5 à 10 fois plus que la moyenne, améliore son revenu de 74 % à 148 %. Ce creusement des écarts résulte d'une hausse plus rapide des hauts revenus, notamment du capital, et de la baisse de la fiscalité sur les tranches supérieures. Ainsi, les 200 000 contribuables dont le revenu dépassait 70 000 livres ont économisé en 1990-1991 36 060 livres chacun, contre 110 livres pour les 2,9 millions gagnant moins de 5 000 livres, et de 320 à 1030 pour les 18,4 millions situés entre 5 000 et 20 000 livres.

– Selon Roland Marx : « On est revenu à l'esprit victorien de méfiance envers les pauvres et leur propension à la facilité et à la paresse. » La pauvreté fait un bond parallèle à la richesse, la précarisation multiplie les difficultés et l'on met en œuvre une sélectivité des aides contraire à l'esprit de Beveridge. En 1988, 8 millions de personnes (environ 15 % de la population) remplissent les conditions d'accès à une aide spéciale. En 1983, l'allocation logement est retirée aux chômeurs de moins de 25 ans. Un *Livre Blanc* de 1985 recommande des mesures destinées à réduire de moitié le nombre de bénéficiaires des divers systèmes d'aide. En 1988, on retire toute assistance aux jeunes de 16-17 ans, ils devront se contenter des formations du *Youth Training Scheme*. Depuis la fin 1989, le droit pour les chômeurs de refuser un emploi est réduit, le délai avant de toucher l'allocation chômage est augmenté de 6 à 26 semaines pour ceux qui ont quitté volontairement leur emploi.

• *Le boom des années 1983-1988 accroît le fossé* entre l'Angleterre qui s'enfonce et celle qui connaît une frénésie de consommation. Les exclus sont concentrés dans certains groupes : cols bleus des régions en déclin, immigrés et personnes de couleur, femmes seules avec enfants, personnes âgées, jeunes sans qualification.

• *L'échec de Mme Thatcher sur la poll tax révèle les limites de ce que la société peut tolérer comme clivages sociaux.* Son refus de prendre en compte l'opposition générale à une fiscalité injuste mène la *Dame de fer* à sa chute, mais elle sonne aussi le glas des expériences ultra-libérales. John Major, pourtant dauphin désigné, ne peut que s'éloigner du dogmatisme de son prédécesseur. Cela donne des mesures en demi-teinte : abandon de la *poll tax*, mais accélération des privatisations, arrimage à l'Europe (adhésion au SME, signature du traité de Maastricht), mais dissolution du NEDC en juin 1992, le dernier symbole de l'économie concertée. Mme Thatcher ne s'y trompe pas, elle prononce des sentences impitoyables (son discours de réception à la chambre des Lords est un réquisitoire contre Maastricht).

• *Les déchirures sociales créent un climat inquiétant.* Les violences liées au football, les émeutes qui secouent les *inner cities*, le racisme, l'augmentation de la mendicité et de la délinquance, la question irlandaise, le débat sur l'armement des policiers, les rapports d'*Amnesty International* mettant en cause les méthodes utilisées contre l'IRA, le renforcement du pouvoir central pour imposer de force ses vues en matière d'éducation, de logement ou de fiscalité, sont significatifs d'une société qui s'interroge sur ses traditions démocratiques.

Depuis vingt ans, l'économie britannique a connu deux expériences extrêmes. Les méthodes keynésiennes et social-démocrates, typiques du butskellisme, sont d'abord durcies, sans succès, jusqu'au dirigisme total. Puis le thatchérisme offre aux libéraux le meilleur des laboratoires où tester leurs idées. Ils y apprennent effectivement beaucoup. La société résiste beaucoup plus que prévu aux mises en cause du *Welfare* car elle en connaît l'utilité, elle est indifférente aux privatisations car la supériorité des firmes d'État n'est pas démontrée, elle plébiscite les ventes de logements sociaux car le désir de propriété est une motivation première, elle approuve évidemment les *tax cuts* mais se rebelle contre les réductions de dépenses qu'elles impliquent. Le danger du tout-État est confirmé par le succès indéniable des déréglementations et le regain de dynamisme qu'elles ont permis.

Michel Albert oppose les pays du capitalisme rhénan (Allemagne, Japon) où l'État et les firmes régulent l'économie dans le souci du long terme, à ceux du capitalisme anglo-saxon où domine le court terme car les marchés déréglementés y jouent les premiers rôles. La grave dépression traversée par ces derniers en 1990-1992, après le boom spéculatif des années 1980, les difficultés des Lloyd's qu'il prend comme symbole du modèle anglo-saxon, confirment les limites du libéralisme. Le marché seul peut conduire au boom, mais, pour forger la compétitivité et surmonter le *stop and go*, il faut la patience et le volontarisme des économies concertées. Après le tout-État et la protection sociale généralisée des années 1945-1979, n'est-on pas allé trop loin dans la flexibilisation et la « société de responsabilité » ? La question touche désormais les conservateurs, sans pour autant que les travaillistes puissent en profiter, comme le prouve leur échec de 1992. Les grandes manifestations contre la *poll tax* qui ont abattu Mme Thatcher en 1990 et celles pour la défense des mineurs qui ébranlent John Major en 1992 soulignent une erreur d'analyse : le mouvement syndical et la préoccupation sociale n'ont pas été extirpés de la société britannique.

Bibliographie

ÉCONOMIE, GÉOGRAPHIE

On dispose de quelques synthèses en langue française mais les travaux originaux manquent. L'essentiel est donc à chercher dans la littérature en langue anglaise.

BAROU Y., KEIZER B., *Les Grandes Économies,* Seuil, 1988.
BARR N., *The Economics of the Welfare State*, Weid, Feld & Nicolson, 1987.
CAIRNCROSS A., *The British Economy since 1945*, Blackwell, 1992.
CAIRNCROSS A., *The United Kingdom*, Harvester Wheatsheaf, 1989.
CHALINE C., *Le Royaume-Uni, économie et régions*, Masson, 1991.
CHAMPION A.G., *Counterurbanization*, Arnold, 1989.
DORNBUSH A., LAYARD R., *The Performance of the British Economy*, Oxford University Press, 1987.
GAMBLE A., *Britain in decline, Economic Policy, Political Strategy and the British State*, Macmillan,1990.
HAUSER V., *Economic Change in British cities*, Oxford University Press, 1989.
HOLZ J.P., *L'Expérience Thatcher, succès et limites de la politique économique britannique*, Economica, 1989.
JOHNSON H., *The Economy under Mrs Thatcher 1979-1990*, Penguin Books, 1991.
KALDOR Lord, *The Economic Consequences of Mrs Thatcher*, speeches in the House of Lords 1979-1982, Duxworth, 1983.
L'Économie britannique, Notes et études documentaires, n° 4853, 1988.
LAFAY G., HERZOG C., CEPII, *La Fin des avantages acquis,* Economica, 1989.
LERUEZ J., *Planification et politique en Grande-Bretagne 1945-1971* (thèse), FNSP, 1972.
LEVER W.F., *Industrial Change in the United Kingdom*, Longmann, 1987.
LEWIS J.R., TOWNSEND A.R., *The North/South Divide*, P. Chapman, 1989.
MARX R., *Le Déclin de l'économie britannique*, PUF, 1972.
MARZELLIER J., *L'Autonomie de la Grande-Bretagne contemporaine*, PUF, 1979.
MAYNARD G., *The Economy under Mrs Thatcher*, Basil Blackwell, 1988.
WORSWICK G., *Unemployment : a Problem of Policy*, Cambridge University Press, 1991.

SOCIÉTÉ, HISTOIRE, INSTITUTIONS

Les études de civilisation britannique en langue française sont particulièrement riches, les quatre principaux spécialistes étant François Bédarida, Monica Charlot, Jacques Leruez et Roland Marx. Dans la catégorie (très encombrée) des « amoureux de l'Angleterre », un tri (subjectif) nous conduit à recommander l'ouvrage de Philippe Daudy pour l'étendue de sa culture, la finesse de ses analyses, et son actualité.

BÉDARIDA F., GIUILY E., RAMEIX G., *Syndicats et patrons en Grande-Bretagne*, Éditions Ouvrières, 1980.
BÉDARIDA F., *La Société anglaise du milieu du* XIXe *siècle à nos jours*, Seuil, 1990.
CHARLOT M., *L'Effet Thatcher*, Economica, 1989.
CHARLOT M., *Le Syndicalisme en Grande-Bretagne*, Colin, 1970.
DAUDY P., *Les Anglais*, Plon, 1989.
LERUEZ J., *Gouvernement et politique en Grande-Bretagne*, FNSP Dalloz, 1989.
LERUEZ J., *Le Phénomène Thatcher*, 1991.
MARX R., *Histoire de la Grande-Bretagne*, Colin, 1980.
MARX R., *L'Angleterre de 1945 à nos jours*, Colin, Cursus, 1990.

ATKINSON A.B., *The Economics of Inequality*, Oxford University Press, 1983.
CAUSER G. A. & alii, *Inside British Society, Continuity, Challenge and Change,* Wheatsheaf Books, 1987.

Center for Contemporary Cultural Studies, *Resistance through Rituals : Youth Subcultures in Post-War Britain*, Allen and Unwin, 1983.
CLEGG H.A., *The Changing System of Industrial Relations in Great Britain*, Blackwell, 1979.
FOX A., *History and Heritage : the Social Origins of the British Industrial System*, Allen and Unwin, 1985.
HEATH A.F. , RIDGE J.M., *Origins and Destinations : Family, Class and Education in Modern Britain*, Clarendon Press, 1980.
RUBINSTEIN W., *Wealth and Inequality in Britain*, Faber and Faber, 1989.
SAVILLE J., *The Labour Movement in Britain*, Faber and Faber, 1988.
SKIDELSKY R., *Thatcherism*, Chatto and Windus, 1988.
YOUNG Lord, *The Enterprise Years*, Headline, 1990.

OUVRAGES DE SYNTHÈSE EN COLLECTION DE POCHE

BAROU Y., *Le Royaume-Uni, une économie à contre-courant*, Hatier, Profil, 1981.
EYRAUD F., *Travail et travailleurs en Grande-Bretagne*, La Découverte, Repères, 1985.
LERUEZ J., *Le Royaume-Uni, trente ans de difficultés*, Hatier, Profil, 1979.
MARX R., *L'Angleterre de 1945 à nos jours*, Colin, Cursus, 1990.
MONET H., SANTINI J.-J., L'Économie britannique, Nathan, Circa, 1992.
RICHES V., *L'Économie britannique depuis 1945*, La Découverte, Repères, 1992.

DEUX MANUELS DE CIVILISATION BRITANNIQUE

BONNEROT L., BARNETT D., PRUNET M., THÉRY M., *Initiation à la civilisation britannique*, Masson, 1990.
BROMHEAD P., *Life in Modern Britain*, Longman, 1991.

SOURCES STATISTIQUES

Les publications du HMSO et du CSO —*Social Trends, Keydata, Economic Trends, Annual Abstract of Statistics, Britain a Handbook* — sont disponibles au *British Council*, 9, rue de Constantine, Paris VIIe. On peut les commander directement au HMSO à Londres qui les expédie franco de port (et au prix britannique!).

Index

En gras, le numéro de page de l'entrée principale.

Table des encadrés

Table des matières

TROISIÈME PARTIE : AU FOND DE LA CRISE, LE RENOUVEAU ?

Armand Colin Éditeur
103, boulevard Saint-Michel
75240 Paris Cedex 05
N° d'éditeur : 10419
Dépôt légal : mai 1993

Société des nouvelles éditions liégeoises, SA
Rue Saint-Vincent 12 - 4020 Liège
avril 1993